어린이 예배 사역자들을 위한 지침서

교회의 아이들

크리스티안 그레트라인 지음
김상구 · 김은주 옮김

기독교문서선교회

기독교문서선교회(Christian Literature Crusade: 약칭 CLC)는 1941년 영국 콜체스터에서 켄 아담스에 의해 시작되었으며 국제 본부는 영국의 쉐필드에 있습니다.
국제 CLC는 59개 나라에서 180개의 본부를 두고, 약 650여 명의 선교사들이 이동도서차량 40대를 이용하여 문서 보급에 힘쓰고 있으며 이메일 주문을 통해 130여 국으로 책을 공급하고 있습니다.
한국 CLC는 청교도적 복음주의 신학과 신앙서적을 출판하는 문서선교기관으로서, 한 영혼이라도 구원되길 소망하면서 주님이 오시는 그날까지 최선을 다할 것입니다.

Kinder in der Kirche

Eine Orientierung für Mitarbeitende im Kindergottesdienst

Written by
Christian Grethlein

Translated by
Sangkoo Kim · Eunjoo Kim

Copyright © 2010 by Christian Grethlein

Originally published in German under the title as
Kinder in der Kirche
: Eine Orientierung für Mitarbeitende im Kindergottesdienst
by Vandenhoeck & Ruprecht GmbH & Co. KG
Translated and used by the permission of Vandenhoeck & Ruprecht
Abteilung Rechte & Lizenzen Theaterstr. 13 37073 Göttingen

All rights reserved.

Korean Edition
Copyright © 2014 by Christian Literature Crusade
Seoul, Korea

추천사 1

김 순 환 박사

(서울신학대학교 실천신학 교수)

오늘날 대부분의 목회 현장이나 신앙의 중심적 행위인 예배 현실을 살펴보면 교회의 주된 관심이 중장년층에 맞추어져 있다는 생각이 든다. 이것은 마치 농부가 다 자란 곡식의 열매를 거두는 일에는 심혈을 기울이지만 다음 해를 위해 씨를 심고 싹이 잘 자라도록 하여 지속적인 수확을 대비하는 일에는 상대적으로 소홀한 것과 비슷하다고 할 수 있다.

물론 교회의 핵심층을 차지하고 있는 어른 신자들에게 더 많은 노력이 기울여지는 것은 어쩔 수 없는 현실이지만 미래 사회의 희망이요, 또 교회의 주역이 될 아이들의 중요성이 부차적으로 밀려나는 일은 결코 바람직하지 않다.

이러한 때에 미래의 꿈나무인 어린아이들을 위한 예배에 도움을 주는 크리스티안 그레트라인 교수의 『교회의 아이들』이라는 예배 신학 책이 번역되어 출간된 것에 대해 무척 반갑다. 동시에 이를 위해 수고하신 김상구 박사님과 김은주 박사님께 감사한 마음이 든다.

　사실 그동안 한국 교회 안에서 미래 세대를 위한 교육에 관심이 없었던 것은 아니지만 그들을 위한 예배의 운영을 고민하는 이론서나 실제적 지침서 등은 상대적으로 매우 드물었다. 최근 교회 성장의 현격한 둔화와 교세의 약화로 한국 교회의 고민이 깊어지고 있다. 이 때에 오히려 긴 안목으로 미래 세대의 예배에 보다 집중적으로 관심을 갖는 일이 일종의 대안이요 돌파구가 되지 않을까 생각된다.

　이 책은 목회자들에게 좋은 자극이 될 뿐만 아니라 현재 신학을 배우면서 목회 현장에서 영유아, 아동 및 청소년들을 지도하는 신학도들에게도 필요한 자료가 될 것이다.

　더욱이 그레트라인 교수가 이 책에서 보여 주는 예배 신학은 전통을 의미 있게 참고하면서도 오늘날의 시대적 상황에 따른 예배의 여러 적용 가능성을 다루고 있어서 다양성의 시대를 살아가는 모두에게 가치있게 사용될 수 있을 것이다.

　이 역서가 한국 교회 안에 아이들을 위한 예배 발전 노력을 진작시키고 실질적인 관심도 확대시키는 기폭제가 되길 바라며 어린이 예배에 수고하는 많은 사역자들에게 큰 도움이 되길 바란다.

추천사 2

이 승 진 박사
(합동신학대학원대학교 설교학 교수)

21세기에 접어든 한국 교회가 교회학교와 교회교육에 대하여 그 나아갈 방향을 상실하고 심각한 고민에 빠졌다. 이미 1980년대 후반부터 침체하는 한국 교회의 위기에 대한 자성의 목소리들이 흘러나오고 있었지만 최근 들어 교회학교와 교회교육의 한계에 대한 비판의 목소리는 더욱 고조되고 있다.

이런 상황에서 침체하는 교회학교와 교회교육에 대한 한 가지 대안으로 떠오르는 것은 세대 간 예배나 다세대 간의 통합적인 교회교육이다. 지금처럼 교회교육과 교회학교 예배를 세대별로 구분하여 진행하는 것이 아니라 가정에서의 신앙지도와 교회에서의 신앙지도가 함께 이루어지고 모든 세대와 함께 예배와 교육을 실현하는 신앙지도를 모색하는 것이다.

사실 수천 년의 기독교 신앙생활의 역사에 비추어 볼 때 오늘날과 같이 신앙생활이 세대별로 구분되고 가정에서의 신앙생활과 교회에서의 신앙생활이 서로 분리된 때도 없었던 것 같다.

이런 의미에서 통전적인 다세대 간 예배의 구조 안에서 어린이 예배의 활성화를 모색하는『교회의 아이들』이 한국 교회에 소개되는 것은 매우 뜻 깊은 일이다. 독일의 저명한 실천신학자이자 역자의 지도교수인 크리스티안 그레트라인 교수는 본서에서 어린이들이 다세대 간 예배와 신앙생활의 토대 위에서 하나님 나라를 풍성하게 경험할 수 있는 예배의 이론과 실제를 소개하고 있다.

본서를 통해서 한국에서 자라나는 다음 세대 신앙의 주역들인 우리 자녀들이 좀 더 체계적이고 통전적인 기독교 예배의 실제 속에서 더욱 풍요로운 영적 유산들을 경험하고 꾸준히 계승하기를 기대한다. 그리고 이 일을 위하여 본서가 중요한 이론적인 토대로 널리 읽힐 수 있기를 기대한다.

Contents

추천사 1 (김순환 박사: 서울신학대학교 실천신학 교수) _ 05
추천사 2 (이승진 박사: 합동신학대학원대학교 설교학 교수) _ 07
한국어 출판을 위한 서문 _ 11
서문 _ 13
역자 서문 _ 16

I부 기초
1장 아이들에게 속한 하나님 나라 _ 21
2장 역사로부터의 빛줄기들 _ 27

II부 커뮤니케이션
3장 종교적 커뮤니케이션의 기본 형식 _ 39
4장 교회 커뮤니케이션의 기본 형식 _ 67

III부 아이들과 함께 하는 예배
5장 예배 · 복음과의 만남 _ 117
6장 다양한 장소들 _ 129
7장 어린이 예배: 아이들과 함께 드리는 예배 _ 161

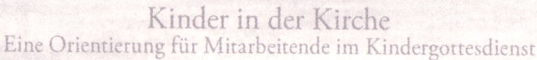

IV부 전망
8장 어른들이 아이들에게 배운다 _ 209

부록
1. 기독교 신앙으로 가기 위한 길 위에서 아이들과 함께하는 삶을 위한 도전들 (크리스티안 그레트라인 박사: 독일 뮌스터대학교 실천신학 교수) _ 228
2. 어린이 예배 활성화 방안 (김상구 박사: 백석대학교 실천신학 교수) _ 257

참고문헌 _ 299
색인 _ 302

한국어 출판을 위한 서문

예수님께서 하나님 나라에 가까이 있다고 특별히 내세운 유일한 사람들의 그룹은 아이들이었다. 예수님은 말씀하셨다.

> 내가 진실로 너희에게 이르노니 누구든지 하나님의 나라를 어린아이와 같이 받아들이지 않는 자는 결단코 거기 들어가지 못하리라 하시니라(눅 18:17).

나의 동료 김상구 교수가 본서 『교회의 아이들』(Kinder in der Kirche)을 한국어로 번역하게 되어 특별히 기쁘다. 그는 뮌스터대학에서 쓴 "예배의 구성요소로서의 설교"(Münster, 2000)라는 신학박사 학위 논문을 통하여 예배학과 설교학 현안에 뛰어난 학자라는 것을 입증해 보였다. 그리고 본 책에서 나의 관심사는 어린이들이 예배에서 지닌 의미와 교회에서 어린이 예배 경축(Feierpraxis)의 중요성을 설명하는 것이다. 어린이 예배는 이 책에서 다루고 있는 실제의 예시이다.

또한 동료 김은주 박사가 함께 번역에 참여한 것도 큰 힘이 되

었다. 왜냐하면 그는 "위기에 처한 어린이 예배"(Kindergottesdienst in der Krise[Norderstedt, 2011])라는 논문으로 뮌스터대학에서 신학박사 학위를 받았기 때문이다. 최근 김은주 박사는 독일과 한국의 어린이 예배 형태에 관한 최근의 토론에 탁월한 기여를 했다.

  나는 김상구 교수와 김은주 박사가 독일에서 연구하는 동안 두 사람에게서 많은 것을 배웠다. 그들은 독일 개신교 예배학에 대해 열심히 연구했으며 어떻게 그것을 한국 교회에 적용할 수 있는 지에 대해 심사숙고했다. 거기에서 사용된 비교 방법은 교회의 에큐메니컬한, 즉 전 세계적인 과제와 책임을 의식하는 개신교 교회에 도움이 될 것이다. 그래서 나는 본서의 번역이 독일과 한국의 실천신학을 서로 배우고, 가르치는 과정에 또 하나의 초석이 되기를 소망한다. 왜냐하면 독일과 한국에 있는 성인 그리스도인들은 예배 방식에서도 어린이들에게서 많은 것을 배울 수 있기 때문이다.

2014년 5월, 독일 뮌스터에서
크리스티안 그레트라인

서 문

　이 책은 우리 나이든 사람들이 우리의 자녀들과 손자 손녀들에게 무거운 짐을 지우고 있는 그러한 때에 쓰인 것이다. 10억, 아니 1조 유로(EURO)가 우리의 현재 삶의 스타일을 방해받지 않고 계속해 나갈 수 있기 위해서 투자되고 지출되고 있다. 우리의 그 외 행동들도 다음 세대를 힘들게 하고 있다. 우리는 다음 세대들에게 단지 파괴된 생태계만을 남겨줄 것인가?
　이러한 배경하에서 신약에 나와 있는 예수님의 권고는 아주 절박하다. "아이들이 나에게 오는 것을 막지 말아라, 왜냐하면 그런 아이들에게 하나님의 나라가 속해 있기 때문이다." 이 어린이 복음(Kinder-Evangelium)은 어린이에 대한 낭만주의를 말하고 있는 것이 아니다. 오히려 우리의 삶의 의미에 관한 것이다.
　오늘날까지 개신교 교인들은 교회 안에서 예수님의 이러한 요구를 따르는 것에 여전히 성공하지 못하고 있다. 그 외의 우리 사회에서도 그러한 것처럼 많은 아이들은 교회의 주변에만 머물고 있다. 사람들이 아이들을 위하여 애쓰는 곳, 아이들과 함께 예배를 드리는 곳에서 그 사람들은 금세 많은 도전과 문제에 봉착하게 된다.

이 책에서 나는 아이들과 함께 예배드리고 있는 모든 사람들에게 용기를 주고 싶다. 신학적으로 보았을 때 그들은 문자적인 의미에서 하나님 나라의 사역을 수행하고 있는 것이다. 교육학적으로 그들은 "자신들의" 아이들이 하나님을 경험할 수 있는 중요한 가능성을 열어주고 있다.

이러한 노력을 지원하기 위해서 나는 지난 30년 동안 실천신학에서 연구되었던 중요한 지식과 통찰을 총괄했다. 유감스럽게도 그것들은 종종 학문적인 토론에 머물렀다. 그래서 이 책은 실제로 아이들과 예배를 드리는 사람들, 어린이 예배 사역자들, 자녀들과 함께 예배를 드리는 부모들, 그리고 그 외 교회에서 아이들을 돌보고 가르치는 교사들에게 읽혀지길 원한다.

아이들과 함께 놀고, 예배드리고, 꿈꾸고, 웃고 우는 사람들은 아주 중요한 것을 하고 있다. 그들이 없었다면 우리 사회는 문자적인 의미에서 멸종되었을 것이다. 현재 금융시장, 경제, 그리고 생태학에서의 위기는 본질적으로 지배적인 미래망각(Zukunftsvergessenheit)을 생산하는데 있다. 어른들은 당장의 즐거움에 대한 욕망으로 미

래를 잊어버리도록 했다. 그와는 반대로 아이들을 사랑하고 아이들과 함께 자신의 삶을 나누는 사람에게 미래는 어쩌면 심지어 생물학적인 죽음을 넘어서까지 열린다.

나는 반덴호엑 & 루프레히트 출판사(Verlag Vandenhoek & Ruprecht)의 마르티나 슈타인퀼러 박사(Frau Dr. Martina Steinkühler)의 호의적인 요청과 나의 손녀 루트 메를레 그레트라인(Ruth Merle Grethlein)의 출생과 세례로 인하여 이 책을 쓰게 되었다. 나는 그 아이가 개신교 교회에서 성장하고, 예수님의 '어린이 복음'을 마음에 새기기를 바란다. 그 아이에게 이 조그만 책이 유용하기를 바란다.

마지막으로 교정을 위해 수고하고 내용적으로 여러 가지 조언을 해준 두 명의 신학생 카트린 카마타(Katrin Camatta)와 클라우디아 뤼디거(Claudia Rüdiger)에게 감사를 드린다.

2009년 1월, 독일 뮌스터에서
크리스티안 그레트라인

역자 서문

　오늘날 한국 교회의 교회학교는 사회적·신앙적·교육적 위기 속에서 망망대해를 헤매는 선박처럼 나아가야 할 방향을 상실하고 있을 뿐 아니라, 여기저기에서 교회학교의 존립이 어렵다고들 한다. 그럼에도 불구하고 한국 교회의 소망은 교회학교 아이들에게서 발견하지 않으면 안 될 것이다. 교회학교 부흥을 꿈꾸는 사역자들과 교사들은 이러한 소망의 끈을 놓지 말아야 한다. 이러한 소박한 바람이 여전히 역자의 마음속에서 꿈틀거리고 있다.
　또한 교회학교에서 드리는 '어린이 예배'의 위기가 어찌 한국 교회뿐이겠는가? 서구 교회도 부흥의 시기를 지나 쇠퇴기에 접어들면서 교회학교의 위기가 다가올 때 이런 상황을 극복하려는 다양한 시도들이 있었다. 그런 시도들을 살펴봄으로써 한국 교회 교회학교에서 드리는 어린이 예배의 위기를 기회로 삼아 새로운 길을 모색해야 할 것이다. 본서를 한국 교회에 소개하고 싶은 이유는 다음과 같다.
　첫째, 본서는 비록 얇은 책이지만 교회학교에서 드리는 어린이 예배의 성경적·신학적·역사적·교육적·예전적 이해를 통

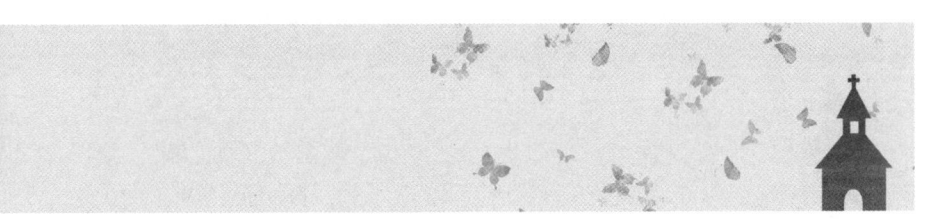

해 새로운 해결책을 제시하려는 작은 시도들이 일목요연하게 정리되어 있다.

둘째, 본서의 저자 그레트라인은 역자의 지도교수이다. 최근 어린이 예배 갱신에 관한 그의 고민을 한국 실천신학계에 소개하려고 한다. 본서는 어린이 예배의 갱신 방향을 모색하기 위해 매우 유용한 책이 될 것이다.

I부에서는 어린이 예배의 기초로서 성경적, 역사적 관점을 제시한다. II부에서는 종교적 커뮤니케이션의 기본 형식을 다룬다. III부에서는 아이들과 함께 드리는 예배, 그리고 IV부에서는 어린이 예배의 새로운 방향을 전망하고 있다.

부록으로는 본서와 함께 읽을 만한 저자의 글인 "기독교 신앙으로 가기 위한 길 위에서 아이들과 함께하는 삶을 위한 도전들"과 역자가 최근 한국 교회 교회학교의 예배 갱신의 방향을 모색한 "어린이 예배 활성화 방안"을 첨가했다. 이를 통해 독일 교회와 한국 교회 어린이 예배의 갱신 방향을 엿볼 수 있을 것이다.

예수님께서 말씀하신 '어린이 복음'을 한국 교회 교회학교의

영적 부흥을 위해 다시금 되새김질할 때이다.

… 어린아이들이 내게 오는 것을 용납하고 금하지 말라 하나님의 나라가 이런 자의 것이니라 내가 진실로 너희에게 이르노니 누구든지 하나님의 나라를 어린아이와 같이 받들지 않는 자는 결단코 그 곳에 들어가지 못하리라 하시고 … (막 10:13-16).

2014년 5월, 방배동 연구실에서

김 상 구

I부

기초

교회의 아이들, 이 말은 우선 전문가를 위한 주제처럼 들린다. 어쩌면 그것은 교회에서 그 일을 위하여 위임 받은 교사들에게나 관심이 갈만한 것으로 비쳐질 뿐 그 이상은 아니다.

하지만 이 책을 읽을 때 교사들은 다음과 같은 사실을 발견하게 될 것이다. 여기에서는 개신교 교회를 위한 원론적인 질문을 다루고 있다. 예수님의 소식은 분명하다. 아이들은 하나님 나라에 가장 가까이 있다. 그리고 기독교 역사는 다음과 같은 것을 보여 준다. 중요한 교차점에서 교회를 위하여 아이들의 의미가 새롭게 발견되었다는 것이다.

어쩌면 우리는 오늘날 다시 우리 사회에서 기독교 역사의 전환점에 서 있는지도 모른다. 어떠한 경우든 간에 아이들의 의미를 다시 한 번 자각하는 것은 매우 바람직하고 중요하다. 아이들은 예수 그리스도의 공동체에 속해 있다. 그리고 이것은 우선 예배 가운데 걸맞게 표현되어야 한다.

Kinder in der Kirche

Eine Orientierung für Mitarbeitende im Kindergottesdienst

1장

아이들에게 속한 하나님 나라

아이들이 교회의 중심에 있다고 신약성경은 말한다. 예수님은 소위 어린이 복음에 대해서 다음과 같이 말씀하신다.

> 사람들이 예수께서 만져 주심을 바라고 어린아이들을 데리고 오매 제자들이 꾸짖거늘 예수께서 보시고 노하시어 이르시되 어린아이들이 내게 오는 것을 용납하고 금하지 말라 하나님의 나라가 이런 자의 것이니라 내가 진실로 너희에게 이르노니 누구든지 하나님의 나라를 어린아이와 같이 받들지 않는 자는 결단코 그 곳에 들어가지 못하리라 하시고 그 어린아이들을 안고 그들 위에 안수하시고 축복하시니라(막 10:13-16).

아이들은 그 당시 보통 사람들과 분명히 다르게 예수님에 의해 우대받은 유일한 사람들이다.

■ 아이들은 방해한다

이미 예수님 시대에 아이들을 적대시하는 경향이 있었다. 아이들은 성인 예배를 방해하며 많은 것들을 난장판으로 만들고 즉흥적으로 표출한다. 간략히 말해 아이들은 어른들을 당황하게 한다. 그래서 제자들은 아이들을 예수님에게서 떼어 놓으려고 했을 것이다. 유감스럽게도 교회의 역사에서 계속해서 이러한 측면이 있었고 오늘날까지 계속되고 있다. 예배에서의 긴 설교와 딱딱한 교회의 긴 의자, 입교식을 거치고서야 비로소 허락되는 성만찬은 아이들이 교회에서 자신들의 당연한 자리를 차지하기 어렵게 한다.

하지만 예수님은 달랐다. 예수님은 누가 보아도 작다고 할 수 있는 아이들에게 (그 아이들은 업히거나 안겨 있었다) 곧장 관심을 가지셨다. 그리고 하나님 나라가 아이들에게 속한 것이라고 설명만 한 것이 아니라 아이들 머리 위에 손을 얹으시고 축복하셨다.

■ 아이들은 본보기

이것은 목수의 아들이 비현실적인 유년기적 낭만주의를 유포한 것이 아니다. 그는 아이들의 특별한 우수성에 대해 언급하지 않았다. 복음서에서는 아이들이 오히려 하나님에게 모든 것을 기대하고 있다고 말한다. 어른으로서 우리는 복음서에 담긴 의미의 아이들이 될 수 있고 되어야 한다.

예수님은 이러한 것을 생생하게 산상수훈에서 설명하셨다.

공중의 새를 보라 심지도 않고 거두지도 않고 창고에 모아들이지도 아니하되 너희 하늘 아버지께서 기르시나니 너희는 이것들보다 귀하지 아니하냐(마 6:26).

그리고 예수님은 기독교의 기본적인 기도를 아이들의 전형적인 호칭으로 시작하고 있다.

…우리 아버지여(마 6:9).

이렇게 모두가 외우는 주기도문은 동시에 다시 (하나님의) 자녀가 되려는 표현이다. 그것은 교회에 확장된 결과를 가져온다.

■ 아이들과 같이 되기

사람들에게 하나님 나라의 전망을 열어주는 것이 교회의 임무이다. 사람들에게 아버지로서 하나님에 대한 신뢰가 전해져야 한다. 하나님은 우리에게 생명을 주시고 우리를 돌보신다. 어른들의 계속적인 쳇바퀴 돌기와 '좀 더' 갖고자 하는 욕망은 끝이 난다.

예수님에 의한 이러한 자극은 교회 역사에서 계속적으로 수용되었다. 2장에서는 기독교인들이 예수님을 따라 아이들의 의미를 찾아낸 교회 역사로부터 세 개의 빛줄기를 만나게 될 것이다.

■ 어린이 축복

예수님이 아이들에게 향하셨다는 것은 동시에 교회의 책임을 의미한다. 여러분은 다음과 같은 말씀을 읽었다. 예수님은 아이들을 "안고 그들 위에 안수하시고 축복하시니라." 그것은 교회에게 어떠한 경우에든지 정성을 다하여 아이들을 돌보아야 한다는 임무를 내포하고 있다. 이러한 일이 실제로 일어나도록 이 책이 기여할 것이다.

■ 미리보기: 기도와 축복

다음에 오는 두 개의 장은 그에 대한 기본적인 커뮤니케이션 형식을 보여주고 있다. 3장에서는 두 개의 일반적인 종교 표현 방법이 서술되는데 그것은 예수님을 따르고 있는 교회가 실행하는 것이다. 즉 기도와 축복이다. 이것은 아이들에게-그리고 어른들에게-그들의 삶 가운데에서 중요한 도움을 준다. 우리는 모든 것에서 기도를 통해 하나님을 향하게 되는 가능성을 갖게 된다. 축복은 우리의 삶을 향한 하나님의 사랑을 알게 한다.

■ 미리보기: 설교, 세례, 성만찬

4장에서는 개신교 교회의 근본이라 할 수 있는 세 개의 구체적인 실행(Vollzüge)을 다루고 있는데 그 안에서 하나님은 우리에게 다가오신다. 그것은 이미 프로테스탄티즘의 근본 신앙고백인 아우크스부르크 신앙고백서(Augsburger Konfession 1530) 7조항에 명백히 거론되어 있다. 설교와 두 개의 성례전인 세례와 성만찬이다.

'설교'는 반드시 주일 오전에 20분 정도 설교단에서 말하는 것을 의미하는 것은 아니다. 오늘날 신학자들은 오히려 예수님의 복음이 회중에게 다가가고 그것을 통하여 인간이 자신의 삶을 새롭게 이해하고 설정할 수 있는 것이라고 말한다. 아이들에게는 성경 말씀을 이야기하고 그것을 현재화하는 것이 관건이다.

■ 미리보기: 예배

이어지는 세 개의 장은 아이들과 함께 드리는 예배에 주목하고 있다. 거기에 더하여 나는 5장에서 오늘날 아이들이 종교와 교회를 만나(볼 수 있)는 중요한 사회적 배경이 되는 장소를 개략적으로 언급하려고 한다. 가정과 유치원, 초등학교에서의 종교수업이 바로 그것이다. 거기에 어린이 예배를 위해 찾아낸 중요한 자극이 있다.

6장은 예배라는 주제를 성경 신학적 관점에서 다루고 있다. 거기에서 종래의 예배 이해를 넘어서는 광의적 지평이 열리게 될 것이다. 7장에서는 아이들과 함께 드리는 적당한 규모의 다양한 예배를 볼 수 있을 것이다. 이때 어린이 예배에서 이루어지는 현재의 개혁들이 중심점을 형성할 것이다.

■ 미리보기: 배움의 기회

마지막으로 8장에서는 몇 개의 예배학적이고 기독교 교육학적인 기본 원리를 작성하려고 한다. 구체적으로 어른들이 아이들에게서 배울 수 있는 학습의 기회를 제시하려고 한다. 그것은 실제로 다양한 배움의 장소에서 입증된 것이다.

Kinder in der Kirche

Eine Orientierung für Mitarbeitende im Kindergottesdienst

2장

역사로부터의 빛줄기들

교회 안에서의 아이들에 대한 상세한 이야기는 도서관 전체를 채우는데 별 어려움이 없을 것이다. 다양한 시기에 그리고 다양한 장소에서 아이들은 다양한 방법으로 교회에 참여했다. 대부분의 기독교 교회는 오늘날까지 유아 세례를 통하여 다음을 표현한다.

> 아이들은 당연히 교회 공동체에 속해 있다. 하지만 신학에서 계속되고 있는 신앙의 지적인 형성은 많은 교회에서 아이들을 주변으로 밀려나도록 하고 있다.

■ 미리보기

고대 교회(Alte Kirche), 마틴 루터(Martin Luther), 오늘날의 교회

다음에서 나는 교회 역사의 짧은 세 줄기 빛으로 예수님의 등장이 아이들에게 가져온 결과에 주목하려고 한다.

첫째, 고대 교회의 예배 영역에서 유래한 것이다. 그것은 예배에서 아이들의 위치가 아이들이 교회에 융화되기 위한 좋은 척도라는 것을 기억하게 한다.

둘째, 마틴 루터(Martin Luther)의 중요한 신학적 입장 표명을 생각나게 한다. 그는 아이들이 특별히 하나님께 가까이 있다는 것을 새롭게 강조했다.

셋째, 오늘날 아이들친화적인 교회를 조성하는 노력들을 살펴보는 것이 도움이 될 것이다.

1. 고대 교회: 예배 안에서의 아이들

서두에 인용했던 어린이 복음(막 10:13-16)의 관점에서 볼 때 다음과 같은 것은 실제로 놀랄만한 것이 아니다. 고대 교회에서는 아이들이 교회 생활의 중심인 예배에서 중요한 역할을 담당한다. 기독교 예식의 중심에 복음서 낭독이 있었다. 이것은 오늘날까지도 있다. 이 순서에 아이들이 참여했다. 흥미롭게도 묘비에 낭독자(Lektor)로서의 활동을 회상하는 아이들 무덤이 발견되었다.

6세기에 낭독자들은 최소한 5세에서 8세여야 한다는 지침이 언급되었다. 이러한 아이들은 주중에 "주일의 복음"을 공부했다. 그리고 나서 아이들은 교회 모임에서 잘 다듬어진 목소리로 그것을 낭독했으며, 리드미컬하고 선율적인 형태로 이루어졌다. 거기에는 재미있는 이유가 있었다. 아이들의 순수한 목소리만이 순수한 복음을 낭독할 수 있다는 것이었다. 그래서 고대 교회에서 기독교인들은 아이들의 시편 찬송을 아주 좋아했다. 거기에 더하여 곧 바로 어린이 성가대가 생겨났다. 그것은 예수님의 주장처럼 아이들이 하나님 나라에 가까이 있다는 것이 예배학적으로 전환된 것이고 시각적으로 보여진 것이다.

1500년 이상을 소급하는 이러한 오래된 전통과의 확실한 연결점이 오늘날에도 있다. 예를 들면 어린이 성가대의 노래라든가 성탄절 전야에 있는 아이들의 성탄극이다. 거기에서는 어느 정도 아이들에게서 유래한 마법을 느낄 수 있게 된다. 아이들은 예수님이 아셨던 것처럼 하나님과 특별히 가까이에 있다.

하지만 중세에 일방적으로 어른들에게 맞춰진 교리는 예배의 중요한 자리에서 아이들을 밀어냈다. 소위 유전죄의 견해는 인간됨의 자연스러운 기반을 경시하도록 했다. 세례받지 않은 아이들은 깨끗하지 않은 것으로 여겨졌다.

철학적으로 아리스토텔레스(Aristoteles)는 중세기의 신학적 사고를 규정하였다. 그에 따르면, 이성은 인간의 중심을 형성한다. 아이들은 '비이성적인 존재'로서 대부분 부족한 것으로 비쳐졌다. 그래서 기독교 교회는 고대의 통상적인 입장에 순응했다. 아이들은 사회에서 그리고 또한 교회에서 주변에 처하게 된 것이다.

2. 종교개혁: 어린이 믿음

종교개혁에서 신학적으로 그리고 교회적으로 큰 부담 중의 하나는 소위 유아 세례를 둘러싼 논쟁이었다. 그때까지 몇백 년간 유럽의 문화적 범주에서 신생아에게 출생하자마자 세례를 베푸는 것은 관례적이었다. 그에 반하여 갑자기 근본적인 질문이 공식화되었다. 신약성경은 두 개의 성례전, 즉 세례와 성만찬에 믿음이 필수적으로 속해 있다는 것을 가리키고 있지 않은가? 어린아이들은 아주 명백하게 믿음을 가지고 있지는 않았다(신앙지식의 의미에서). 그래서 아이들은 세례를 받아서는 안 된다는 것이다.

종교개혁가 마틴 루터(Martin Luther 1483-1546년)는 철저히 계속해서 새롭게 이 문제에 대해 논쟁했다. 거기에서 그는 특히 세례 받은 아이에게서 어린이 믿음(Kinderglaube, 라틴어로: *fides infantium*)을 추측하기도 했다. 예수님의 어린이 복음에 아주 가까이 서 있는 루터는 다음과 같이 기록하였다.

> 아이들은 이성이 없기 때문에…이성이 항상 가로 막고 있고 커다란 머리 때문에 좁은 문을 통과할 수 없어서 부딪치는 나이든 사람이나 이성인들보다 더 믿음에 적합하다. 믿음과 하나님의 일에 대해서 말할 때, 이성과 이성의 일을 보아서는 안 된다. 여기에서는 하나님만이 일하시고 이성은 죽은 것이고 눈멀었다(바이마 루터-통권[Weimarer Luther-

Gesamtausgabe] 17권 II, 85[1]).

루터는 그 스스로도 오랫동안 공부한 신학박사였으며, 결코 이성을 적대시 한 사람이 아니었다. 하지만 믿음에 있어서 그는 다음의 사실을 무조건적으로 고수하려고 했다. 어떤 인간도 자신으로부터 출발하여 하나님을 믿을 수 없다는 것이다. 믿음은 단지 하나님의 선물이다. 그래서 루터는 아이들과 아이들의 '믿음'을 그렇게 매우 강조했던 것이다. 모든 어린아이는 바로 인간이 하나님을 의지하고 있다는 것을 분명히 표현한다.

400년도 더 지나서 사회심리학자 에릭 에릭슨(Erik Erikson, 1902-94)은 원초적 신뢰[Urvertrauen, 더 나은 영어 원어로는: basic trust])에 대해서 말했다. 그것은 삶의 초기에 형성되는 것이다. 그리고 그는 세례 받은 아이들의 믿음에 대한 루터의 견해를 분명하게 시사하였다. 다른 종교에서도 그는 인생 성공을 위하여, 다른 면으로는 자신의 능력의 성취를 위하여 어린 시절의 신뢰가 의미를 지닌다는 암시를 발견했다.

어린이 믿음에 대한 루터의 견해는 우리가 이미 예수님의 어린이 복음에서 만났던 종교적 기본 이해를 떠올리게 한다. 아이들에게서 만나볼 수 있는 기본적인 신뢰는 하나님과 인간의 관계를 위한 모범이다. 거기에서는 개인의 능력이 그렇게 중요한 것이 아니다. 믿음은 스스로 얻을 수 있는 것이 아니다. 그러므로

---

[1] 이 책에 있는 모든 인용문들은 새로운 표기법을 따른다. 오래된 텍스트에 있는 점점 사용하고 있지 않는 형식을 조심스럽게 오늘날의 언어 용법에 맞추었다.

편파적으로 지적인 앎에 치우친 신앙 이해에는 문제가 있다. 기독교 신앙에 있어서 하나님에 대한 원초적 신뢰는 근본적인 것이다. 아이들은 자연스럽게 다른 사람을 의지하기 때문에 그런 점에 있어서 아이들은 최상의 모범이다.

그렇다고 해서 인간이 미성숙하게 있어야 한다고 말하는 것은 결코 아니다. 루터는 오히려 계속해서 학교 건립과 젊은이들의 좋은 교육을 위하여 노력했다. 그 외에 그 당시에 보편적이지 않았던 여자아이들의 교육을 위해서도 수고를 아까지 않았다. 왜냐하면 하나님에 대한 믿음은 그 외 다른 능력에 상응하여 교육되어야만 하기 때문이다. 선물이라는 신앙의 기본 특징은 작은 아이들에게서 가장 잘 표현된다.

유감스럽게도 아이들의 특별한 특성에 대한 이러한 견해는 신학적으로 지속해서 관철될 수 없었다. 개혁교회 입장의 학문적 이해는 복잡한 교과시스템을 지닌 교리의 발전을 가져왔다. 아이들은 그 안에서 더 이상 자신들의 자리를 갖지 못했다. 아이들은 일방적으로 유전죄의 전망, 혹은 어른들의 전망으로 인식되었고 그리고 인식되고 있다.

뒤돌아보면 다음과 같은 사실을 확인할 수 있다. 아이들이 주변에 머물러 있는 한 교회는 인간적 활동을 과대평가하는 위험에 처해 있다는 것이다. 아이들은 그에 반하여 그들의 무조건적인 의존성에서 하나님 앞에 서 있는 모든 인간의 근본 상황을 기억나게 한다. 인간은 받아들이는 자이다. 그것을 통하여 모든 인간적 활동은 상대화된다. 믿음을 선물로 받았다는 것은 사랑에 의존하고 있는 아이들에게서 분명히 나타난다.

3. 오늘날: 관점의 전환

1994년 11월에 할레(Halle/S.)에서 독일 개신교지역총회(Synode der EKD)가 "어려운 시대에 성장하기-교회와 사회 속의 아이들" (Aufwachsen in schwieriger Zeit-Kinder in Gemeinde und Gesellschaft)[2] 이라는 중심주제 하에 열렸다. 정책에 맞게 이 '어린이-총회'에서는 교회 사역에 대한 '관점의 전환'이 공식화되었다. 거기에서 다음과 같은 것이 오늘날까지 중요하다. 내용면에서 그 출발점은 예수님의 어린이 복음(막 10:13-16)이었다. 거기에 따르면 예수님의 좋은 소식에서 아이들은 '제한 없는 우위'를 차지하고 있었다(12).

이것이 실제화 되도록 하기 위하여 지역총회는 오늘날 독일에 있는 아이들의 상황을 분석하는 것에서 출발한다. 거기에는 다음과 같은 모순이 나타난다. 한편으로 오늘날 대부분의 아이들은 과거에 비해 더 나은 물질적인 상황 속에서 살고 있다. 그러나 다른 한편으로 아이들은 다양한 불확실성에 노출되어 있다. 즉 이혼을 통한 가정의 파탄, 위험한 교통 상황, 종종 아이들을 고려하지 않는 거주 환경과 가족 적대적인 성인 세계의 구조는 아

---

[2] 이 지역총회의 결과는 동일한 제목으로 1995년 책으로 출판되었다(이 책의 끝에 계속적인 연구를 위한 참고문헌을 보라. 괄호 속에 들어간 숫자는 이 장에서는 이 책을 말하는 것이고 상응하는 인용문을 표시한 것이다.

이들의 성장을 지속적으로 방해한다.

일반적인 유동성과 미디어 또한 아이들의 삶을 다함께 가속화한다. 기독교 교육학자 칼 에른스트 니프코(Karl Ernst Nipkow)의 경고를 받아들인다면, '영적인 빈곤'의 위험에 처해 있다(26). 마지막으로 지역총회는 아이들 사이에 퍼져있는 빈곤에 대해 관심을 가졌다. 빈곤은 사회적 분리를 초래한다.

결과적으로 나온 일반적인 정치적 요구 외에 지역총회는 신학적으로 아이들에 대한 새로운 관점을 부각시켰다. 거기에서 아이들은 언제든지 질문할 준비가 되어 있다는 것이 강조된다. 아이들은 한 마디로 질문하는 자들이다. 그러나 아이들의 질문들은 적지 않게 어른들에 의해 흘려듣게 되거나 거부된다. 하지만 거기에 담겨 있는 아이들의 관점은 중요하다. 지역총회의 성명(聲明)처럼 교회는 아이들에게서 배울 수 있다(58).

전통적인 교육하고-교육받는 관계가 바뀌게 되는 것이다.

> 예수님은 아이들에게 향하시면서 그들의 믿음을 어른들의 모범으로 만들었다. 그래서 우리 기독교인들에게는 어른들의 신앙을 아이들에게 가능한 한 효과적으로 전수할 수 있는 형식을 개발하는 것이 중요한 것이 될 수 없다. 제일 먼저 우리는 성장하는 사람에 대한 예수님의 말씀과 행동을, 각기 특징 속에서 발전하고 변화하는 아이들의 신앙을 고려하고 이해하는 것을 배우라는 암시로 이해해야만 한다(67).

젊은 부모는 이러한 것을 종종 확인할 수 있다. 그들은 자신의 아이들을 통하여 다시 '더 경건하게' 되는 것을 경험한다. 아주 근본적인 아이들의 질문은 부모를 깊이 생각하도록 만든다. 할머니는 왜 아프신 거야? 왜 돌들은 모두 달라? 등등. 아이들을 위하여 고정된 생활-리듬이 필요하다고 느껴지는데 이것은 저녁기도와 같은 오래된 의식을 새롭게 발견하게 한다. 인류 역사의 중요한 질문들은 재차 새롭게 대두된다. 우리는 어디에서부터 왔는가? 우리는 어디로 가는가? 우리 삶의 목표는 무엇인가? 아이들의 질문은 그러한 것들이 깨어 있도록 한다. 부모는 그것을 통하여 기독교 신앙으로의 새로운 통로를 찾을 수 있다.

그 사이 종교 교육학에서는 새로운 연구줄기가 형성되었는데 그것은 독일 개신교 지역총회의 자극을 수용한 것이다. 그것은 소위 어린이 신학(Kindertheologie)이다. 2002년 이래 심지어 매해 '어린이 신학을 위한 연감'(Jahrbuch für Kindertheologie)이 개념적이고 실천적인 논문들과 함께 출간되고 있다. 근본적인 출발점은 신앙에 대해서 물어보는 아이들을 독립적인 통로로 인정하는 것이다. 그래서 아이들은 자신들의 고유한 생각을 하고 이것을 또한 표현하도록 고무되어진다. 그렇다면 그때까지 있었던 어른-아이라는 통상적인 차이 없이 어른들과 믿음에 관한 대화가 연결될 수 있다. 오히려 아이들의 신앙 관점의 고유한 권리가 강조된다.

그와 함께 교회 안에서 아이들과의 커뮤니케이션은 근본적으로 평가 절상된다. 예수님을 통하여 제자들의 중심에 아이들을 받아들이는 것이 프로그램(Programm)이다. 아이들은 더 이상 주변에 서 있지 않다.

반면에 대부분의 개신교 교회들을 들여다보자. 이것을 실현시키기에는 아직 먼 것으로 보인다. 아이들은 어른들 때문에도 그들의 질문과 더불어 홀로 남겨져서는 안된다. 왜냐하면 어른들은 예수님에 따르면 아이들과 같이 되어야 하기 때문이다. 그렇지 않으면 어른들은 질문 없는 자신들의 당연한 세상에 표류할 것이고 하나님의 나라는 그들에게 닫힐 것이다.

4. 요약

교회 역사로부터의 세 개의 빛줄기는 다음과 같은 중요한 견해에 이르게 한다. 예수님의 어린이 복음은 언제나 새롭게 해석되어야 하고 변형되어야만 한다는 것이다. 그와 함께 중요한 것은 예배 방식과 같은 구체적인 실천과 또한 신학의 계속적인 발전이다. 목표는 다음과 같다. 아이들은 그 외의 사회에서 종종 그러한 것처럼 교회의 주변이 아니라 중심에 속해 있다. 아이들과 함께 하는 사역은 예수님의 어린이 복음을 현실화시키는 데에 기여하는 것이다.

II부

커뮤니케이션

　학문적으로 접근하였을 때 기독교 신앙은 하나의 커뮤니케이션 과정(Kommunikationsvorgang)이다. 기독교 신앙은 특정한 표현 형식들을 필요로 한다. 그것들은 배울 수 있고, 깊어지며, 그리고 삶의 과정에서 개인적으로 형성되어질 수 있다.
　예배는 사람들이 이러한 커뮤니케이션 형식들을 함께 실제화하는 것을 통하여 이루어진다. 새로운 세대를 여기로 끌어들이는 것은 교회의 아이들 사역에서 매우 중요한 과제이다. 동시에 아이들은 그것을 통하여 자신들의 지평이 넓게 확장되는 것을 경험하게 된다. 아이들은 기도할 때 새로운 언어 형식을 배운다. 축도는 그들의 삶이 의미가 있다는 깊이 있는 확증을 전해준다.
　두 개의 커뮤니케이션 형식은 교회 예배 외에서도 나타나는데 그것은 교회와 인간의 일상 생활 사이의 교량 역할을 의미하고 있다. 엄격한 신학적 의미에서 이것은 예배가 어떤 경우에도 교회에만 한정되는 것이 아니라는 것을 보여준다. 예배는 가정에서, 유치원에서 또는 학교에서도 이루어진다.

두 개의 커뮤니케이션 형식은 교회 예배 외에서도 나타나는데 그것은 교회와 인간의 일상 생활 사이의 교량 역할을 의미하고 있다. 엄격한 신학적 의미에서 이것은 예배가 어떤 경우에도 교회에만 한정되는 것이 아니라는 것을 보여준다. 예배는 가정에서, 유치원에서 또는 학교에서도 이루어진다.

개별적으로 보자면 교회에서 몇 개의 시행들은 근본적인 것으로 이루어졌다. 그것은 근본적인 종교적 표현 형식을 수용하고 있지만 내용적으로는 새롭게 예수 그리스도라는 목표를 향하고 있다. 거기에서 재미있는 것은 단순히 말하는 것으로는 충분하지 않다는 것이다. 세례 속에서 행해지고 있는 그리스도의 운명에 인간이 접붙임 되는 것은 이성과 혀 이상의 것을 포함하고 있는 것이다. 그래서 예식은 모든 감각을 건드리는 상징적 커뮤니케이션의 형식으로서 교회를 위하여 포기할 수 없는 것이다.

Kinder in der Kirche
Eine Orientierung für Mitarbeitende im Kindergottesdienst

3장
종교적 커뮤니케이션의 기본 형식

아이들은 어른들로부터 모국어를 배운다. 몇 년 후에 거기에 어쩌면 다른 언어, 소위 외국어가 포함될지도 모르겠다. 뿐만 아니라 모국어는 계속 발전한다. 아이는 새로운 것을 발견하고 거기에 맞는 단어와 표현을 배우게 된다.

종교 또한 언어와 관련되어 있다. 언어의 자극은 사람들로 하여금 삶을 이해하고 다른 사람들과 함께 삶을 형성하도록 돕는다. 하나님과 소통하기 위하여 언어가 필요하다. 시간이 지남에 따라 기독교에서는 무엇보다 두 개의 종교적 표현 형식이 중요한 것으로 드러났다. 그것은 기독교 언어의 기본 용어를 만들어 냈다. 그것이 곧 기도와 축복이다. 이 두 개는 명백히 그리고 탁월하게 복음의 커뮤니케이션에 적합하다.

1. 아이들은 기도한다

나는 기도할 때 따뜻해지고, 나를 사방에서 간질이고, 나를 떠나지 않는다는 것을 느낀다.

한 초등학생은 '수업 시간의 기도'라는 주제에 그렇게 적었다.[1] 분명히 그 아이에게 기도는 자기 존재의 온전한 기본층을 어루만진 것이다.

실제로 기도는 첫 음성의 근본적인 인간 커뮤니케이션 형식에서 발전한 것이다. 맨 먼저 신생아는 단지 울 수 밖에 없다. 하지만 곧 첫 음절 그 다음에는 단어들 그리고 종종 간청들이 형성된다. 그것은 부모가 말하는 것을 모방한 것이다. 아이는 더듬더듬 언어의 세계를 이해하고 새로운 지평이 열린다. 아이가 더 이상 울 필요가 없고 무언가를 요구할 수 있다면, 부모에게 있어서 그것은 얼마나 홀가분한 일인가!

언어 사용이 세분화 될수록 오해의 위험은 그 만큼 더 적어지고 의견 교환의 가능성은 한결 더 깊어진다. 하지만 커뮤니케이션의 첫 시도는 언제나 나중에 나타난다. 행운이나 두려움을 만났을 때 소리를 지르는 것은 첫 전달의 원천성과 강렬함으로 이해할 수 있다.

---

[1] Petra Freudenberger-Lötz, "Mich kitzelt es überall und ich fühle mich nicht verlassen"-Beten im Religionsunterricht, in: Jahbuch für Kindertheologie Bd. 4, Stuttgart 2005, 163-167, 165에서 인용.

하나님과의 대화, 즉 기도에서도 마찬가지이다. 여기에도 처음에 비언어적인 것이 있다. 아이의 웃음은 창조를 찬양하는 아름다운 찬송이라고 생각할 수 있지 않은가? 아이의 울음보다 더 큰 절망이 있는가? 모국어에서처럼 아이는 기도할 때에 아이가 들어갈 수 있는 자신만의 언어 영역을 필요로 한다. 먼저 들은 것을 모방하면서, 그리고 나서는 점점 더 자율적으로 하나님과 인격적 관계를 만들어 간다.

많은 아이들은 가정에서 기도하는 것을 배우는데 부모나 조부모를 통해서 배우게 된다. 부분적으로 교회 유치원이 첫 번째 동기를 부여하기도 한다. 다른 아이들은 어린이 예배에서 기도하는 것을 알게 되고 많은 아이들은 초등학교의 종교 수업 시간에 처음 알게 된다. 어떠한 경우에서든지 모든 언어에서처럼 기도에서도 다음과 같은 것이 유효하다. 즉 기도는 배우는 것이고 연습하는 것이다.

기도는 하나님과의 접촉점이며 기본적인 인간의 커뮤니케이션 형태로서의 청원과 밀접한 관련이 있다. 그것에 대해서는 이미 '기도'(Beten)의 어원이 되고 있는 '간구'(Bitten)에서 가리키고 있다. 그렇게 기도는 우리 인간됨의 시작까지 소급되고 모든 인간이 사용할 수 있는 것이다. 그러나 동시에 그것은 언어 훈련을 필요로 한다. 그에 대해서는 뒤에 자세히 말하게 될 것이다.

■ 미리보기: 기도

(1) 나는 간결하게 기도에 대하여 심리학적으로 들여다 볼 것이

다. 그것은 다음과 같은 사실을 보여준다. 우리가 아이들과 함께 기도할 때 아이들의 일반적인 성장에서 아이들을 돕는다. 왜냐하면 기도 또한 일반적인 인간적 표현의 형태이고 삶의 가능성을 확장시키기 때문이다.
(2) 나는 기도의 기본 형식을 설명할 것이다.
(3) 나의 기도를 들으셨는가? 하는 기도의 근본적인 문제를 살펴볼 것이다.
(4) 예배학적이고 일상적인 기도의 관계를 제시할 것이다.
(5) 이 단락은 어떻게 아이들과 함께 그룹 안에서 기도할 수 있는지 (이야기 기도) 한 예를 통하여 마무리 하고자 한다.

1) 기도에 대한 심리학자들의 견해

발달심리학적으로 기도는 특유의 과도기대상(Übergangsobjekt)으로 이해될 수 있다. 그에 대하여 심리학자들은 어린아이들을 관찰한 것에 그 근거를 삼는다. 어린아이들은 먼저 다른 사람과 관계를 맺는 것을 배운다. 거기에 더하여 그들은 엄마와의 공생적 관계로부터 자유로워야만 한다. 예를 들어 동물 인형과 같은 과도기대상은 거기에서 어쩔 수 없는 이별을 이겨내도록 돕는다. 엄마가 다른 장소로 이동해서 아이가 남겨지는 상황은 과도기대상을 통하여 변하게 된다. 아이는 혼자이지만 그러나 과도기대상과 함께 있다. 거기에서 예를 들어 테디인형(Teddy)은 (테디인형에게는 아마도 '엄마'의 향기가 날 것이다) 엄마를 대신하고 있다.

더 나아가 심리학적으로 볼 때 기도가 과도기대상으로서 그러한 기능을 차지할 수 있다. 기도는 그 때까지 사용했던 (물질적) 과도기대상을 분리시키고 아이의 독립을 키운다. 그래서 아이에게 있어 기도는 낮에서 밤으로 넘어갈 때와 같은 과도기 때에 아주 중요한 역할을 한다. 여기에서 아이는 늦어도 잠자리에서는 혼자일 수 밖에 없다. 기도 속에서 필수적인 과도기가 이행되는 것이다. 아이는 하나님과 동행하고 있다고 느끼게 된다.

이러한 심리학적인 암시들은 기도가 어린아이들에게 주는 근본적인 의미에 주의를 기울이게 한다. 그것은 혼자 남겨졌다고 느끼지 않고 혼자인 것을 배우는 것이다. 이것은 단지 그들에게만 해당되는 과제가 아니라는 것을 우리 어른들은 경험에 의해서 알고 있다. 어른들을 위해서도 기도는 하나님으로 인하여 어려운 상황에서 외로움을 극복할 수 있는 가능성을 열어준다.

2) 기도의 형식

기도는 다양한 형태이다. 신학적으로 봤을 때 기도는 인간에게 있어 가능한 하나님과의 접촉점이다. 그것은 말하는 것을 넘어서 다다르는 것이다. 경험이 풍부한 기도자 루터(Luther)는 기도에 대하여 단지 입술로 하는 기도만이 아니라, "영혼이 하나님의 말씀 속에서 하는 모든 것, 즉 듣고, 말하고, 시를 쓰고, 주시하는 것"으로 이해했다(바이마 루터-통권, Weimarer Luther-Gesamtausgabe Bd. 10 I 1,435). 그러니까 종교개혁가에게는 노래를 부르는 것, 그림을 감상하는 것, 텍스트를 읽는 것, 그리고 더 많은 것들이 신학적으로 기도로 간주된 것이다. 그것은 "하나님의 말씀 안에서" 일어나야만 한다.

그러므로 형식이 중요한 것이 아니라 내용이 중요하다. 기도할 때에 우리는 어떤 유형과 방법이든 상관없이 하나님 나라에 대한 전망에 빠져든다.

실제로 기독교에서 다음과 같은 기도의 기본 형식이 형성되었다.
- 하나님께 대한 간구(Bitte)
- 다른 사람을 위한 중보(Fürbitte)
- 하나님께 감사(Dank)
- 힘든 상황에 대한 호소(Klage)
- 견디기 어려운 것에 대한 하나님 탄핵(Anklage)

■ 간구

여기에서 간구는 기독교 기도의 기초를 이룬다. 그것은 이미 기독교 기도의 표본이라 할 수 있는 주기도문이 시사하고 있다. 매일의 빵과 죄 용서에 대한 청원은 기본적으로 인간의 기본 욕구와 연결되어 있다. 기도자는 하나님께 그것들의 충족을 구한다. 그렇게 간구는 큰 힘이고 모든 사람이 직접 사용할 수 있는 것이다.

하지만 단지 간구에만 머문다면 기도의 지평이 자신의 필요를 위한 것으로 축소되는 위험에 놓이게 된다. 다른 기도 형태들이 여기에서 더 나아가게 된다.

■ 중보

중보는 기도자의 시선을 자기 자신으로부터 멀리 향하게 한다. 무언가를 필요로 하는 다른 사람들이 눈에 들어온다. 거기에서 다시금 기도자를 변하게 한다. 기도자는 자기중심적인 한계에서 벗어나고 이웃을 향하게 된다. 그것은 일상에서의 태도를 변화시킨다. 내가 이웃을 위하여 기도를 하였다면 나는 그 전과는 다르게 이웃과 만나는 것이다. 즉 나는 기도에서 그 사람의 처지가 되어 생각한 것이다. 어떤 새로운 관점 전환이 이루어진 것이다.

■ 감사

감사에서 인간은 받은 것을 뒤돌아보고 이것을 표현한다. 거기에서 기도자 또한 자기 자신을 위하여 무언가를 얻게 된다. 당연한 것으로 여기지 않는 주의력이 자라는 것이다. 기도자는 더 감사하게 될 뿐만 아니라 그것을 통하여 더 행복해진다. 여하 간에 하나님께 감사하는 사람은 자신의 삶이 더 주의 깊어진다. 그렇게 되면 표면상으로 당연한 것은 더 이상 아무 것도 없게 된다. 감사 기도는 삶의 풍요를 더 잘 인식하도록 돕는다.

■ 호소

기독교 기도의 특별한 언어 형식은 호소이다. 이미 성경은 온전한 호소문을 전하고 있다. 기도자는 하나님 앞에 자신의 유한함을 말한다. 기도자는 곤경을 보지만 바뀔 어떠한 가능성도 보이지 않는다. 하지만 억눌리는 것에 대해 단순히 말하는 것만으로도 이미 도움이 된다. 기도자는 말하는 것을 통하여 문제 앞에 서게 되고 그렇게 최초의 거리감을 획득하게 되는 것이다. 무언의 호소나 울음은 유사한 것을 일으킨다. 문제가 해결되지 않는다고 할지라도 가벼워지는 것을 느끼게 될 것이다.

■ 탄핵

하나님께 대한 탄핵은 호소의 극한상황을 보이는 것이다. 욥기서와 몇몇의 시편에 이러한 극단적인 가능성에 대한 예시들이 나와 있다. 이러한 기도의 형식은 다른 종교에서는 거의 알려져 있지 않은데, 예수 그리스도의 아버지가 우리와 엄청나게 가까이 있다는 것을 어느 정도 보여준다. 우리는 하나님과 비판적으로 논쟁할 수 있고 해야만 한다.

■ 기도학교

아이들의 기도학교 처음에는 일반적으로 청원과 감사가 놓이게 된다. 이 두 개는 경험한 것들을 구분하고 하나님과의 관계를 맺게 하는 첫 가능성을 제공한다. 그렇게 아이들은 자기 자신과 하나님을 보다 정확하게 인식하는 것을 배운다.

기도의 근본적인 비밀은 여기에서 표현된다. 프랑스 종교개혁가이고 기도의 신학자 요하네스 칼빈(Johannes Calvin, 1509-64년)은 자신의 대표작 『기독교강요』(*Institutio Christianae religionis*) 서두에 다음과 같이 서술하였다.

기도는 자신을 아는 것과 동시에 하나님을 아는 것이다. 그래서 기도는 근본적인 종교적 실행일 뿐만 아니라 인간에게 새로운 언어 형식과 표현 방식을 제공한다. 그것은 인간의 일반적인 성장을 위해서도 가치 있는 것이다. 기도자는 하나님과의 대화에서 자기 자신을 새롭게 보게 된다. 그렇게 기도자의 지평은 넓어지는 것이다.

3) 나의 기도를 들으셨는가?

일상에서 간구와 감사에 연결되는 것은 아이들에게 하나님과의 대화에 대한 가능성을 열어준다. 곧 간구(그리고 중보 또한)가 의미하는 것이 무언인지에 대한 질문이 떠오를 수 있다. 초등학생 마틴(Martin)은 하나님께 이렇게 썼다.

> 하나님! 당신은 제가 얼마 전에 좀 더 뛰어난 축구선수가 되게 해달라고 기도했을 때 듣지 못한 것이 분명해요. 그래서 오늘 저는 당신께 시간이 있을 때 읽을 수 있는 편지를 보냅니다.[2]

여기에서 기도를 배우는 것은 또한 깊이 생각하는 것, 정확한 의미에서 신학을 요구한다는 것이 드러난다. 그리고 그것은 한걸

---

2   Christian Grethlein/Christhard Lück, Religion in der Grundschule. Ein Kompendium, Göttingen 2006, 168에서 인용.

음씩 진행되는 것이다. 기도는 단순한 소원-자동장치가 아니라, 모든 실제 대화가 그런 것처럼, 오히려 다층적인 커뮤니케이션의 과정이다. 그것은 기도하는 사람을 변화시킨다. 좀 더 정확하게 말해서 기도-배우기는 올바른 요청을 위한 교육이다.

■ 사례: 겟세마네에서의 예수님

이러한 것은 복음서에 나와 있는 예수님에 대한 보도의 중심 위치에서 아주 분명히 드러난다. 예수님은 잡히시기 바로 전 겟세마네 동산에서 필사적으로 하나님을 향하여 기도하셨다. "내 아버지여 만일 할만하시거든 이 잔을 내게서 지나가게 하옵소서." 죽임을 당하지 않게 해달라는 이러한 청원은 너무나 이해할만한 것이다. 여기에서 죽음에 대한 자연스러운 두려움이 표현된다.

그러나 예수님은 계속 기도하셨다.

> 그러나 나의 원대로 마시옵고 아버지의 원대로 하옵소서 (마 26:39).

예수님은 자신의 소원을 하나님의 뜻에 귀속시켰다. 그것으로 예수님은 기독교 기도를 위한 모범을 제공해준다.

사람은 즉흥적으로 모든 것을 위하여 기도할 수 있다. 그러나 거기에 머물러서는 안 된다. 오히려 기도한 것을 하나님 나라의 관점으로 옮길 수 있어야 한다. 그래서 예수님은 하나님의 뜻을 구체적으로 물으신 것이다.

■ 사례: 마틴(Martin)

'축구선수' 마틴(Martin)에게로 돌아가서 보면 그는 거기에서 하나님이 자신의 부탁을 명백하게 이루어주지 않았다는 실망을 이겨내고 있다. 그는 기도학교에서 소원-자동장치로부터 멀어지는 첫 걸음마를 뗀 것이다. 왜냐하면 그는 하나님이 분명히 듣지 않았을 것이라는 것을 통하여(마틴은 그것을 어느 정도 어른들에게서 배운 것 같은데) 소원이 이루어지지 않았다는 것을 표명하고 있다. 그렇게 마틴은 이제 편지로 추적하려고 한다. 여기에서도 그는 아마 자신의 바람이 성취되지 않는다는 것을 경험하게 될 것이다.

■ 하나님의 관점에서 기도하기

다음 단계는 이제 마틴과 함께 관점 전환을 시도하는 것이 될 것이다. 그렇다면 그의 바람은 하나님에게는 어떻게 보일까? 하나님은 그에게 그의 삶을 선물하셨고 거기에 더하여 많은 것을 그 가운데에 주셨다. 그에게는 재능 면에서 어쩌면 축구선수보다는 어떤 다른 것이 훨씬 더 적합한 것이 아닐까?

예수님의 기도, 즉 "그러나 나의 원대로 마시옵고 아버지의 원대로 하옵소서"는 이러한 과정의 마지막 단계를 묘사하고 있다. 이것이 기독교 기도학교의 최종단계이다. 하나님의 뜻에 몰입하는 것이다. 그와 함께 자신의 소망과 두려움이 사라지는 것은 아니다. 그것들은 자각되고, 그리고 나서 새로운 전망에서 즉 하나님의 뜻으로부터 주시하게 된다.

■ 아이들과 함께 기도 배우기

　교회 사역은 이러한 방법으로 아이들을 후원한다. 이러한 학습-과정을 이끌어주는 어른들에게 있어서 이것은 멋진 과제임과 동시에 어려운 과제이다. 왜냐하면 여기에는 어떤 매끄러운 해결책이 없기 때문이다. 호소와 심지어 탄핵이 기독교 기도를 위해 가능한 언어 형식이라는 사실은 지속적인 긴장이 있음을 보여준다. 예를 들어 병원이나 공동묘지에서처럼 기도가 이루어지지 않았다는 것을 이겨내기가 힘든 상황이 있다. 하지만 어떠한 경우에서든지 기도자는 자신의 바람을 표현할 수 있다. 그리고 입을 다물 필요가 없고 필경 무감각해질 필요가 없다.

　그렇게 기도는 아이들에게 어려운 상황에서도 말할 수 있는 가능성을 열어준다. 기도는 삶을 무조건적으로 더 가볍게 해주는 것이 아니다. 그러나 외로움으로부터 벗어날 수 있는 길을 열어준다.

4) 자유로운 기도와 고정된 형식

　모든 기도생활에 나타나는 긴장을 유지하는 것은 쉬운 일이 아니다. 개개인은 그것에 대해서 종종 과중하게 느낀다. 금세 하나님께로 가는 길을 잃어버릴 수 있고 기도는 오랫동안 그치게 된다. 그래서 기도는 단지 개인적인 실행만이 아니라는 것은 다행스러운 일이다. 예배에서도 기도하는데 더 정확히 말하자면 대부분 고정된 언어 속에서 이루어진다. 그것을 예배 기도라고 한다.

개인적이고 예배학적인 두 가지의 기도 형태는 서로를 주의하게 한다. 개인적인 기도는 일상접근성과 구체성을 통하여 예배기도를 위한 중요한 전제가 된다. 동시에 예배에서 드려지는 일반적인 기도는 개인의 시각을 확장시킨다. 이 기도는 하나님과의 대화를 확장된 지평에서 하도록 한다. 개개인은 스스로 표현할 필요 없이 단순히 동조할 수 있다. 그것은 곤경의 상황에서 큰 도움이 된다.

■ 호칭

예배에서 행해지는 기도는 개개인에게 개인적인 기도를 위하여 아주 실용적인 표현들을 제공한다. 이것은 특별히 중요한 시작, 구체적으로 호칭에 해당한다. 모든 대화에서와 마찬가지로 이미 호칭에서 앞으로 진행되는 많은 것을 결정한다. 기도자는 호칭으로 하나님을 규정한다. 독일 개신교 교회의 대부분의 주일예배는 새 개신교 예배서에 따라 드려지고 있는데, 거기에 좋은 제안이 제공되고 있다. 다음에는 적합하다고 확증된 몇 개의 호칭들이 언급되고 있다.

간구의 기도 : "희망의 원천이신 하나님"
　　　　　　 "하나님, 당신은 우리의 두려움(곤궁, 걱정 등)을 아십니다."
중보의 기도 : "하나님, 당신은 우리 이웃의 곤궁을 아십니다."
　　　　　　 "하나님, 당신은 모든 사람들 가까이에 계십니다."
감사의 기도 : "기쁨의 원천이신 하나님", "놀라우신 하나님"

호소의 기도 : "하나님, 당신의 길은 어찌 그리 오묘한지요"
"상상을 초월하시는 하나님"

아이들이 하나님의 호칭에 대한 몇 개의 목록을 사용한다면 다양한 삶의 상황에서 좀 더 쉽게 기도할 수 있는 길을 발견할 것이다. 그것은 사람 간의 만남과도 같은 것이다. 나에게 상대방의 이름이 떠오르면, 그리고 어쩌면 전에 있었던 대화를 떠올린다면, 대화는 어떤 낯선 사람이 내 앞에 나타났을 때보다 쉽게 진행될 것이다.

하나님에 대한 호칭은 사람들이 성경 이야기에서 했던 경험을 수용할 수 있게 한다. 어린이 예배에서 (가정과 유치원, 또는 학교에서도) 다음과 같은 좋은 가능성이 나타난다.

"하나님, 당신은 긴 여행 중인 아브라함을 혼자 남겨두지 않으셨어요."
"하나님, 당신은 지금까지 항상 나와 동행하셨어요."

이러한 접근은 성경말씀을 듣는 데에 효과가 있다. 그렇다면 근본적인 질문은, 하나님의 어떠한 특성을 성경은 말하고 있는가? 하는 것이다. 그것을 부각시키는 것은 하나님에 대한 호칭을 표현하는 데에 도움이 된다. 하나님이 좀 더 분명하게 규정되는 것이다. 그것을 통하여 성경 이야기는 현재를 위한 의미를 얻게 된다. 동시에 기도는 성경적인 깊이를 지니게 된다.

5) 이야기 기도 예시

아이들과 함께 하는 기도의 재미있는 형식이 이야기 기도이다. 여기에서는 아이들의 경험을 하나님 앞에 가져가고 이것을 하나님의 관점으로 옮기는 것을 시도한다. 거기에서 자유로운 표현과 고정적인 표현들이 번갈아 나타난다. 개인적인 기도와 예배적인 기도는 서로 교차된다.

그 외에 각각의 기도 형식 사이를 구분하는 것이 좋다. 이어지는 예시에서 기도는 감사의 단어들로 시작하고 그 후에 간구의 기도가 온다. 그것은 어린이 예배와 유치원, 초등학교의 종교 수업에서 실행될 수 있는 것이다.

아이들은 (기도를 위해) 조성된 중앙을 중심으로 둥글게 앉는다(이야기 기도는 어쩌면 세례식 초에 불을 밝히고 아이들이 이미 잠자리에 누워 있을 때 아이들 방에서도 할 수 있다).

도입으로 기도 인도자는 묻는다. "어떤 좋은 것을 경험한 사람 있니?" 아이들은 자신들의 체험들을 이야기 한다. 그와 함께 아이들은 예를 들어 그 때마다 부활절 작은 초에 불을 밝힌다. 세 명 정도의 몇몇 아이들이 참여한 후에 인도자는 요약해서 말한다.

"놀라우신 하나님, 우리는 이것에 대해서 당신께 감사해요."

그리고 아이들은 함께 할렐루야 또는 유사한 것을 부른다. 이 부분은 좋은 것에 대한 재차의 기억과 이어지는 할렐루야를 통하여 끝나게 된다. 그리고 나서 묻는다.

"누가 어떤 슬픈 것을 경험한 사람 있니?"

아이들은 억누르고 있는 것을 설명한다. 그와 함께 아이들은 돌멩이 하나를 중앙에 갖다 놓을 수 있다. 여기에서도 계속해서 다음을 말한다.

"긍휼하신 하나님, 당신께 빕니다."

그리고 자비송(Kyrie-Strophe) 한 소절을 부르며 마무리 한다.
전체 기도는 다 함께 아멘, 찬송 또는 유사한 것으로 마쳐진다. 상징적인 관점에서 초가 돌들을 비추는 것은 중요하다. 부활절 빛이 곤궁과 죄의 어둠을 빛으로 덮는 것이다.

2. 아이들은 축복 받는다

마르티나 슈타인퀼러(Martina Steinkühler)는 세례 예배 후에 취학 전 아동에게 세례 예배 마지막에 있는 축도에 대해 이해한 것이 무엇인지 물었다. 즉흥적인 대답은 다음과 같다.

"하나님이 나에게 미소 짓는 거예요."

그와 함께 이 아이는 축도에 대하여 중요한 것을 이해했고 잘 이해할 수 있게 자신의 언어로 표현했다. 진정한 어린이 신학자이다.

축복을 받는 것은 모두에게 좋은 것이다. 일곱 살짜리 타베아(Tabea)는 그래서 목사님에게 이렇게 말한다.

"목사님 저를 축복해주셨잖아요! 정말 좋았어요!"[3]

이 모든 경우에 축도는 교회의 영역에 한정되어 있어 보인다. 그러나 이러한 인상은 적어도 부분적으로 잘못된 것이다. 아이들은 축복을 기분 좋은 것으로 받아들인다. 부모님이 아이들 머리를 쓰다듬을 때, 열이 나서 뜨거운 이마에 손을 얹을 때 등. 우리는 여기에서 이것이 간접적인 축도의 형태에 관한 것이라는 것을 보게 될 것이다.

축도는 기도처럼 기원전 시대로 소급되는 종교적 표현 형태이다.
(1) 그에 대한 문화역사적인 뿌리는 첫 번째 단계에서 짧게 설명될 것이다. 그것은 구약에 등장한다.
(2) 축복의 다양한 형태를 주시할 것이다. 그것은 신학적인 또는 더 낮게 말하면, 기독론적인 규정으로 마친다.
(3) 하지만 이것은 후대에 잊히게 된다. 축복은 누차 마법으로 전락한다.

---

3 Grethlein/Lück, Religion in der Grundschule. Ein Kompendium, 173에서 인용한 것임.

⑷ 그에 반대하여 종교개혁가들은 저항한다. 이것은 오늘날까지 영향을 미치고 있다. 개인적인 축복과 공식적인 예배 축복 사이가 새롭게 균형을 이루어야 한다.

⑸ 나는 입학 예배의 영역에서 동기부여가 될 예를 가져올 것이다.

1) 축복의 뿌리

문화역사적으로 축복의 뿌리는 당연히 가족 혹은 씨족에 있다. 오늘날 더 이상 상상할 수 없는 고대인들의 위협과 곤궁에 직면하여 언어의 힘을 경험한 것이 그것에 반영된다. 말 한마디가 현실이 될 수 있다. 이것이 축복의 기본 경험이다.

이러한 언어의 힘은 어떤 사람이 씨족 공동체를 떠날 때 그에게 "모든 것이 잘 되길 바라네" 혹은 이와 유사한 것을 빌 때에 시험하게 되었다. 곧바로 사람들은 신에게 그에 대한 책임을 지우려고 했다. 그렇게 말의 효력은 높아져야만 했다. 축복과 맹세 혹은 마법은 종교역사적으로 밀접한 관계에 놓여 있다.

■ 장자축복

구약성경에서 이러한 초기 시대의 증언들이 발견된다. 우리를 사로잡는 것은 창세기 27장에서 전해지는 야곱(Jakob)의 축복에 대한 이야기이다. 야곱의 아버지 이삭(Isaak)은 죽음이 가까이 온 것을 느끼고 장자를 축복하려고 한다. 그래서 그는 첫 번째 아들인 에서(Esau)를 부른다. 에서는 아버지께 야생 먹잇감을 잡아와야 한다. 왜냐하면 축복할 충분한 힘을 내기 위해서 아버지는 다시 한 번 잘 먹고 마셔야 했기 때문이다.

그런데 속임수가 일어난다. 이삭의 아내 리브가(Rebbeka)는 몰래 이것을 듣고 자신이 아끼는 아들, 에서의 쌍둥이 동생 야곱에게 조언을 한다. 에서가 아직 사냥을 하고 있을 때 형의 옷으로 위장한 동생 야곱이 아버지께로 가서 아버지의 축복을 가로챈다. 아버지의 손길이 그에게 닿았고 축복의 좋은 단어들이 그에게 주어졌다.

> 하나님이 하늘의 이슬과 땅의 기름짐이며 풍성한 곡식과 포도주를 네게 주시기를 원하노라(창 27:28).

속임수가 드러났을 때 축복은 더 이상 원래대로 되돌려질 수가 없었다. 축복이 선포되면 그것은 선포된 것이다(그와 반대로 저주 또한 그렇다).

확실한 것은 축복은 이러한 고대의 이해에서 아주 근본적이고 직접적으로 작용하는 어떤 것이다. 축복은 많은 힘을 필요로 한다. 축복의 내용은 안녕과 번성이다.

2) 축복의 내용

이러한 축복의 신학적인 전제는 하나님의 창조주-되심이다.

하나님은 번성하게 하시고 많은 자손을 주신다. 시간이 지남에 따라 축복문의 주제영역은 확장된다. 구약성경에는 축복을 하는 사람에 대한 기록이 많이 있다. 제사장들, 왕들, 선지자와 부모. 그들은 사람에게 손을 얹고, 부분적으로는 축복할 때 사람에게 기름을 바른다. 기름은 그 외에도 고대 사회에서는 상처(전염위험)의 치료를 위해 중요한 의미를 지니고 있었다. 그렇게 기름은 직접적으로 축복의 효험 있는 능력을 표현하고 있다.

가장 감동적인 축복의 형식을 아론의 축복이 묘사하고 있다.

> 여호와는 네게 복을 주시고 너를 지키시기를 원하며 여호와는 그의 얼굴을 네게 비추사 은혜 베푸시기를 원하며 여호와는 그 얼굴을 네게로 향하여 드사 평강 주시기를 원하노라(민 6:24-28).

마틴 루터(Martin Luther)는 이것을 개신교 주일 예배에 축도로 도입했다. 그 이후로 모든 개신교 주일 예배의 끝에 이 축도문이 놓이게 된다.

■ 보호

종교심리학자 프라아스(Hans-Jürgen Fraas)는 어린아이들의 경험으로부터 이러한 표현들의 작용에 대하여 설명하고 있다:

> 어린아이들의 경험을 토대로 하여 이러한 표현들은 어른들에

의해서도 직접적으로 공감되어질 수 있다. 어머니의 얼굴은 아이를 향하고 아이에게 보호를 느끼게 한다.[4]

그러므로 축복 선언은-바리기는-모든 아이들이 자신의 삶을 시작할 때 감지하는 것을 말로 표현한 것이다. 이제는 어머니가 아니라 하나님이 축복을 하신다. 아니면 이렇게 말하는 것이 더 나은 건 아닐까? 즉 하나님은 어머니를 통하여 하나님의 축복을 선사하시는 것이다.

■ 예수 그리스도

신약성경은 단지 두 개의 (개인적인) 예수님의 축복에 대해서만 보고하고 있다는 것이 눈에 띈다. 즉 이미 상세하게 이야기 했던 아이들을 축복하신 것과 승천하시기 전에 제자들과 헤어지시면서 하신 축복이다(눅 24:50). 바울과 그의 제자들은 그것으로부터 신학적인 결론을 내린다. 예수 그리스도 스스로가 축복이시다. 거기로부터 이제 모든 축복은 예수 그리스도와 그의 활동, 그리고 그의 운명과 연관되어진다.

그리스도를 겨냥하는 것은 지금까지의 축복의 의미를 뛰어 넘는 것이다. 왜냐하면 지금까지 축복은 단지 예수님 안에서의 지상적인 삶과 번영과만 관련되어 있었기 때문이다. 그리스도와 그의 부활을 통하여 생물학적인 죽음을 넘어선 하나님과의 교제에

---

4 Hans-Jürgen Fraas, Die Religiosität des Menschen. Religionspsychologie, Göttingen 1990, 169.

대한 희망이 작용한다. 나중에 보게 되는 것처럼 축복은 세례에서 새로운 근거를 지니게 된다.

3) 축복의 사용: 중세와 종교개혁

축복의 표현 형식의 발전은 성경의 종결 후에도 계속 되었다. 흥미롭게도 기독교 교회에서 축도의 수는 그리스도의 곧 오심에 대한 기대가 희미해졌을 때 증가하였다. 중세 교회에서는 축도 형식과 구분이 모호한 기원(Beschwörungen)이 폭발을 이루었다. 남자 아이에게 첫 수염이 돋아날 때에 혹은 샘이 마를 위험에 처했을 때에 거룩한 단어들이 선포되었다. 그 말들은 재앙을 막고 미래의 번영을 확실하게 해야 했다. 사람, 동물, 물건 할 것 없이 말 그대로 어떻게든 유용하게 보이는 모든 것은 축복을 받았다. 세례 때 쓰는 물은 언어의 효력을 높이는 데에 특별히 적합하다고 간주되었다. 백성들의 신앙에서 기독교와 마법은 이음새 없이 서로 연관되어 있었다.

■ 마법?

이러한 미신은 많은 사람들을 불안하게 하였다. 정확한 단어들이 쓰인 것인가? 성수(Weihwasser)는 충분하게 사용했는가? 종교개혁가들은 이러한 두려움으로부터 사람들을 자유롭게 하려고 노력했다. 그들은 하나님의 자유를 환기시켰다. 하나님의 자유는 마술적인 미사여구나 의식을 통하여 조작될 수 없고 그래서도 안

된다. 하나님은 자신의 구원 활동을 오로지 복음의 설교와 세례 그리고 성만찬과 연결시키셨다. 그리스도는 유일한 하나님과의 중재소였지 축복 공식이 아니었다. 그것을 통하여 종교개혁은 여기에서도 신약성경적 출발점으로 돌아갔던 것이다.

4) 오늘날의 축복

거기로부터 축복을 아껴서 사용하는 결과가 생겨나게 된다. 그것은 독일 개신교 교회에서 오늘날까지 유지되고 있다. 축도는 일반적으로 목사들에 의해서만 예배와의 연관성 속에서 이루어지고 있다. 하지만 개신교 교회에서도 지난 세기에 새로운 축복들이 발전되었다. 무엇보다 입교, 결혼 (그리고 장례), 그리고 입학예배가 그것이다. 그것은 사람들에게 큰 인기를 얻고 있다.

■ **목사들이 축복한다**

여기에서 목사는 과도기라는 특별한 삶의 상황에서 각자에게 개인적으로 하나님의 축복을 말한다. 입교 때와 결혼식 때, 그리고 입학식 때 손이 머리 위에 올려 진다. 거기에다가 개인에 대한 축복의 언어가 이야기된다. 그러나 이러한 축복과 목사와의 긴밀한 연결을 통하여 가족 혹은 씨족이라는 축복의 원래 지평이 희박해졌다. 가정에서 부모와 자녀 사이에 일어나는 많은 것들이 이전에는 축복 공식에 동반되었다.

■ 부모가 축복을 전한다

언제나처럼 부모가 자녀들에게 잘 자라고 인사할 때 진정시키면서 손을 머리 위에 올려놓는 것은 드문 일이 아니다. 부모는 다시 한 번 아이들의 머리 등을 쓰다듬기도 한다. 부모는 그와 함께 아이에게 모든 것이 잘 되길 바란다고 말한다. 편안하게 잘 자고 내일 아침에는 건강하게 일어나기를 바란다는 것이다. 동시에 부모는 자신들이 아이들의 안녕을 보증할 수 없다는 것을 알게 된다. 여기에서 축복의 표현이 부담 없이 발휘될 수 있다.

"하나님이 너를 지키시기를 바란다."

바이에른 방언에서는 인사말로 "Pfuit di(하나님)"이라고 표현한다. 그것은 유치원에 있는 선생님들과 어린이 예배의 선생님들과 또는 학교 선생님들에게도 마찬가지이다. 그들은 아이들에게 모든 것이 잘되기를 바라고 있다. 그러나 이러한 것을 종종 별도로 그리고 하나님과 관련 없이 표현하고 있을 뿐이다.

■ 멈추기

확실히 축복에 대한 주술적 오해의 위험은 항상 있어 왔다. 하지만 주술적인 오해는 아론의 축복과 같은 조심스러운 표현을 통하여서는 어려워진다. 이러한 표현은 "주께서…축복하신다"가 아니라, 좀 더 조심스럽게 "주께서…축복하시기를 원하노라"로, 좀 더 심도 있게 미래에 이루어질 하나님에 대한 소원을 의미한다.

저녁에 축복을 받은 아이도 갑작스럽게 죽을 수 있다. 이마에 성호를 긋고 학교로 가던 아이도 길에서 차에 치일 수 있다. 축복은 기독교적 의미에서 어떤 주술적인 행위가 아니다. 하지만 축복의 표현은 때때로 일상에서 멈추기 위한 순간을 제공한다. 축복하는 사람이나 축복을 받는 사람은 자신의 삶에 대하여 하나님께 감사하고 하나님께 간구한다는 것을 짧게 의식하게 된다. 이러한 중단은 언어의 가장 진정한 의미에서 축복이 될 수 있다. 그러한 삶은 좀 더 심도 있어 질 것이다.

5) 축복과 아이들

언급했듯이 복음서들은 역사적 예수에 대하여 단지 소수의 축복 행위만을 전하고 있는데, 그것은 아이들을 축복하신 것이다. 이것은 새로운 축복 실행을 아이들과 함께 시작하도록 자극할 수 있다. 그것은 축복에 있어서 전형적으로 아이들에게서처럼, 근본적으로 다른 사람을 의지하는 것을 표현한 것이라고 할 수 있다. 어떤 누구도 자기 스스로를 축복할 수는 없다.

입학식 예배 때에 많은 곳에서 다음과 같은 사실이 통용되기에 이르렀다. 즉 아이들이 첫 입학식 날 예배에서 목사님의 안수를 통하여 축복을 받는다는 것이다. 여기에서 두 개의 확장된 가능성이 제공된다.

첫째, 부모와 그 외 친척들은 앞에 나와서 목사님과 함께 축복하기 위하여 손을 머리에 올려놓도록 초대될 수 있다.

그들은 아이 주위를 빙 둘러 서서 지붕처럼 아이의 머리 위에 손을 올려놓는다. 목사님은 그리고 나서 축복문을 말한다. 특별히 그 아이와 연결된 사람들 모두의 손은 그 아이에게 머물러 있다.

부모와 친척 대신에 혹은 그들과 함께, 어린이 집의 선생님이나 어린이 예배 선생님들도 손을 머리 위에 올려놓을 수 있다. 심도 있는 축복의 이러한 형태는 입학하는 아이들의 수가 그다지 많지 않은 것을 전제한다. 예를 들어 가장 좋은 것은 교회 어린이집을 통하여 대부분의 부모와 목사 사이에 이미 어느 정도 신뢰가 형성되었을 때이다.

둘째, 입학생들 외에 아이들의 학교 선생님들이 예배단 위로 초대될 수 있고 거기에서 축복을 받을 수 있다.

이러한 제안은 한 여선생님에게서 비롯되었는데 그 선생님은 손을 머리 위에 올려놓고 입학생들을 축복하는 것이 특별한 상황에 적합하다고 느꼈었다. 축복의 몸짓은 그녀에게 앞으로 이 아이들에 대한 자신의 책임을 의식하게 하였다. 그렇게 그녀에게는 이러한 과업을 위하여 축복을 받고 싶은 바람이 생겼다.

학교를 위한 입학생과 선생님들의 공동의 축복은 학교 공부가 아이들과 어른들 공동의 노력을 필요로 한다는 것을 잘 표현해 주고 있다. 이 둘은 성공하기 위해 하나님의 도움을 의지하고 있고 그렇게 함께 하나님 앞에 서 있는 것이다.

3. 요약

기도와 축복은 종교 커뮤니케이션의 기본 형식이다. 아이들은 기도하고 축복을 받으므로 하나님과의 관계를 표현한다. 기도의 다양한 형식과 축복의 사용은 아이들에게 넓은 새 영역을 열어 준다. 그들은 자신들의 삶을 다른 전망으로 인식하는 것을 배우고 자신들의 삶을 선물로 의식하게 된다. 그들이 이러한 종교적 언어 형식을 배울 때 함께 하는 어른들은 예수님의 어린이 복음을 따르는 것이다. 어른들은 기도와 축복에서 스스로를 받아들이는 자로 경험하고 그렇게 다시 "아이들"이 된다.

Kinder in der Kirche

Eine Orientierung für Mitarbeitende im Kindergottesdienst

4장

교회 커뮤니케이션의 기본 형식

　마틴 루터(Martin Luther)의 그 유명한 95개조 반박문(1517년) 이후 몇 년이 지나 새로운 종교개혁 운동은 황제 앞에서 자신을 변호해야만 했다. 황제 칼 5세(Karl V)는 아우크스부르크 독일제국의회(Augsburger Reichstag 1530년)에서 그에 상응하는 해명을 요구했다. 루터의 친한 친구이자 좀 더 어린 동료인 필립 멜랑히톤 (Philipp Melanchthon 1497-1560년)은 이것을 계기로 하여 아우크스부르크 신앙고백서(Augsburger Bekenntnis)를 작성했다. 그것은 전 세계에 있는 많은 개신교인들의 기본 신앙고백이 되었다. 멜랑히톤 자신은 천재의 부류에 속했다. 그는 이미 21살에 그리스어 교수로서 다양하게 지원을 받고 있었고 뛰어난 언어적 재능과 체계화하는 재능으로 유명했다.

　이 신앙고백의 위대한 업적 중 하나는 신학적으로 명확히(그리고 아주 이해하기 쉽게) '교회'를 정의했다는 것이다. 다양한 의식들과 규정, 로마 교회의 관직과 주교의 세속적인 권력은 교회의 특수성을 불분명하게 만들었다. 그에 반하여 멜랑히톤은 아우크스부르크 신앙고백서 제7조에서 기독교 교회의 본질적인 특징을 강조했다.

> 또한 다음은 가르쳐져야 한다. 항상 하나의 거룩한 기독교 교회이어야 하고 그렇게 머물러야 한다. 교회는 신자들의 모임이고, 그들에게 복음이 순수하게 설교되고 거룩한 성례전이 복음에 따라 순수하게 베풀어져야 한다.

복음 설교, 세례와 성만찬은 신학적으로 교회의 표지이다. 종교개혁적인 견해에 따르면 그것들이 행해지는 곳이 엄격한 신학적 의미로 참된 교회이다.

■ 미리보기: 설교와 성례전

다음에서 우리는 이러한 복음의 근본적인 커뮤니케이션 형식이 아이들에게 어떤 의미가 있는지 좀 더 자세히 살펴볼 것이다.

3장에서는 두 개의 일반적인 종교적 표현 형식인 기도와 축복에 초점을 맞추어서 살펴보았다. 그것들은 나중에 기독교에 수용되었고 계속 발전되었다. 이와는 다르게 4장에서는 다루고자 하는 세 개의 커뮤니케이션 형식(세례, 성만찬, 설교)은 처음부터 기독교적인 것이다. 그것은 기독교 교회의 중심으로 우리를 이끈다.

1. 아이들의 세례

디트마르센(Dithmarschen)에 있는 한 교회에서는 종교개혁일 즈음에 초등학교의 참여 하에 세례 예배를 드리는 것이 일반적이었다. 그래서 신입생반이 될 아이들의 여선생님은 다섯 살짜리 아이들과 함께 세례가 거행되는 교회로 나들이를 간다. 여선생님은 다음과 같이 설명한다.[5]

> 우리가 그저 교회 건물을 살펴보기 위해 처음으로 교회에 갔을 때 아이들은 세례 때 물을 담아 사용하는 세례반에 놀라워했어요. 어떤 아이는 특별히 물 때문에 반짝이는 그 그릇의 금박에 매료되었죠. 그 때에 한 아이에게서 이런 말이 튀어 나왔어요.
> '아기는 금에서 나오는 무언가를 받는 게 분명해.'
> 이때 11월에…우리도 벌써 성탄극을 준비하고 있었는데, 거기에서 아기 예수님은 금빛 찬란한 모습으로 장면에 등장해요. 그 인상은 금박의 세례반과 연결되었어요. 그렇게 아기 예수님의 모습에 대해 말하게 되었죠.
> 세례에서 아이는 단지 세례명만을 받는 것이 아니라, 그 때부터 그리스도인이라고도 일컬어지는 거잖아요. 세례 동작은 그에 대한 하나의 상징이고요. 그러니까 모든 아이, 모든

---

5 Hans-Bernhard Kaufmann, Nachbarschaft von Schule und Gemeinde, Gütersloh 1990, 125에서 인용.

그리스도인은 광채에서 나오는 무언가를 분배받는 것이죠. 수세자에게 그것은 하나님의 사랑에 대한 기쁜 선포이고 동시에 이러한 광채를 삶에서 잃어버리지 말라는 임무죠.

그 때에 다섯 살짜리 아이들이 대체 어떻게 그것이 자기들에게 일어나는지 그리고 자신들도 광채를 받은 것이냐고 반문했어요. 그에 대해 나는 그저 그렇다고 할 수 밖에 없었죠. 그래서 우리는 이 수세자를 위한 그리스도인의 작은 세례 공동체로서 돌아오는 세례식을 위하여 교회를 장식하기 위해 만나기로 했어요. 아이들 모두는 자신들도 이미 예수님의 광채로부터 무언가를 받은 아이들이고 이 광채를 계속 세상에 비추려고 노력한다는 것을 표현하기 위해 황금색 종이로 황금별을 단 둥근 띠를 만들었어요.

이 장면은 입학 전에 있는 아이들이 세례에 대해서 잘 이해한 것을 보고한 것이다. 세심한 선생님은 아이들의 지각(知覺)을 받아들이고 기독교 신앙 진술과 연결시킨다. 아이들은 다시 그것을 자신과 관련짓게 된다. 세례반에 있는 물의 광채는 아이들에게 개신교 세례 교리의 진리를 전해준다. 그렇게 교회를 둘러보므로 아이들은 세례를 기억하게 되는 것이다. 그것도 아이들 스스로를 통하여서 말이다.

■ 미리보기: 세례

입학 전 아이들에 대한 설명에서처럼 그들을 그렇게 안내하기 위해서는 세례에 대한 기본지식이 매우 중요하다.

(1) 나는 첫 번째 단계에서 세례에 대한 신약성경의 중요한 견해를 요약할 것이다. 그것은 오늘날까지 세례의 내용을 규정하고 있다.

(2) 나는 잠시 상징적으로 풍부한 고대 교회 세례예식의 세계로 당신을 데리고 갈 것이다. 그 세계는 오늘날 여전히 동방정교회 세례에서 경험할 수 있고 성경진술의 중요한 의미에 인상적으로 주목하게 한다.

(3) 오늘날 개신교 세례에 대한 다섯 개의 근본적인 상징은 동시에 세례의 내용을 시각적으로 전개하고 있는 교훈적인 제안들이다. 무엇보다 그것들은 세례와 일상을 연결해서 보도록 한다.

(4) 동시에 그것들은 그리스도인의 삶을 위하여 세례 회상이 주는 큰 의미에 주목하도록 한다.

(5) 끝으로 세례 회상을 위한 하나의 사례를 소개하고자 한다.

1) 신약성경에서의 세례

세례는 처음부터 기독교인에게는 당연한 의식이었다. 역사적으로 세례가 없는 교회에 대한 어떠한 보도도 없다. 또한 성만찬과는 반대로 세례에 대한 어떠한 논쟁도 보도되고 있지 않다. 예수님은 요한을 통하여 요단강에서 세례를 받으셨고(막 1:9-11) 그렇게 후대 교회의 실제를 위한 모범을 주셨다. 흥미 있는 것은 예수님은 세례와 함께 하나님으로부터 '나의 사랑하는 아들', 곧 하나님의 자녀라고 불리셨다.

그 외에 신약성경에서 세례는 오히려 좀처럼 분명하게 언급되지 않고 있다. 세례는 그냥 당연한 것이었고 오늘날까지 당연한 것은 사람들이 잘 언급하지 않는다. 물론 세례는 종종 뒷전에 놓이곤 한다. 그 다음에 죄의 '씻음' 혹은 '중생의 씻음'과 그와 유사한 것들이 언급되고 있다.

■ 로마서에 나와 있는 세례

세례에 대해서는 신약성경의 한 부분에서만 분명하게 신학적으로 설명되어 있다. 바울은 그에 대하여 이렇게 기록하고 있다.

> 무릇 그리스도 예수와 합하여 세례를 받은 우리는 그의 죽으심과 합하여 세례를 받은 줄을 알지 못하느냐 그러므로 우리가 그의 죽으심과 합하여 세례를 받음으로 그와 함께 장사되었나니 이는 아버지의 영광으로 말미암아 그리스도를 죽은 자 가운데서 살리심과 같이 우리로 또한 새 생명 가운데서 행하게 하려 함이라 만일 우리가 그의 죽으심과 같은 모양으로 연합한 자가 되었으면 또한 그의 부활과 같은 모양으로 연합한 자도 되리라(롬 6:3-5).

아이들이 금으로 된 세례반에 있는 물의 광채에서 발견한 것을 여기에서 바울은 신학적인 성찰 속에서 설명하고 있다. 세례에서 우리는 그리스도와 똑같이 형상화되고 있다. 바울은 이것을 회화적으로 다음과 같이 설명한다. 우리는 그리스도와 함께 장사되었다. 거기에서부터 미래에 그와 함께 부활할 것이라는 희망이 생겨난다.

■ 과정으로서 세례

왕관을 쓰고 있는 왕의 아들 형상은 바울에 의해 좀 더 중요한 것을 수용하고 있다. 세례는 최종적인 행위가 아니다. 세례는 오히려 전 생애를 아우르는 하나의 과정을 시작하는 것이다. 신학적으로 좀 더 정확하게 말하자면 부활에 대한 소망을 통하여 세례는 심지어 생물학적인 죽음을 넘어서까지 미치고 있다.

루터(Luther)는 이러한 것을 소요리문답에 생생하게 수용하였고 동시에 드라마틱하게 서술하였다.

> (세례는) 우리 안에 있는 옛 아담이 매일의 후회와 참회를 통하여 익사되어야 하고 모든 죄와 악한 욕망과 함께 죽어야 하고, 다시 매일 하나님 앞에서 정의와 깨끗함 속에서 영원히 사는 새 사람이 생겨나고 부활해야 한다는 것을 의미한다.

■ 유아 세례?

처음부터 아이들도 세례를 받았는지에 대해서 우리는 정확히 알지 못한다. 하지만 그에 대하여 긍정적으로 많이 말하고 있다. 왜냐하면 신약성경에서는 '온 집'의 세례에 대해서 말하고 있기 때문이다. 그리고 고대에는 거기에 아이들도 속했다. 그에 대한 역사적으로 정확한 증거가 2세기 말부터 있어 왔다.

신학적으로 봤을 때, 어린아이들은 세례에 잘 맞는다. 세례는 받는 의식이다. 여기에서 세례는 축복과 유사하다. 어떠한 사람도 자기 스스로에게 세례를 베풀 수 없다. 세례를 받아야만 한다. 그렇게 어린아이들이 삶을 통해 보여주고 있는 인간의 근본상황은 다시 유효하게 된다. 신학자들이 판단력이 있는 결단을 '믿음'을 위한 근본적인 것으로 간주했을 때, 어린아이들에게 세례를 베푸는 것은 우선 문제가 있는 것으로 보인다.

물론 유아 세례에 대한 비판은 근거 없는 것은 아니었다. 오랜 기간 동안 신생아들은 출생 후에 즉시 세례를 받았고, 그것은 전반적으로 이렇게 점진적인 사건에 머물렀다. 그와는 반대로 어린아이들의 세례에서는 다음과 같은 것을 유의해야 한다 그것은 세례에서는 실제로 하나의 발전과 과정(라틴어 문자적으로: 진행)이 시작된다는 것이다. 아이는 자신의 세례의 여정을 시작하는 것이다. 이 길은 일평생이 걸리고, 심지어는 생물학적인 죽음을 넘어서까지 미친다. 그래서 교회는 모든 유아 세례 때에 이 아이를 그리스도인 됨으로 인도하겠다는 책임을 갖는다. 기도와 축복은 거기에서-2장에서 언급한 것처럼-근본적인 표현 형태이다.

2) 고대 교회의 세례의식

교회 역사가인 (그리고 후에는 러시아에 있는 개신교 교회의 대주교) 게오르그 크레취마르(Georg Kretschmar)는 세례에 대한 학술적이고 역사적인 논문을 다음과 같이 시작한다. "어떤 사람이 3세기에 있는 기독교인에게 교회의 중심적인 예배 행위에 대해서 묻는다면, 그는 그에 대한 답으로 세례에 대해…말했을 것이다."[6]

무엇보다 위협적인 기독교인 박해 때문에 사람들에게 세례의 의의는 의식적인(bewusst) 것이었다. 그에 상응하여 세례 예배 또한 장황하게 준비하고 드려졌다. 다음에서 나는 아마도 분명히 2세기 말 이집트에서 생겨난 작품으로 보이는, 그러나 단지 후대 사본만 이용할 수 있는, 소위 『사도 전승』(*Traditio Apostolica*)에서 인용하려고 한다. 거기에는 세례에 관해 상세히 보고되어 있다.[7]

> 수세자는 그 주의 금요일과 토요일에 금식해야 한다. 토요일에는 주교가 수세자를 한 곳에 모이게 하고 그들에게 기도하고 무릎 꿇을 것을 명령해야 한다. 그리고 그가 자신의 손을 수세자에게 얹을 때, 그는 모든 낯선 영을 쫓아내서, 수세자들에게서 도망가고 거기로부터 더 이상 돌아오지 않게 해야 한다. 주교가 악령 축출을 마치면, 수세자의 얼굴을 향해 입

---

6 Georg Kretschmar, Die Geschichte des Taufgottesdienstes in der alten Kirche, Kassel 1970, 7.
7 Rudolf Roosen의 번역에서 인용한 것이다. Taufe lebendig, Hannover 1990, 10-13.

김을 불어야 하고, 주교가 수세자들의 이마, 귀, 코에 봉인하
고 나면, 수세자들을 일어서게 해야 한다.

■ 셋째 날에

수세자에게 책을 읽어주고 교육시키는 동안 밤새 수세자는
깨어 있어야 한다. 수세자는 각자 성만찬 예식을 위하여 취하는
것 외에 다른 것을 취해서는 안 된다. 왜냐하면 존귀하게 된 사
람에게 동일한 시간에 자신을 희생 하는 것은 적합한 것이기 때
문이다.

닭이 울면 우선 물 위에서 기도 해야 한다. 물은 깨끗하고 흐
르는 물이어야 한다. 그러나 지속적이고 다급한 상황이 발생하
면 구할 수 있는 물을 사용하라. 그리고 나서 수세자는 옷을 벗
어야 한다.

먼저 아이들에게 세례를 베풀어야 한다. 스스로 말할 수 있는
사람은 말해야 한다. 그러나 말할 수 없는 사람을 위해서는 부모
혹은 가족에 속한 다른 사람이 말해야 한다. 그리고 나서 남자에
게 세례를 베풀어라. 마지막으로 머리를 완전히 풀고 몸에 지닌
금으로 된 장식품을 뺀 다음에 여자들 누구도 낯선 물건을 물속
으로 지니고 가서는 안 된다.

세례를 위하여 정해진 시간에 주교는 기름에 대하여 감사 기
도를 드리고 그것을 그릇에 부어야 한다. 사람들은 그것을 감사
의 기름이라고 부른다. 그리고 나서 주교는 다시 악령을 내쫓는
다른 기름을 취한다. 그것은 축귀의 기름이라고 부른다. 집사 한

사람이 감사의 기름을 장로의 오른편에 세워 두는 동안 다른 집사는 축귀의 기름을 가져와서 장로의 왼쪽에 세워 둔다. 그리고 나서 장로가 수세자 한 사람씩 붙들고 다음과 같은 말로 맹세할 것을 명령해야 한다.

"나는, 사탄 너의 사역과 행위와 완전히 관계를 끊을 것을 선언한다."

수세자가 이 모든 것을 맹세했을 때 장로는 축귀의 기름을 수세자에게 바르고 그와 함께 다음과 같이 말해야 한다.

"모든 (더러운) 영이 너에게서 떠나갈 지어다."

■ 성삼위 하나님

그렇게 장로는 수세자를 주교, 혹은 물가에 서서 세례를 베푸는 장로에게 벌거벗은 채로 넘겨주어야 한다. 집사는 수세자와 함께 내려가야 한다. 세례를 받아야 하는 그 사람이 물속으로 들어가면 세례자는 그의 머리에 손을 얹고 물어 보아야 한다.

"당신은 전능하신 하나님을 믿으십니까?"

세례 받는 사람은 말한다.

"믿습니다."

(세례자가 아직 손을 머리에 얹어 놓는 동안에) 수세자에게 처음으로 세례를 베푸는 것이다. 그리고 나서 세례자는 질문해야 한다.

"당신은 하나님의 아들 예수 그리스도를 믿으십니까?"

수세자가 "믿습니다"라고 말하면 그는 두 번째로 세례 받는 것이다. 그리고 다시금 세례자는 말해야 한다.

"당신은 성령을 믿으십니까?"

세례 받는 사람이 "믿습니다"라고 말하고 나면 세 번째로 세례를 받는 것이다. 그리고 수세자는 물속에서 일어난 후에 장로로부터 다음과 같은 말과 함께 감사의 기름을 발라야 한다.

"나는 당신에게 예수 그리스도의 이름으로 (거룩한) 기름을 바르노라."

그리고 나서 몸을 말리고 모든 수세자들은 옷을 입는다.

■ 기름 바름과 입맞춤

이제 수세자들은 교회에 모이게 된다. 주교는 그들 머리에 손을 얹고 간청하게 된다.

"주, 하나님…"

그리고 나서 주교는 손에 기름을 붓고 수세자의 머리에 얹고는 말한다.

"나는 당신에게 전능하신 하나님과 예수 그리스도와 성령 안에서 이 거룩한 기름을 바르노라."

그리고 주교가 수세자의 이마에 봉인하고 나서, 수세자에게 입맞춤하고 말한다.

"주님이 당신과 함께 하시기를 원하노라."

그리고 봉인을 받은 사람은 말한다.

"그리고 당신의 영과 함께 하시기를."

주교는 모든 수세자들과 그렇게 한다. 그리고 그 때부터 수제자들은 모든 백성과 함께 기도한다. 즉 수세자들은 이 모든 것을 받기 전에는 신자들과 기도하지 않는다. 그리고 수세자들이 기도하고 나면 평화의 인사를 나눈다.

■ 떡, 포도주 그리고 우유

그리고 나면 성만찬 제물이 집사에 의해서 주교에게 건네진다. 주교는 떡에 대해 감사 기도를 드리는데 왜냐하면 그것은 그리스도의 몸을 대신하고 있기 때문이다. 그리고 포도주가 든 잔에 대해서 감사 기도를 드리는데 그것은 그를 믿는 모든 사람들을 위하여 흘리신 그리스도의 피와 유사하기 때문이다. 우유와 혼합된 꿀에 대하여 감사 기도를 드리는 것은, 조상들에게 향하였던 약속이 성취된 것을 알리기 위해서이다. 그 가운데서 그는 젖과 꿀이 흐르는 땅에 대해서 말했다. 그리스도는 자신의 몸을 주셨는데, 그것으로 어린아이와 같은 믿는 자들이 배부르게 될 것이고, 그리스도는 말씀의 사랑스러움을 통해 마음의 쓴 뿌리를 달콤하게 하신다. 물에 대한 감사 기도는 세례에 대한 표지로서 드리는 것이다. 속사람, 즉 영혼이 육체와 동일한 것을 얻기 위해서이다. 이것을 받는 사람들에게 주교는 이 모든 것에 대해서 해명한다.

주교가 떡을 떼고 각자에게 나누어 주면서 주교는 말한다.

"이것은 예수 그리스도 안에 있는 하늘의 떡입니다."

이것을 받는 사람은 "아멘"으로 답한다. 장로가 충분하지 않다면 집사들도 잔을 든다. 그리고 그들은 질서 정연하게 선다. 맨 먼저는 물을 들고 있는 사람, 두 번째는 우유를 들고 있는 사람, 세 번째는 포도주를 들고 있는 사람으로 이것을 받는 사람들은 잔에 있는 것 모두 세 번 맛본다.

　베푸는 사람은 "전능하신 아버지, 하나님 안에서"라고 말한다. 그리고 받는 사람은 "아멘"이라고 대답한다. 그리고 "주 예수 그리스도 안에서"… "아멘"이라고 말하고 그리고 "성령과 거룩한 교회 안에서" 그리고 "아멘"이라고 말한다. 이러한 것을 각각 모든 사람에게 한다. 이것이 끝나면 모든 사람들은 선한 일을 하고, 하나님 마음에 합하고, 바르게 처신하고, 교회에 헌신하고, 배운 것을 실천하고 더욱 하나님을 경외해야 할 의무가 주어진다.

　거기에 많은 것을 덧붙일 필요가 없다. 이 텍스트를 주의 깊게 읽은 사람은 고대 교회 사람들에게 세례가 가졌던 의미를 어느 정도 느낄 수 있다. 그렇게 3년 정도의 준비 시간을 가진 후에 세례를 받는 사람들에게 세례는 확실히 잊을 수 없는 것이었다.

　이미 시간의 흐름이 그리스도와의 연합을 분명하게 한다. 세례는 교회가 예수의 고난을 생각하는 날인 두 날, 금요일과 토요일에 시작했다. 주일 아침에 수세자는 물속에 들어갔다. 부활절 아침 예수의 부활과 평행하게 한 것이다.

　이처럼 세례에서는 새로운 삶으로의 이행이 다루어졌다는 것이 분명해진다. 악령을 쫓아내는 것(축귀)과 기름을 바르는 것 같은 고대 종교적 형태는 세례 지원자들이 자신들의 길을 가도록 안내하는 것이다. 거기에서 사람들은 세례 전 며칠 동안 예외적 상태에 처하게 된다. 금식하고, 밤을 새며 씻지 않는다. 일반적인 생물학적인 수행들이 생략된다. 세례는 휴지(休止)의 형태 속에서 거행되었다. 어떤 의사는 다음과 같은 사실을 환기시켜 주었다.

그것을 통하여 신진대사가 변하고 사람의 감수성이 극도로 올라 간다는 것이다. 수세자는 세례 물과 이어지는 성만찬의 요소들을 압도적인 것으로 받아들였다.

당연히 아이들도 세례 때에 참석했다. 아이들이 어떻게 마지막 이틀을 지냈는지 우리는 알지 못한다. 어떤 경우든 간에 아이들도 거기에 속했고 우선적으로 세례를 받았다. 거기에 아직 말을 할 수 없는 아이들이 언급된다. 그 아이들을 위해서는 아이들의 부모가 세례를 원하는 지에 대한 질문에 대답한다.

3) 기독교 세례의 상징들

고대 교회 세례 예배의 본질적인 상징들은 우리 개신교 교회의 세례식에도 있다. 즉 십자가, 이름, 물, 손, 빛이다. 그것들은 한편으로 문화와 역사에 깊이 뿌리내려 있고 다른 한편으로는 우리의 일상에 현존한다. 그것에 대해 잠시 생각해 보는 것은 세례의 중요한 내용을 이해하는데 도움이 된다.

■ 십자가

세례를 시작할 때 수세자는 성호 긋기를 받을 수 있다. 또한 물을 얹는 동작 후에 축복을 받을 때도 수세자는 일반적으로 성호 긋기를 받는다. 그것에는 다음과 같은 것이 표현된다. 세례를 통하여 이 사람은 그리스도께 속한 것이다.

그러나 동시에 십자가는 다음과 같은 사실을 일깨운다. 그것은 삶이 피상적인 의미에서 단지 재미로 시작하는 것이 아니라는 것이다. 십자가는 예수가 죽음에 이르도록 고문을 당했던 도구이다. 어쩌면 모든 사람은 자신의 삶에서 끔찍한 것을 만나게 된다. 세례는 이것을 모면하도록 하는 것이 아니다. 그러나 세례는 세례 받은 사람들에게 하나님이 우리와 그 가운데에서도 동행한다는 것을 확인시켜준다.

■ 이름

우리 이름은 어떤 아주 개인적인 것이다. 부모는 이름으로 자녀를 특징짓고 자녀의 전 생애를 특징짓는다. 왜냐하면 이름(기독교 이름)은 바뀔 수가 없기 때문이다. 아이는 바로 자신의 이름을 배운다. 아이는 그 이름으로 불리게 된다. 어떤 사람의 이름을 아는 누군가는 어떤 의미에서는 그에 대한 힘을 가지고 있는 것이다.

이름과 명명은 관계를 만든다. 세례에서 이름을 부르는 것은 각 사람과 하나님과의 유일한 관계에 대한 표시이다. 인간은 단지 일반적인 하나님의 피조물만이 아니다. 그 보다 더 우리는 세례에서 이러한 개개인과 하나님과의 구체적인 관계를 기뻐하는 것이다. 동시에 하나님의 이름이 세례 때에 일컬어진다.

"나는 당신에게 하나님의 이름, 성부와 성자와 성령의 이름으로 세례를 베풉니다."

세례 받은 사람은 하나님을 매 순간 그의 이름으로 부를 수 있다. 종종 의심과 유혹으로 괴로웠던 루터는 위로 삼아 메모지에 다음과 같이 썼다.

"나는 세례 받았다!"

■ 물

물은 본질적인 구성요소이다. 출생 전부터 우리는 어머니의 자궁 속에서 양수라는 물에 둘려 싸여 있었다. 물 없이 우리는 죽을 수밖에 없다. 사막에서 이러한 것은 누구에게든지 분명하다. 세례 동작에서 물의 정결의 효력은 현재적이다. 동시에 세례 때는 물속에 들어가는 것으로–동방정교회에서 널리 행해지는 것처럼–'그리스도와 함께 죽음'을 시각화 할 수 있다. 아이들은 물에 대해서 알고 있다. 아이들은 목욕을 하고, 샤워를 하고, 손을 씻고, 물을 마신다. 아이들이 세례 받을 때에 생명은 물이 공급하는 효력이라는 것이 분명하게 표현된다. 물은 그 다음에 성령이 활력을 불어 넣는 생명력이라는 것을 가리킨다. 바라기는 그 생명력이 삶 속에서 아이와 함께 할 것이다.

■ 손

세례 이후에 목사는 축복을 위하여 수세자의 머리에 손을 얹는다. 많은 것이 다음과 같은 사실에 긍정한다. 즉 우리는 세상을 우리의 손으로 가장 분명하게 경험할 수 있다는 것이다. 손으로

만진다는 것은 엄청나게 가까이 있다는 것을 표현한다. 아이들은 손의 의미에 대해 아주 정확하게 알고 있다. 아이들은 엄마, 아빠와 손에 손잡고 가는 것을 즐긴다. 아빠, 엄마의 손은 길을 가는 데 있어 보호이기도 하고 동시에 의지하는 것이기도 하다.

■ 빛

빛은 오래된 종교 상징에 속한다. 빛은 신적인 것, 선한 것 그리고 영적인 것을 가리킨다. 그렇게 첫 성경 창조 이야기는 하나님이 "빛이 있으라!"(창1:3)고 말씀하신 것으로 시작한다. 그래서 기독교 예배에서는 촛불이 타오른다. 부활절 초는 모든 기독교인의 근본 소망인 예수 그리스도의 부활을 기억나게 한다. 그의 삶과 운명은 우리의 삶속에서 빛난다. 그 사이에 대부분의 개신교 교회 세례 예배에서 촛불은 고정적인 자리를 찾았다.

그것은 좋은 의미를 가지고 있다. 대부분의 세례에서 촛불을 켜는 것은 예수님의 말씀과 함께 이루어진다. "나는 세상의 빛이다." 벌써 신생아는 아주 예민하게 촛불이 따뜻하게 빛나는 것에 반응한다. 그래서 촛불을 켜는 것은 세례의 최고점이 될 수 있다. 크게 뜬 아이 눈에서 빛나는 촛불은 하나님의 광명을 어느 정도 어렴풋이 느끼게 한다. 입학을 앞둔 아이들은 그것을 금색 세례반의 물속에서 발견했었다(69페이지 이하를 보라).

■ 어두운 면

이러한 모든 상징은 우리가 세례에서 받는 생물학적인 죽음을 넘어서 다다르는 생명에 대한 선물을 가리킨다. 그것들은 동시에 그러나 어두운 면도 포함하고 있다. 고문의 도구인 십자가에서 이것은 명백해진다. 때로 아이들은 야단맞을 때에 자기 이름을 못들은 척하고 싶어진다. 물은 죽음의 힘이기도 하다. 손은 축복을 할 뿐만 아니라 때리기도 한다. 그리고 마지막으로 초는 파괴적인 화재의 원인이 될 수 있다.

세례 상징의 이러한 어두운 면들은 중요하다. 그것들은 세례에서 시작된 길이 장애물과 어려움 없이 갈 수 있는 길이 아니라는 것을 암시해 준다. 아이들은 세례를 통하여 이런 것들로부터 보호되는 것이 아니다. 아이들의 삶 또한 마침내 죽음으로 끝나게 된다. 그렇지만 세례 상징의 긍정적인 면은 어두운 시간을 통하여 지니게 되는 약속을 암시해 준다. 하나님은 이 사람과 동행하신다. 하나님은 심지어 죽음을 통과하여 그 곁에 머무신다.

4) 세례 회상

세례는 길을 출발하는 것이기 때문에 항상 다시금 세례에 대해 회상하는 것은 중요하다. 세례 회상은 길 안내자이면서 동시에 세례의 길 위에 있는 휴식처이다. 이 두 개는 기독교인들의 삶에서 필요한 것이다. 이미 언급한 다섯 개의 세례 상징들은 세례 회상을 위한 좋은 가능성들을 제공한다. 그것들은 사실상 세례 예배에서만이 아니라 그 외의 삶에서도 등장하는 것이다.

■ 십자가

성호의 도움으로 세례 회상은 가장 고귀한 것이 된다. 이 상징은 바람과 소망이 허물어지는 것에 대해 어느 정도 알고 있다. 기독교 역사는 십자가에 대한 무조건적인 집착은 결과적으로 문제를 가질 수 있다는 것을 보여준다.-극단적인 삶에 대한 증오로까지.

그와는 반대로 십자가는 단지 그리스도 사건의 한 부분일 뿐이라고 회상할 수 있다. 교회력의 언어로 성 금요일은 단지 부활절이 뒤에 오기 때문에 있는 것이다. 그래서 십자가는 세례를 회상하는 표시로서 이미 어느 정도 인간 삶의 단절을 경험한 사람들에게 오히려 도움이 될 수 있다.

■ 이름

이름의 경우에는 전혀 다르게 작동한다. 독일에서는 오랫동안 기독교식 이름이 유행하고 있다. 아이들의 많은 이름들은 성서적 출처를 지니고 있고 역사적으로 중요한 기독교인을 연상하게 한다. 자기 이름의 배경에 대해 무언가를 아는 것은 아이들에게 매우 흥미로운 일이다. 이름 백과사전이나 인터넷에서 잠시 검색하면 정보를 얻을 수 있다.

세례식 설교 때 나는 레네(René)에게 그 아이 이름을 설명해 주었는데 어린 레네가 얼마나 신기해했는지를 아직도 기억한다. 레네는 '다시 태어남'을 뜻하는 라틴어 '레나투스'(*renatus*)에서 왔다. 이것은 신약성경에서 세례 받은 사람에 대해 통용되는 명칭이다. 그래서 그 사내아이는 태어나면서부터 '세례 받은 자'로 불렸던 것이다. 그러나 그것을 그 부모들도 그 아이도 알지 못했다. 세례 때에 그들은 그것을 알게 되었다.

■ 물

성수에 대한 개혁파의 비판을 통하여 물을 통한 마땅한 세례 회상이 개신교 교회에서는 감퇴했다. 가톨릭 교회에서는 오늘날까지 입구에 있는 성수대가 들어오는 모든 사람들에게 세례를 회상하도록 초대한다.

그 사이에 개신교 교회 예배와 목회에서도 물은 세례 회상을 위하여 사용되고 있다. 그렇게 물 묻은 손가락으로 손바닥에 십자가를 그릴 수 있고 말을 덧붙인다. '십자가 표시-당신의 세례에 대한 기억'(또는 세례를 받지 않은 사람에게는 양자택일로 '십자가 표시-세례로의 초대').

■ 손

세례 때에 목사를 통하여 머리에 손을 올려놓는 것은 기독교인들의 삶에서 여러 번 반복된다. 입학 예배 때, 입교식 때, 그리고 결혼식 때와 어쩌면 삶의 마지막에 관에 손을 올려놓고 고인을 위해 명복을 빌 때에도 그러하다. 병원에서도 목회자들은 환자의 머리에 손을 얹는다. 애정에 대한 이러한 표시는 기본적으로 기분 좋은 것으로 여겨지고 동시에 자신의 세례를 기억나게 한다.

■ 빛

점점 더 개신교 세례에서는 수세자에게 초를 증정하고 있다. 세례를 잘 준비하는 것은 대부나 어린이집이나 어린이 예배 친구들이 초를 장식하는 것이 될 수 있다. 그 외에 밀랍판으로 어떤 상징을 초에 옷 입힐 것인지에 대해 생각해 볼 필요가 있다. 그것은 복음 커뮤니케이션의 중심으로 이끈다.

5) 세례 회상-하나의 예

세례 회상의 가장 좋은 유형은 표현력이 강한 세례 예배이다. 세례는 어린이 예배의 최고점이다. 아이들은 거기에 다양한 방식으로 참여하고 그와 함께 자신의 세례를 기억하게 된다.

아이들은 세례에 필요한 물을-어쩌면 작게 열을 지어서-세례대까지 나르고 그것을 붓는다(오래된 세례 규칙: 물은 흘러야만 한다!). 아이들은 부활초에 있는 세례 초에 불을 켠다.

그 사이에 어린이 예배에서 세례를 위한 많은 모델들이 생겼다. 예배학적이고 교육적인 시각에서 어떤 경우든 하나의 분명한 중점교육이 좋다. 가장 좋은 것은 하나의 세례 상징이 상세하게 연출되는 것이다. 그리고 나서 그것은 상세할 뿐만 아니라 잘 인식할 수 있도록 세례 집행에서 경험되어야 한다. 기도와 찬송, 그리고 세례사도 이것과 관련되어야 한다.

정확한 상징 선택은 당시의 수세자와 그의 특별한 삶의 정황과 관련되어 있다. 그래서 어린이 예배에 참여하는 아이들이나 초등학교 아이들의 세례 때에는 참여자들과의 밀접한-그리고 동등한-협력이 필요하다. 부모, 교사 혹은 종교 교사, 그리고 목사들은 각자 중요한 부분을 담당하고 있다. 부모는 보통 수세자의 일상과 일과에 대해서 가장 잘 알고 있다. 그들과 함께 어떤 세례 상징이 앞으로의 아이의 삶에 특별하게 동행하게 할 것인지 이야기 할 수 있다.

예를 들어 그렇게 저녁 기도 때에 세례 초에 계속 불을 밝힐 수도 있다. 이러한 것이 통상적이었던 유치원생은 세례가 이루어지는 동안 세례 초에 불을 붙일 때 자기 엄마에게 "나 아직 잠자기 싫어"라고 큰 소리로 말했다.

매일의 일과인 침대에 가기는 이 아이에게는 기도와 세례 초와 밀접한 관련을 맺고 있었다. 그 아이의 세례는 매일 밤 재현되었다.

유치원 선생님이나 학교 선생님은 아이들과 함께 세례를 준비할 수 있다. 성경 이야기를 이해하는 것은 여기에서 중요한 시작이 된다(119-120페이지에 나와 있는 방법적 지시를 보시오).

예를 들어 이름의 상징에서는 예수님이 이름을 선사받는 이야기가 제공된다(눅 2:21-35). 또한 다음의 성경구절이 공동으로 설명될 수 있다.

> 너는 두려워하지 말라 내가 너를 구속하였고 내가 너를 지명하여 불렀나니(사 43:1).

물 상징에서는 홍수에 대한 이야기(창 7장 이하)나 혹은 이스라엘이 이집트에서 탈출하는 이야기(출 14장)가 떠오른다. 거기에서는 세례 예배 속에 수용할 수 있는 아이들의 희망과 두려움에 대해서 많은 것이 표현된다.

목사는 무엇보다 부모와 교육자들의 경험과 지시를 수용하고 의미 있는 순서로 바꾸는 과제를 갖고 있다. 거기에서는 몇 개의 잘 선택되고 명백하게 제시하는 예배학적인 요소가 많은 것들이 서로 개별적으로 배열된 것보다 더 가치 있다.

다섯 개의 세례 상징이 교차적으로 연출되는 교회에서의 세례 실행은 보통 저절로 굴러가게 된다. 참여자 모두는 세례와의 관련성에 그리고 그와 함께 아이들에게도 더 주목하게 된다. 도입 부분에 설명했던 입학을 앞둔 아이가 교회를 방문한 이야기는 그에 대한 좋은 예시이다. 아이들과 함께 하는 교회 사역은 그렇게 계속적으로 아이들의 세례 노정에서의 동행이 될 것이고 참여자들에게는 세례 회상이 될 것이다.

2. 아이들과 함께 하는 성만찬

자연스럽게 다섯 살 된 야곱(Jakob)은 부모와 함께 앞으로 나왔다. 목사님이 모두를 아주 상냥하게 초대한 것이다.

보십시오. 그리고 맛보십시오. 주님이 얼마나 상냥하신지 말입니다. 이 앞으로 나오십시오. 모든 것이 준비되어 있습니다.

하지만 성만찬 떡이 분배될 때 조금 후 성배 분배 때도 목사님은 야곱을 그냥 지나쳐버렸다. 그 아이는 "왜?"라고 물었다.[8]

■ 예수님께 나는 너무 작은 건가요?

성만찬 때 독일의 많은 개신교 교회에서는 여전히 아이들이 제외된다. 입교를 해야 비로소 "허락"된 것으로 간주한다. 거기에서 아이들이 중심에 속해 있지 않다는 것이 교회의 중심에서 표명된다. 예수님의 어린이 복음이 고려되지 않는 것이다. 다수의 목사들은 아이들을 예수님께로 나가지 못하게 하는 제자들처럼 행동하고 있다. 그들은 유감스럽게도 예수님의 훈계를 그저 흘려듣고 있다.

어쩌면 성만찬의 실천은 심지어 개신교 교회에게는 시험대인지도 모른다. 개신교 교회는 할레(Halle)에서 있었던 "독일 개신교 연합지역총회"(EKD-Synode)의 관점 전환을 진지하게 다루고 있는가? 아니면 우리 사회에서 아이들을 누차 제외시키는 것을 그저 반복하고 있는가? 우리는 이러한 질문에서 신학적으로, 그러나 교육학적으로도 많이 잃어버린 것을 보게 될 것이다. 불행한 역사적 발전과의 연결이 아이들을 성만찬에서 제외되도록 하였다.

---

8 Deutschen Pfarrerblatt 2006, 233-236에 나와 있는 Frank Zeeb의 표제에 이렇게 나와 있다.

■ 미리보기: 성만찬

(1) 신약성경에서 성만찬에 관한 중요한 견해들을 모을 것이다. 여기에서 이미 아이들을 제외시키는 것이 이러한 의식의 원래적인 정신에 반하는 것이라는 것이 분명해진다.
(2) 우리는 13세기에 비로소 중단된 아이들의 성만찬 참여에 대한 발자취를 짧게 따라갈 것이다.
(3) 아이들을 제외하도록 언급한 이유를 알아보는 것이 중요하다.
(4) 이미 성경적으로 강조한 반대 원인 외에 새로운 교육학적인 견해들이 고려될 수 있다. 그 견해들은 아이들의 신앙을 위하여 일찍 성만찬에 참여하는 것을 열어주는 큰 가능성을 암시하고 있다.
(5) 성만찬 때 아이들의 참여를 통하여 바뀌게 되는 변화에 대한 몇 개의 지시가 이어질 것이다. 그것은 동시에 어른들에게도 유익이 되는 것이다.

1) 성만찬에 대한 근본적인 것들

우선 성만찬 영역에서 재미있는 관찰 하나는 예수님이 제자들과 함께 한 마지막 만찬이 유월절-식사인지 아닌지는 역사적으로 논쟁적이고 최종적으로 설명될 수 없다는 것이다. 확실히 복음서 기자인 마가, 마태 그리고 누가는 그렇게 보도하고 있다(요한은 반대로 그렇지 않다).

■ 유월절-식사와 아이들

유월절-식사 때에 아이들은 오늘날까지 두드러진 역할을 담당하고 있다. 명절 식사를 위해 모든 사람들 중에서 가장 어린 아이는 결정적인 말을 던지는데, 이 말 없이는 식사를 시작할 수 없다. 아이는 아버지에게 이 밤이 특별한 이유를 묻는다. 그리고 나면 아버지는 이스라엘이 이집트에서 탈출한 이야기를 시작한다. 교회 교육학적으로 말해서 여기 유대 명절의 정점에 배움 공동체로서 가족이 드러나고 있다. 거기에서 아이들에게 근본적인 과제가 부여된다. 즉 아이들은 질문한다.

■ 바울에게 있어서 성만찬

첫 기독교 공동체에 이미 성만찬의 바른 거행에 대한 논쟁이 있었다. 고린도 교회에 보내는 바울의 첫 번째 편지는 그것에 대해 보고하고 있다. 신약성경 학자들은 논쟁점을 다음과 같이 요약한다. 이것은 성만찬 때 모인 사람들의 '연대적 공동체성'에 관한 것이라는 사실이다.[9]

바울에게 근본적인 것은 주의 식탁에서는 모두가 동등하다는 것이다. 예를 들면 부와 가난에 따른 차이는 여기에서 어떠한 자리도 차지하지 못한다. 바울은 심지어 모든 인종적, 사회적 차이조차도 거부한다. 정확히 말하면, 세례를 지시함으로 그렇다.

---

9 예를 들어 Christoph Böttrich, Kinder bei Tische … Abendmahl mit Kindern aus neutestamentlicher Sicht, in: Christenlehre/Religionsunterricht-Praxis 2003/1, 9-12.

우리가 유대인이나 헬라인이나 종이나 자유인이나 다 한 성령으로 세례를 받아 한 몸이 되었고 또 다 한 성령을 마시게 하셨느니라(고전 12:13; 아주 유사하게, 갈 3:27절 이하는 남자와 여자의 차이를 통한 것도 보충하고 있다).

물론 나이에 대해서 분명하게 언급된 것은 아니다. 하지만 나이에 따른 구분은 성만찬 공동체를 위협한다는 것은 분명하다. 다양한 나이의 기독교인 사이에서도 공동의 식사에서 재현되는 '연대적 공동체성'이 이루어진다.

■ 바울-오해

바울은 고린도 교인들의 기본 전제로서 이러한 동등함을 엄하게 가르친다. 다시 말하면 다음과 같은 것은 많은 것을 허물어 버리는 것이다.

그러므로 누구든지 주의 떡이나 잔을 합당하지 않게 먹고 마시는 자는 주의 몸과 피에 대하여 죄를 짓는 것이니라(고전 11:27).

고린도 교회의 부자와 가난한 사람들 사이의 차별과 관련된 이 구절은 후세에 모든 세례 받은 사람들의 성만찬 공동체를 허물어 버린다. 왜냐하면 이 구절은-물론 몇백 년 후에야 비로소 그런 것이지만-성만찬 참여자들의 지적 능력과 관련을 맺게 된다. 그렇게 되면 더 이상 아이들을 위한 어떠한 자리도 없게 된다.

2) 아이들의 성만찬 참여

먼저 다음이 설명되어야 한다. 동방정교회에서는 오늘날까지 아이들이 성만찬에 참여하는 것이 당연한 것이다. 신생아까지도 참여하고 있다. 다른 교회들에서도 이러한 것은 13세기까지 통상적인 것이었다. 왜냐하면 우리가 그것을 사도 전승에 나온 보고에서 보았듯이 성만찬은 원래 세례에 속한 것이었기 때문이다. 그리고 그렇게 갓 세례 받은 신생아들은 바로 성만찬에 참여했다.

시간이 지남에 따라 까다로운 실천적 문제들에 대한 토론들이 계속 있었다. 그리고 시간이 지남에 따라 그렇게 소위 성례전적인 맑은 정신(Nüchternheit)의 관습이 통상적이 되었다. 성만찬에 참여하는 사람들은 이날에 그 전까지 아무것도 먹지 않았다. 이제 이러한 금식규정을 어린아이에게도 적용시켜야 하는지 논쟁이 되었다. 어린아이들은 젖을 먹어도 되었을까? 엄격한 해석들이 곧 느슨해지기 시작했다. 분명 신생아들은 사제의 손가락에 묻은 포도주를 빨아 먹는 것으로 성만찬에 참여했을 것이다. 빵과 포도주가 죽과 같은 형태로 혼합되었다는 것이 보고되기도 한다. 이것을 수세자는 숟가락으로 받아먹었다(세례 숟가락의 관례). 그 당시 신생아들과 아이들이 많이 죽었기 때문에 죽어가는 아이들을 성만찬에 받아들이는 것은 중요했다 (소위 여행식량).

천 년 동안 이러한 것은 논쟁의 여지가 없었다. 여전히 1145년에 추기경 베른하르드(Bernhard)는 라테라노 대성당(Lateranbasilika)에 신생아들은 세례 이후 직접 성만찬에 참여한다는 규정을 공포했다. 그리고 언급했듯이 동방정교회는 이것을 오늘날까지 실천하고 있다.

3) 성만찬에서 아이들이 제외됨

많은 이유로 인해 그러나 비판적인 질문들이 생겨났다. 그때까지 학문적인 논쟁에서 아이들의 성만찬 참여를 위한 두 개의 '논증'이 있었다. 첫째로 전통적으로 요한복음(6:53)에 있는 한 부분을 내세웠다. 대담하게 여기에는 인자의(즉 그리스도의) 살과 피를 먹어야만 하는 필요성이 강조되어 있다. 그렇게만 영원한 생명을 얻을 수 있다.

그에 더하여 교부 아우구스티누스(Augustinus)의 인용이 등장한다. 그에 따르면 세례와 성만찬은 동일하게 구원을 위하여 필요하다는 것이다. 12세기에서 13세기로의 전환점에 이러한 증빙자료는 계속해서 적게 언급된다. 그 대신에 명목상 아우구스티누스에 의해 쓰여진 바울의 고린도전서에 있는 다른 부분(고전 10:17)에 대한 해석이 등장한다. 그것에 따르면 세례가 구원을 위하여 충분하다는 것이다.

■ **첫 번째 연령제한**

힘든 역사적 잔업(Kleinarbeit)에서 규명된 이러한 변화보다 확실히 더 중요한 것은 이 시대의 문화 전반적인 격변이다. 신학은 이제 점점 더 엄격한 철학적 표준에 따라 움직이는 하나의 학문이 되었다. 소위 학파 신학(스콜라 철학)이 생겨난다. 믿음은 점점 더 지적인 앎으로 이해되어진다.

이러한 것은 '구분할 수 있는 나이'의 개념 속에서 표현된다. 우선 여기서는 대개 7세를 출발점으로 삼고 있는데 이 나이 때부터야 비로소 신앙에 충분히 접근 가능한 것으로 보고 있다. 결과적으로 그 전에 아이들은 성만찬에 참여할 수 없다. 즉 아이들은 '합당하지 않은 자들'이고, 일상적인 식사와 성만찬 사이를 구분할 수 없다. 이 시기에는 평신도에게도 잔을 분배하지 않았다. 포도주를 흘릴 위험이 아주 큰 것으로 비쳐졌기 때문이다. 스콜라적인 성만찬교리(화체설)에 따르면 그와 함께 예수님의 피를 흘리게 된다는 것이다.

그래서 신앙 이해에 대한 변화는 아이들이 점점 더 예배에서 사라지도록 했다. 성만찬으로 가는 길은 아이들에게 금지된다. 전통의식(traditionsbewusst)이 아주 강한 동방정교회는 이러한 단계를 함께 밟지 않았다. 그래서 거기에서는 오늘날까지 세례 때에 신생아와 자란 후 아이들이 성만찬에 참여하고 있다.

■ 입교자들만

종교개혁가들은 아이들을 제외하는 것을 그대로 전수받았다. 종교개혁가들은 비로소 나중에야 역사적으로 밝혀진 원인에 대해 알지 못했다. 루터(Luther)는 식탁담화(Tischgespräch)에서 한 번 다음과 같이 말한다.

> 아이들에게도 성례전이 베풀어질 수 있는 것을 막을 그 어떤
> 것도 없다(바이마르 루터통권, 식탁담화I Nr. 365, 157).

그러나 루터는 여기로부터 어떠한 결과도 이끌어내지 못했다. 그의 관심은 오히려 사람들의 참담할 정도의 무지(전무한 교육)와 싸우는 것이었다. 그리고 그것을 위하여 성만찬 전에 있는 신앙문답이 효과적인 도구로 입증되었다. 그래서 다른 영향과 나란히 입교가 선행하는 시험과 함께 생겨났다.

4) 새로워진 견해

다음의 사실은 개신교 교회에서 하나의 놀라운 사실이다. 1960년대까지 성경 중심적인 신학자들이 입교를 성만찬을 위한 허락의 의식으로 여겼다는 것이다. 왜냐하면 신약성경에 그에 대하여 전혀 나와 있지 않기 때문이다. 이러한 견해는 단지 세례만을 평가 절하하는 것이 아니다. 이러한 견해는 아이들도 교회의 중심으로부터 제외시킨다.

1960년대 말 이래 비로소 이러한 규정에 대한 문제점을 지적하는 목소리가 커졌다. 그 배경에는 개신교 교회에 근본적인 예배학에 대한 새로운 경향이 있었다. 오랫동안 성만찬은 단지 매주 설교 예배에 간헐적으로 처러지는 장신구로만 여겨졌다.

■ 예배학적인 견해

역사적이고 예배학적인 작업을 통하여 고대 교회에서는 교회 모임의 중심으로서 매주일에 성만찬이 거행되었다는 것이 밝혀졌다. 그렇게 성만찬을 다시 평가절상하려고 시도했다. 가능한 한 매주일에 그리고 예배의 중심에서 성만찬은 거행되어야 했다. 1954년 루터 교회에서 그리고 1959년 연합 교회에 도입된 예배 규정(소위 표준예식서 1)은 이러한 것을 의도하고 있다.

구체적으로 다음의 자극은 아이들의 성만찬 참여에 대해 새롭게 생각하기 위해 중요하다. 70년대에 에큐메니칼 운동으로 인해 아이들이 성만찬에서 제외되는 것에 대해 비판적으로 묻게 되었다. 세계교회협의회 위원회의 소위 리마-문서(Lima-Erklärung)에서 그것은 세례를 실행할 때에 책략적으로 그러나 분명하게 다음과 같은 것을 말한다.[10]

> 아이들에게 세례를 베풀면서, 그러나 이러한 의식 전에 아이들의 성례전 참여를 거부하는 교회는 어쩌면 다음에 대해 깊이 생각해봐야 할 것이다. 교회가 세례의 결과를 완전히 알고 받아들이고 있는지 말이다.

■ 교육학적인 견해

교육학적인 논거는 아이들에게 세례와 더불어 성만찬을 허락

---

10 Taufe, Eucharistie und Amt. Konvergenzerklärungen der Kommission für Glauben und Kirchenverfassung des Ökumenischen Rates der Kirchen, Paderborn 1982, 15.

하도록 하는 요구를 지속적으로 뒷받침한다. 발달심리학적으로 이른 시기에 배운 것은 특히 오랫동안 영향을 미친다는 것이 분명하다. 어린아이들은 배우는 것을 즐겨한다. 우리가 어린 시절에 배운 것은 종종 우리의 전 생애에 새겨진다.

성만찬으로의 접근 또한 하나의 교육과정으로서 이해될 수 있다. 우선 외형적인 영역에서 성만찬에 참여하는 사람들의 무리에 적응하는 것을 배울 수 있다. 그와 함께 동시에 내용적으로 신약성경 학자 뵈트리히(Böttrich)가 '연대적 공동체성'이라고 말한 것을 배우게 된다. 바울에 따르면 성만찬은 모든 세례 받은 사람들이-사회적 신분, 성, 문화적인 출신과 그리고 확실히 나이와도 상관없이-하나님 앞에서 동등하다는 것을 표현하는 하나의 장소이다. 성만찬에 함께 참여하는 것을 통하여 아이들은 자신들이 어른들처럼 그리스도께 속하였다는 것을 배우게 된다.

거기에 더하여 아이들은 특별히 포괄적인 방식으로 모든 감각으로 배울 수 있게 된다. 그리고 명백하게 성만찬은 단지 이성에만 호소하려고 하지 않는 하나의 의식이다. 그렇지 않았다면 빵과 포도주는 필요하지 않았을 것이다.

마지막으로 나중에 종교적 실천을 위하여 명백하게 가정에서 배우는 것은 특별히 중요하고 인상적이다. 그래서 유대교 유월절 만찬에 아이들이 연결되는 것은 교육적으로 매우 큰 의미가 있다. 어린아이가 묻는 것을 통하여 그 아이는 예전으로 들어오게 되고 거기에 자주적으로 참여하게 된다. 어린아이가 그의 부모와 혹은 그 외 친한 사람과 성만찬에 올 때 그것과 같은 상황이 되는 것이다. 그것을 통하여 그들은 교회의 중심에 들어서게 되고 그리고 나면 예수님이 그들을 얻으려고 한 그 곳에 있게 된다.

5) 아이들을 고려한 제안들

그 사이에 독일과 오스트리아에 있는 거의 모든 개신교 교회 지도부 또는 지역총회는 근본적으로 성만찬을 입교 전 아이들에게 다시 열어 놓았다. 하지만 많은 교회에서 그것은 여전히 호응을 얻지 못하고 있다. 이러한 것은 어떤 진지한 것과 관련되어 있는지도 모른다. 거기에서 목사와 장로들은 아이들을 성만찬에 허락하는 것은 단순히 하나의 형식적인 행동이 아니라는 것을 느끼는 것이다. 성만찬에 참여하는 아이들은 성만찬 축제와 교회와 그리고 건물도 변화시킨다.

구체적으로 예를 들어 라인 강 지역의 라인바흐(Rheinbach) 교회에서 다음과 같은 것이 보고되고 있다. 그 때까지 그림이 없던 교회 공간이 바뀌었다는 것이다.[11]

> 우리 은혜 교회의 삭막한 벽돌 벽은 그 사이 4미터 높이의 목판으로 단장되었다. 그것은 누가복음 15장에 탕자를 품에 안고 있는 것처럼 자비로운 아버지를 보여주고 있는데 축제에 쓰일 항아리들은 이미 준비가 되어 있다.

---

11 Eberhard Kenntner, Einführung von Abendmahlsfeiern mit Kindern in der Ev. Kirchengemeinde Rheinbach 1982-1990, in: Thema: Gottesdienst 1998/12, 23-32, 30.

다른 교회에서는 성만찬에 아이들을 허락하면서 하얀 가운이 들어왔다. 아이들은 색깔에 예민하게 반응한다. '까만 신사'는 많은 사람들을 놀라게 한다.

성만찬 때의 찬양곡 선택도 바뀐다. 아이들이 참여할 때는 아이들도 함께 부를 기회를 가져야만 한다.

마지막으로 어린이 예배를 위해서 제공되는 것은 어린이 예배를 상당 부분 성인 예배와 함께 드린다는 것이다. 그렇다면 시작, 성만찬, 그리고 축복은 함께 드려지고, 말씀 선포부분은 세분화된다.

전반적으로 아이들의 참여를 통하여 성만찬 축제가 더 활력 있게 되었다고 교회로부터 보고되고 있다. 신학적으로 표현하면 아이들은 인간 삶의 다양성을 지금까지 보다 훨씬 더 잘 반영한다. 우리 창조주가 분명하게 원했던 것처럼 말이다.

3. 이야기 설교

종교개혁가들에게 설교는 세례와 성만찬 외에 기독교 교회의 탁월한 표지로 간주되었다. 거기에서 종교개혁가들은 어른들을 염두에 두었는데, 오늘날의 이해에서는 그 당시 어른들 중에서 단지 소수만이 판단력이 있는 사람들이었다. 그 당시에는 대부분의 사람들은 어릴 때에 학교를 다니지 않았다. 아주 일찍부터 그들은 험한 육체적 노동을 해야만 했다. 독립적인 비판형성이나 긴 논쟁이 그들에게는 의미가 없었다. 정치적으로도 그들은 피지배자들이었다. 그들의 영주나 그 외 지배자들은 그들에게 하나님으로부터 부여받은 권력으로 간주되었다. 이러한 사람들에게 예배 설교가 가치 있다는 것은 분명하다. 한 사람, 청중들보다 훨씬 많이 배운 그가 사람들이 따르려고 하는 예수 그리스도의 복음을 설명했던 것이다.

■ 깊은 생각으로의 초대

예배에서의 이러한 상황은 완전히 변했다. 우리는 아이들에게도 독립성을 후원한다. 판단력은 우리 사회의 중심적인 교육 목표이다. 그래서 설교의 성격도 변했다. 설교는 단지 시간적으로 이전에 비해 훨씬 더 짧아진 것만이 아니다. 오히려 설교는 권위적인 독백이 아니라 함께 깊이 생각하도록 하는 초대로 이해되고 있다.

■ 미리보기: 이야기 설교

(1) 첫 단계에서 이러한 견해는 이미 언급된 공식 '복음의 커뮤니케이션'의 도움으로 좀 더 상세하게 설명될 것이다.
(2) 아이들을 기독교 신앙에 이르게 하는 역사에서 이미 오래 전에 긴 예배 단 연설로 접근하는 것과는 다른 성경에 대한 접근 모델이 있었다.
(3) 무엇보다 자주적인 아이들의 생각과 느낌에 대한 발견이 여기에서 계속 다루어졌다.

(4) 오늘날 이야기 설교는 복음 커뮤니케이션의 중요한 형태이다. 거기에서 이야기의 몇 가지 규칙이 입증되었다.

(5) 신학적으로 그리고 커뮤니케이션 면에서 심사숙고한 이야기 설교를 위한 하나의 예를 제시할 것이다.

1) 복음의 커뮤니케이션

복음서 기자들은 상세하게 예수님의 활동에 대해서 보고한다. 재미있는 것은 거기에 독백적인 설교는 전면에 나와 있지 않다는 것이다. 역사적으로 봤을 때 마태복음에 나와 있는 유명한 산상설교(5장-7장과 부분적으로 누가복음 6장에 나와 있는 평지설교와 나란히)는 후대의 합성이다. 예수님의 인상적인 말씀들은 여기에서 하나의 연설로 요약되었다. 그것을 제외한다면 예수님은 사람들에게 세 가지 방식으로 하나님 나라의 소식을 가르쳤다.

- 예수님은 짧은 비유를 설명하였고 사람들과 함께 토론하였다(소위 논쟁).
- 예수님은 다른 사람들을 도우셨다(소위 기적).
- 예수님은 다른 사람들과 먹고 마셨고 그렇게 하나님 나라를 환기시키는 하나의 공동체를 돌보셨다.

■ 예수님의 모범

거기에서 매번 흥미로운 것은 예수님은 모든 시기를 위한 일반적인 진리를 선포한 것이 아니라는 것이다. 예수님은 오히려 매번 상황에 맞게 하나님 나라를 묘사하셨다. 신약성경은 종종 사람들과의 만남에서 예수님이 그들을 '보았고' 그들의 '말에 귀 기울이셨다'는 것을 분명하게 보도하고 있다. 예수님은 그러니까 다른 사람들을 매우 정확히 인식하셨다. 그리고 나서 간결한 말과 대화로 대화 상대를 위한 본질적인 주제를 개진하셨다. 분명히 예수님은 완전히 그리고 빠르게 다른 사람의 입장이 되실 수 있었다.

이러한 커뮤니케이션 유형으로 예수님은 오늘날까지 아이들이 가는 신앙 노정을 동행하는데 모범이 되신다. 이전 사회에서 가치가 있는 설교의 개념은 오늘날 예수님의 선포에 대한 이러한 중요한 기본 특징을 어둡게 할 수 있다. 그것은 특별히 아이들과 동행하는데 유효하다. 아이들과 함께해야만 하나님 나라의 기쁜 소식이 발견될 수 있다. 일방적인 주입은 예수님의 복음 소통에도 오늘날의 교육 표상에도 맞지 않는다.

2) 아이들과 함께 하는 복음

교회 역사에서 아이들은 오랫동안 주의를 끌지 못했다. 그와 함께 교회는 예수님을 통한 자극에도 불구하고 고대의 통상적인 아이들에 대한 과소평가를 물려받았다.

■ 어린이 주교

물론 반대하는 경향도 있었다. 한 가지에 대해 우리는 이미 들었다. 예배 때 낭독자와 찬양대로 봉사한 아이들에 대해서이다. 그 외에도 고대 문헌에서 때로 재미있는 소식을 만나게 된다. 때 묻지 않은 아이들의 축제의 날(12월 28일)이 교회에서 아이들의 참여를 위한 출발점이었다. 때때로 이 날에 대한 보도에서 심지어 어린이 주교가 나타나기도 한다. 어린이 주교는 주교의 예배적인 표시인 사제관과 망토로 꾸며졌다. 그 아이는 다른 아이들과 함께 연기 속에서 주교관으로 걸어갔다. 그리고 나서 그 아이는 주교에게 교회의 안녕을 위해서 주교직을 이행할 것인지 아닌지를 묻는다. 마지막으로 어린이 주교는 그를 둘러싼 사람들을 축복한다.

■ 어린이 극

더 중요한 것은 예배의 틀 속에서 아이들이 함께 출연한 무대극일 것이다. 그렇게 성탄절 시기의 소위 아기 구유는 오래된 전통을 가지고 있다. 여기에서 11/12세기 이래 확인된 바에 따르면 아이들은 아기 구유에 대한 무대를 모방한다. 부활절에도 아이들이 성경 축제 이야기를 연출하는 연극이 있었다. 의심의 여지없이 그것들은 너무나 중요한 기독교 대축제를 내실화 하였다.

■ 어린이 미사

마지막으로 16세기 이래 계속해서 어린이 미사와 마주치게 되는데 거기에서 특별한 어린이 설교가 행해졌다. 물론 거기에서 소통의 방향은 일방적이었다. 아이들이 지녀야할 무엇이 전달되었다. 예수님에게서 관찰할 수 있었던 복음 소통의 상호성은 의도되지 않았다. 어린이는 가능한 빨리 어른이 되도록 교육시켜야 하는 존재로 간주되었다.

3) 아이들은 다르다

18세기 말 이래 비로소 공식적으로 아이들의 독립성이 주장되었다. 근대 교육학의 아버지 루소(Jean Jacque Rousseau, 1712-78년)는 자신의 성장소설『에밀』(Emile, 1762년)을 통하여 중요한 자극을 준다. 아쉽게도 루소는 그러나 자신의 편파적인 종교 이해를 근거로 다음과 같은 사실에서 출발한다. 즉 종교는 약 15세 때부터 비로소 청소년들에게(루소에게는: 남자) 가르쳐져야 한다는 것이다. 그래서 종교 교육에서 아이들의 생각과 느낌의 독립성에 대한 지식이 들어오기 까지 시간이 필요했다.

■ 발달심리학적 지식

그 사이에 그러나 발달심리학적 연구를 통하여 다음과 같은 사실이 분명하다. 아이들은 사고와 느낌에서 어른들과는 다른 고유한 형식을 사용한다는 것이다. 어린이 예배의 영역에서 특별한 의미를 지니는 것은 에릭슨이 서술한 것처럼 근면성과 열등감 사이의 갈등이다.

아이들은 약 6세부터-더러는 보다 늦게, 더러는 좀 더 빨리-뭔가 자신의 것을 수행하려고 한다. 아이들은 예를 들어 (대부분)

즐겁게 만들기를 하고 뭔가 생산적인 것을 만들어 낸다. 물론 아이들은 거기에서 때때로 자신들의 가능성을 과대평가하기도 한다. 그리고 나면 단지 실패만이 생기는 것이 아니라 그것은 고유한 열등감의 감정을 만들어 낼 수 있다. 이러한 것은 계속되는 배움의 과정을 방해하는데 왜냐하면 아이에게 자신의 능력에 대한 신뢰가 부족하기 때문이다.

이 시기에는 아이들의 자기 활동과 어른들을 통한 필수적인 지원 사이의 균형을 이루는 것이 매우 중요하다. 지식과 견해를 수용하기 위하여 아이의 고유활동은 포기할 수 없다. 거기에서 그러나 매번 도움이 필요하게 된다. 도움이 각각의 아이들에게 약간씩은 다른 모습을 띤다는 것은 특별히 강조할 필요도 없을 것이다.

4) 아이들을 위하여 성경 이야기하기

아이들과 함께 하는 그리고 단지 아이들만이 아니라 복음의 커뮤니케이션의 하나로서 전통적으로 뛰어난 하나의 방법은 성경 말씀에 대한 이야기이다. 거기에서 아이들은 자신들의 상상력을 동원하여 성경의 낯선 세계로 들어갈 수 있다. 하지만 성경 이야기가 '동화'로 전락하지 않도록 주의해야 한다. 그렇게 되면 사춘기 때에는 그것을 중요하지 않은 것으로 거부하게 된다.

그에 반하여 성경 이야기의 인물과 자신을 동일시하는 것은 아이들을 돈독한 커뮤니케이션의 공간으로 이끈다. 그 공간은 아이들에게 새로운 지평과 전망을 열어준다. 아이들은 생생하게 구체적인 상황으로 인도되어질 때 추상적인 종교 개념들을 습득할 수 있게 된다.

예수님의 비유는 구체적인 삶의 세계, 개개인, 그리고 신학적인 이해를 이렇게 연결하는 가장 좋은 예이다. 거기에 더하여 비유의 인격적인 기본 틀은 복음의 커뮤니케이션의 본질적인 특성과 일치한다. 사람들은 그것을 넘어서 직접적으로 상대방의 입장에 서게 된다.

■ 적합성의 문제

하지만 성경 이야기가 아이들에게 적합한 것인지 아닌지 검토해야 한다. 왜냐하면 성경 이야기는 요즘 아이들에게 두 가지 점에서 낯설기 때문이다.

첫째, 성경 텍스트는 원래 어른들을 향한 것이다.

둘째, 성경 이야기는 고대에서 유래되었고, 우리의 현대 사회와는 큰 간격이 있기 때문이다.

■ 준비

이야기를 수용하기 위한 중요한 도움 한 가지는 아이 한 명 혹은 청중의 나이에 있는 아이들을 (혹은 좀 더 나이가 든 아이들, 하지만 좀 더 어린아이들은 말고!) 이야기 속으로 끌어들이는 것이다. 아이들은 이야기의 상황을 유연하게 상상할 수 있어서 그런 것에 더 적합하다. 그것을 위하여 특별한 정보들이 필요하다면 이러한 것들은 사전에 제공되어야 한다. 사정에 따라서는 심지어 본래의 성경 이야기를 선보이기 전에 준비한 이야기를 제공하는 것(소위 상황설명)이 필요할 수 있다.

■ 목표: 복음

얼마나 근접하게 이야기를 성경 본문에 따를 것인지는 논쟁의 여지가 있다. 그러나 복음의 커뮤니케이션이 상호간의 과정이라고 한다면 소위 본문에 대한 충실도는 가장 높은 시금석이 될 수 없다. 왜냐하면 성경 텍스트 자체가 중요한 것이 아니기 때문이다. 오히려 성경 본문은 아이들에게 복음을 일깨우기 위하여 역사에서 여러 번 실험되었던 도구이다. 그리고 이러한 것은 단지 아이들의 상황과의 관련성 속에서만 이해될 수 있다.

그래서 아이들은 자신들의 '고유한' 성경 이야기를 펼칠 기회를 얻어야 한다. 3장에 나와 있는 기도라는 주제에서 나는 그러한 한 가지 가능성을 암시했다.

그리고 나서 성경 말씀은 아이들의 종교적 '어휘'를 풍성하게 하는 목적을 가지고 이야기 되어야 한다. 구체적으로 성경 이야기는 하나님의 호칭을 이해하고 그래서 기도를 시작할 수 있도록 자극을 주어야 한다(52페이지를 보시오).

■ 다원성

마찬가지로 이야기 이론에서 논쟁되고 있는 것은 얼마나 직접적으로 성경 이야기가 설명되어져야 하는가이다. 이러한 문제가

기적 이야기에서 특히 분명하게 드러난다. 개신교에서는 이러한 이야기의 분명한 실제 내용에 대한 일치가 지배적이지 않았다. 문자적 수용이나 상징적인 이해 또한 옹호된다. 여기에서는 종교적 다양성 안에서 배움을 시작하는 것을 추천한다. 이러한 것은 이야기를 다양한 전망에서 보도하는 것으로 행해질 수 있다. 그러면 실제 해석에 찬성하는 사람처럼 동일하게 회의하는 사람도 등장한다. 아이들은 아주 다양한 동일화 제안을 받게 되고 명백함의 부담으로부터 자유로워진다.

5) 성경 이야기하기: 예(例)

이야기 설교의 구성에서 대충 범죄 소설에서 잘 알려진 긴장 고조의 도식을 따르는 것이 지켜지고 있다.[12]

첫 번째 단계: 이야기 설교가 진행되고 있는 공간적, 시간적 상황으로 이끌기
두 번째 단계: 이야기와 문제의 '영웅'소개
세 번째 단계: 갈등의 첨예화
네 번째 단계: 실패한 해결이나 현장을 바라보는 것을 통한 행동의 지연
다섯 번째 단계: 문제 해결

---

12 Christian Grethlein, Methodischer Grundkurs, Leipzig ^{2}2007, 39.

거기에 다음의 방법론적 통찰이 나타난다.
- 특별히 어린아이들에게서는 들은 것을 물어보거나 모방 학습할 수 있는 기회가 주어져야 한다.
- 모든 이야기 설교는 유연한 언어와 미사어구에 의해 생명력을 얻는다.
- 간접 화법은 피해야 한다.
- 수식어의 사용은 정확하게 고려되어야 한다. (여기서는 적게 때로는 더 많이) 왜냐하면 그것을 통하여 청중의 판타지를 위한 공간이 남겨지기 때문이다.
- 그것을 위하여 가능한 모든 감각이 이야기 속에서 고려되어야 하는데, 바람, 온도, 냄새, 맛, 소리, 풍경 등에 대한 암시들이다.
- 어떠한 경우에든 이야기 설교 후에 아이들에게 이것을 창의적으로 습득할 수 있는 기회가 주어져야 한다. 그것을 위해 어린이 예배를 위한 준비 교재에는 좋은 자료와 안내가 나와 있다.

4. 요약

아이들은 교회와 공동체를 변화시킨다.
- 아이들의 세례는 개별적인 세례 상징들을 표현하게 한다.
- 아이들과 함께 하는 성만찬 축제는 종종 적대적인 사회의

한 가운데서 아이들이 당연하게 삶에 속해 있다는 것을 분명하게 해준다.
- 아이들에게 맞는 이야기 설교는 복음의 커뮤니케이션의 인격관계를 나타내고 있다.

많은 교회에서 실제로 아이들이 중심에 있기까지는 아직 길이 멀다. 몇몇은 이미 결연하게 그 길을 갔고 놀라운 것을 발견한다. 아이들의 참여는 어른들에게도 흥미 있는 것이다. 신앙의 커뮤니케이션에서는 결코 어른만이 알고 있는 사람들이 아니다. 아이들은 인간의 근본상황인 받아들임을 분명하게 표현한다.

III 부

아이들과 함께하는 예배

'예배'는 우리 일상 언어의 한 개념이다. 대부분의 사람들은 거기에서 주일 오전 예배를 떠올린다. 좀 더 정확하게 말하면, 주일 오전 성인 예배를 생각한다. 적은 수의 사람들, 특히 좀 나이 드신 분들, 긴 설교와 오르간 음악에 맞춘 느릿느릿한 찬송이 많은 사람들에게 떠오르는 연상들이다. 주일 오전에 드려지는 이러한 성인 예배는 아이들에게 더 이상 중요하지 않다. 50년 전만해도 이와는 전혀 다른 모습이었다. 신학자들은 아이들이 소위 대예배 참여를 준비하는 것이 어린이 예배의 본질적인 과제라고 생각했다. 그 동안 이 예배는 단지 어른들에게만 빠르게 의미를 상실한 것이 아니다. 단지 개신교인의 4% 미만의 적은 수가 주일 아침에 교회로 간다. 예식서에 따른 엄격한 형식은 독립적으로 길러진 아이들에게 적합하지 않을 뿐 아니라 지각이 있는 어른들에게도 맞지 않는다. 뿐만 아니라 비판적인 신학적 시각은 주일 오전 예배를 예전적 규범에 따라 이해하는 것이 문제시 되고 있음을 보여주고 있다.

기독교 예배는 이미 오랫동안 다양한 형태를 띠어 왔다. 예배를 주일 오전 예전적 축제에 고정시키는 것은 신학적인 이해라기보다는 오히려 초기 국가법의 결과이다. 왜냐하면 예배 엄수가 경찰을 통하여 감시되었고 무엇보다 매주일 휴식동안 풍기와 질서에 대한 당국의 관심에 이용되었기 때문이다.

5장에서 예배에 대한 성경 신학적 이해를 파악하는 것은 중요하다. 그것을 통하여 획득하게 된 폭넓은 이해가 6장에서 이미 결실들을 맺는다. 거기에서 아이들이 종교와 교회에 접촉하게 (할 수 있게) 되는 중요한 장소들을 목격할 것이다.

보다 넓은 의미에서 그리고 엄격한 신학적 의미에서 이미 아이들과 함께 드리는 예배에 관해 다루고 있다. 그것은 다른 측면에서 다시 한 번 7장에서 상세히 다루게 될 것이다. 그리고 나면 우리의 관심은 명확하게 어린이 예배로 향하게 될 것이다. 여기에서는 다음의 상황을 간략하게 언급할 수 있다. 즉 어린이 예배에서 아이들과 함께 드리는 예배로 가고 있는 것이 일반적인 추세이다. 그것은 고전적인 어린이 예배에, 또한 어린이 성경 학교(Kinderbibelwochen)와 이와 유사한 새로운 시범적 형태에도 영향을 미친다. 그 외에 최소한 주의 깊게 관찰하는 사람들에게 성인 예배를 위한 자극들이 생겨난다. 어린이 예배는 신학적이고 문화적인 이유에서 직면하고 있는 예배학적인 개혁들을 위한 자극제로서 정체성을 드러내고 있다.

Kinder in der Kirche
Eine Orientierung für Mitarbeitende im Kindergottesdienst

5장

복음과의 만남

'예배'(Gottesdienst)는 성경의 언어인 히브리어와 그리스어에 직접적으로 일치하지 않는다.

■ 명칭

무엇보다 루터는 그 당시에 통상적이던 '제의' 외에 이 단어(예배)를 사용했고 그것을 독일어로 확정시켰다. 그 사이 가톨릭교인들도 그 용어를 사용하고 있다. 그와 나란히 예전(Liturgie)이나 미사(Messe)나 제의(Kult)와 같은 다른 명칭들은 오늘날까지 사용되고 있으나 각각 특별한 강조점을 가지고 사용하고 있다. 하지만 루터는 '예배'(Gottesdienst)를 두 가지 의미에서 사용했다. 좁은 의미로는 예전의 수행을 위한 명칭으로 그러나 또한 보다 일반적으로는 기독교적 행동을 위한 것으로 사용했다. 그렇게 루터는 대교리문답에 있는 첫 계명의 해석에서 근본적인 삶의 지향점(예를 들어 '맘몬'(신에 반하는)을 '예배'라고 일컬었다. 그와 함께 루터는 오늘날 종종 잊어버리는 중요한 성경적 안목을 수용했다.

- 미리보기: 예배
(1) 어떠한 경우든지 우선 '예배'에 대한 중요한 성경적 이해에 대하여 정보를 제공하는 것이 중요하다.
(2) 두 번째로 살펴보게 될 역사는 주일 오전을 넘어서 실제로 무척 다양한 형태를 보여준다.
(3) 이러한 것은 임의로 이끄는 것이 아니다. 오히려 바울은 고린도에 있는 교회와의 근본적인 갈등 속에서 예배에서 그리스도인이 지향해야 할 근본적인 시금석을 강조했다.

1. 성경 속에 나타난 '예배'

구약성경뿐 아니라 신약성경에도 예배에 대한 기독교 이해를 위한 중요한 암시들이 있다.

1) 구약

구약에서 제사, 기도 그리고 축복과 같은 수많은 예배 행위들을 만나게 된다. 그것들은 그 외의 종교 역사에서 잘 알려진 것이다. 동시에 그러나 예언자들에 의해 맹렬하게 수행된 '진짜'와

'거짓' 예배 사이의 논쟁이 있다. 거기에서 다음과 같은 것들이 분명하게 드러난다. '예배'와 그 외 행동이 서로 분리될 수 없다는 것이다. 예를 들어 예언자 호세아는 하나님의 말씀을 전하였다.

> 나는 인애를 원하고 제사를 원하지 아니하며 번제보다
> 하나님을 아는 것을 원하노라(호 6:6).

마태복음서에 따르면(9:13, 12:7), 예수님은 이러한 문장을 자신의 것으로 만들었다. 예수님은 위 말씀에 동의하면서 인용했다. 그러므로 '사랑'이라는 하나의 올바른 윤리는 '희생'이라는 하나의 올바른 예배를 위한 중요한 전제이다.

2) 신약

더 나아가 예수님은 고대의 제의에 있어서 근본적인 '깨끗함'과 '부정함'의 구분을 배척하셨다(막 7장). 그와 함께 제의적인 행사로서 예배와 그 외의 삶 사이에 계속되는 담장이 허물어졌다. 그래서 그리스도인들은 교회에 갈 때 다른 종교와는 반대로 오늘날까지 자신을 정결하게 하지 않는다. 그들은 하나님을 만나기 위한 특별한 장소와 시간을 필요로 하지 않는다. 반대로 그런 경험은 정해진 장소와 공동의 시간들이 이를 위하여 좋은 도움이라는 것 또한 가르쳐준다.

■ 삶의 자세로서의 예배

바울은 거기에서 도출된 기독교 이해를 '영적 예배'(헬라어: 로기케 라트레이아[logike latreia])의 개념 속에서 통합했다. '라트레이아'(Latreia), 즉 루터에 의해 독일어로 '예배'라고 번역된 봉사는 그러므로 일차적으로 삶의 태도이다.

■ 축제로서의 예배

그리고 우선 이러한 삶의 자세로 인해 예배를 협의적 (제의적) 의미에서 드리는 것은 중요하다. 그리스도인들에게 예배는 사람들의 삶을 확고하게 하는 과제를 가지고 있는 것이다. 하지만 그것 자체가 목적은 아니다.

■ 삶의 봉사로서의 예배

이것은 또한 두 개의 예배 행위에서 나타난다. 이것은 전형적으로 기독교적인 것으로서 세례와 성만찬이다. 여기에서 매번 사람들은 받는 자들이다. 그들은 반드시 경건한 것을 수행해야만 하는 것이 아니고 할 수도 없다. 그리스도는 그들을 하나님과의 특별한 공동체 안으로 받아들이신다. 거기에서부터 윤리적인 결과가 나온다. 언급한 것처럼 예수님은 삶과 동떨어진 제의에 대한 예언자적 비판에 동조하셨다. 인간의 행위는 분명히 하나의 결과이긴 하지만 그리스도께 속하기 위한 전제 조건은 아니다.

2. 예배의 다양성

그래서 기독교 역사 가운데 예배의 다양한 형태가 생겨났다는 것은 놀라운 일이 아니다.

■ 미리보기
(1) 예전의 다양성은 이미 유대교에서 시작되었다.
(2) 다양성은 초기 기독교 공동체에서 계속되었고 시간이 지남에 따라 개혁을 통하여 확대되었다.
(3) 그것은 사람들에게 실제로 도움이 되기 위해서 필요한 것이었다.

1) 유대교

이미 유대교에서 하나님과의 예전적 커뮤니케이션에 대한 세 개의 다양한 형태를 만나게 된다.[13] 가족이나 씨족에서의 종교적 삶은 근본적이었던 것으로 보인다. 무엇보다도 하루 시작과 하루를 마무리 할 때 중요한 시간은 기도시간이었다. 아침 기도와 저녁 기도에 더하여 일 년에 세 차례의 성전 순례가 등장했다(유월절, 오순절, 초막절).

---

13 이것에 관하여 매우 많은 것을 가르쳐 주는 책은 다음이다. Peter Wick, Die urchristlichen Gottesdienste. Entstehung und Entwicklung im Rahmen der frühjüdischen Tempel-, Synagogoen- und Hausfrömmigkeit, Stuttgart ²2003.

제사장들은 거기에서 공식적인 제의를 관장했는데 다른 사람들은 각각 특별한 필요에 따라 거기에 참여할 수 있었다. 마침내 제2성전의 시대에 회당이 모임 장소로 추가되었다. 하지만 회당에서의 모임에 대한 정확한 형태에 대해서는 역사적으로 논의의 여지가 있다. 거의 확실히 성경 봉독과 학습이 중요한 일이었을 것이다(어쩌면 심지어 절대적으로).

2) 원시 기독교

이러한 형태 뒤에 있는 집 경건, 성전 경건 그리고 회당 경건의 유형들은 기독교 공동체에서 어느 정도 계속된다. 예수님은 그의 제자들과 함께 당연히 유대교의 예배에 참여하셨다. 이미 언급한 것처럼 윤리적인 결과 없는 제의에 대해 예수님이 일정한 거리를 둔 것은 간과할 수 없는 것이다. 성전 파괴와 (주후 70년) 그리스도인들의 회당 추방을 통하여 고유한 예배 형태를 발전시켜야 할 필요성이 생겨났다.

■ 주일

주일은 점점 더 집에서 드려지던 공동체 예배의 시간적 중심으로 뚜렷이 드러났다. 주일은 그러니까 매주 반복적으로 예수님의 부활에 대하여 회상하는 소위 주간 부활절 축제였다. 그러나 그 외에 아침 기도와 저녁 기도 또한 기독교 경건의 중요한 형태로 유지되었다.

■ 교회력

우선 4세기부터 서서히 16세기에 처음으로 '교회력'이라고 명명되었던 것이 생겨났다. 부활절은 이제 매해 부활의 축제가 되었다. 이러한 부활절은 자신에서부터 발생하고 그것을 둘러싼 계속되는 축제일들을 규정했다. 부활절 축제군이 생겨났다. 부활절 축제군은 준비기간으로서 고난주간으로 시작해서 성령강림주일과 삼위일체주일로 끝난다. 성탄절을 둘러싸고도 유사하게 발전한다. 여기에서는 대림절로 준비에 들어간다. 성탄절에 주현절이 연결된다. 거기에 가족적이고 공동적인 풍속의 뒤섞임이 생겨난다.

3) 시간이 흐름에 따라

그 밖에 좀 더 확장된 예배 형식들이 형성되었다. 그리스도인들의 다양한 형태의 축제현장이 생겨났다.

아침 기도와 저녁 기도의 관습은 수도원에서 받아들여졌고 성무일과(Horen)로 개선되었다. 다시 말하면 하루에 다섯 번 고유의 예전적 축제가 거행되었다. 그 중심에 시편 찬송과 성경 봉독(원칙적으로 설교는 아니다)이 있었다. 계속해서 성무일과를 좀 더 일반적으로 확산시키려고 하는 노력들이 있었다. 그러나 이러한 것은 단지 소수의 날들에만 성사됐다. 성탄절 전야에 드려지던 저녁 기도와 저녁 예배 또는 부활절 전야제(부활절밤)는 성무일과의 예전적 잔존물이다. 하지만 아침 기도와 저녁 기도의 관습은 개인적으로 혹은 가정에서 부분적으로 오늘날까지 고수되고 있다.

대부분 부활절과 주현절에 거행되는 세례 예배는 지역교회들에게는 일반적인 것이었다. 여기에서 교회는 그들의 새로운 회원(교인)을 축제적으로 수용하였다. 이러한 고정적인 일정들은 유아세례가 증가할 때(이것은 세례를 받지 못하고 아이가 죽게 될지도 모른다는 두려움과 연결되어 있었다) 비로소 감퇴했다. 세례는 동일하게 부분적이기는 하지만 교회에서 가정으로 이동했다.

거기에 더하여 주일에 교회 모임을 가졌다. 거기에서 성경이 낭독되었고 해석되었다. 주교 혹은 교회 지도자의 인도 아래 세례 받은 사람들은 성만찬에 참여했다.

몇 세기가 지나서 비로소 네 번째 예배 형식이 발전했는데 삶의 여정에서 중요한 과도기에 직면하여 갖는 축복 예배가 그것이다. 원래 교회 지도자는 전통적으로 가족에 의해서 치러졌던 죽은 사람들의 장례에 다른 사람들처럼 그저 참석만 했었다. 그 다음에 그는 기도 등을 했다. 서서히 그가 더 많은 기능들을 넘겨받았고 마침내 예식의 진행을 맡게 되었다.

결혼에서도 유사한 것이 적용된다. 결혼은 원래 가장의 일이었는데 서서히 목사의 행위가 되었다. 세례에서 분리된 견진성사의 생성은 이미 언급되었다. 견진성사는 개신교 영역에서 성년식의 유형으로 발전했다.

이러한 예배학적인 모든 형태는 성경적 예배 이해의 결과로 간주될 수 있다. 예배는 사람들이 자신의 삶을 (기독교적으로) 형성할 때 도와야 하는데, 즉 매일, 주마다, 해마다, 생애의 순환이라는 다양한 시간-순환 속에서 그렇다.

이러한 다양성은 근본적으로 오늘날까지 지켜지고 있다. 거기에 더하여 각각의 형식들은 좀 더 세분화되어졌는데 다양한 지역에서 다양한 시간에 맞추어 상이하다.

그렇다면 어린이 예배는 아이들이 점점 더 독립적인 인격그룹으로 이해되어지던 시대의 산물이다. 이러한 것은 일반화된 의무교육의 도입이 관철되면서 가시화되었다. 이 시기에 교회 당국은 주일 예배를 특별히 중요한 것으로 여겼다. 그래서 어린이 예배는 매주일 예배로 시작되었다. 그러나 그것은 구체적인 생성 시기의 결과이지, 일반적인 신학적 필연성은 아니다.

3. 예배의 식별 표시

개략적으로 묘사한 예전 형태의 다양성은 특히 다원화 사회에서 교회의 큰 자산이다. 축복 행위의 발전을 (3장에서) 살펴본 바로는 거기에 위험도 놓여있다는 것을 보여주었다. 발전한 형식의 내용이 문제시 되었다. 특정한 축복 예식은 사람들이 하나님과의 교제를 경험하도록 하는 행위보다는 오히려 더 마술을 연상시켰다.

■ 이해성

좀 더 정확하게 살펴본다면 이러한 문제는 기독교 교회의 시작부터 이미 있었다. 고린도전서에는 바울이 날카롭게 비판했던 예배 태도가 나타난다.

고린도 교인들은 공공연하게 성령의 은사에 대해 특별히 자랑스러워했다. 성령의 활동을 그들은 소위 방언 그러니까 무아지경 상태에서 말하는 것에서 경험했다. 바울은 다양한 종교에서 오늘날까지 관찰할 수 있는 이러한 엑스터시-형태를 근본적으로 거부하지는 않았다. 그 스스로도 방언을 할 수 있었다.

바울은 그러나 이러한 방언은 설명되지 않는다고 비판하였다. 그렇게 방언은 모인 사람들의 교제를 위하여 어떠한 유익도 가져다주지 않았다.

이러한 관련성 속에서 바울은 기독교 예배를 위한 중심적인 시금석을 발전시켰다. 종교개혁가들 특히 루터는 이것을 다시 수용했다. 그것은 오늘날까지 특별히 아이들과 함께 드리는 예배의 형태와 기초를 위하여 큰 의미를 지닌다. 통역되지 않은 방언을 반대하는 바울의 논쟁에서 결정적인 문장은 다음과 같다.

> 그러므로 온 교회가 함께 모여 다 방언으로 말하면 알지 못하는 자들이나 믿지 아니하는 자들이 들어와서 너희를 미쳤다 하지 아니하겠느냐(고전 14:13).

올바른 기독교 예배를 위한 첫 사안은 다음과 같은 것이다. 즉 외부인들도 무슨 일이 일어나고 있는지 이해해야만 한다. 기독교 예배는 그러므로 일반적으로 이해할 수 있는 것이어야 한다.

■ 모든 사람들을 위한 예배

여기에서 요구되는 이해성이 인식론적인 영역에 제한된다면, 바울의 관심사를 잘못 이해하는 것이다. 그의 목표는 교회 모임의 유익과 매력인데 교회에 속하지 않은 사람들을 위해서도 마찬가지이다. 바울은 단지 교회 지체들에게만 이해되는 커뮤니케이션 형식들을 반대했다. 적어도 그것들은 외부인들에게도 이해되도록 만들어야만 한다.

거기로부터 예전의 구성을 위한 많은 가능성이 생겨난다. 예배는 아이들이 (그리고 청소년들이) 일방적으로 익숙해져야만 하는 행사가 아니다. 그리고 '이해'할 필요가 없는 그런 것이 아니다. 오히려 예배는 아이들과 (청소년들이) 의미 있게 참여할 수 있도록 꾸며져야 한다.

■ 유연한 형식

이것은 예전 형식의 확고성과는 반대적인 것이다. 그에 대한 역사적 분석은 일반적으로 (그 당시에) 의견이 분분했던 개혁 자체에 기인한다는 것과 어떠한 경우에든지 "반드시 항상" 유효한 것은 없다는 것을 보여준다. 예를 들어 이와 같이 오르간 음악은 오랫동안 기독교 예배에서 거부되었다. 왜냐하면 이러한 악기는 로마 서커스에서 사나운 짐승들이 그리스도인들을 추격할 때 연주되었기 때문이다. 그리고 나서 기원 후 9세기에 처음 오르간이 대사원과 기독교 예배에 들어왔다. 그러한 것을 염두에 두지 않은 채 오늘날 많은 사람들은 오르간을 바로 기독교 예배의 특징으로 간주한다(그리고 그와 같이 예를 들면 선교사들에 의해서 다른 문화권에 유입되었다).

4. 요약

기독교 예배는 종교사에서 잘 알려진 다양한 표현 형식들을 사용한다. 예배는 처음부터-유대교의 연속선상에서-다양한 형태를 지니고 있었고 변할 수 있었다.

물론 예배 방식이 임의적인 것은 아니다. 예배 방식은 내용적 관점에 맞추어져 있다. 기독교 예배를 위한 결정적인 사도적 시금석은 이해성과 외부 사람들을 위한 개방성이다.

거기에 다음의 사실이 속하는데-이미 구약의 예언자의 견해에 따라-예배적 축제와 일상에서의 행동 방식이 하나의 분리할 수 없는 연관성 속에 있다는 것이다. 예배를 신뢰하지 못하게 하고 그것으로 외부인들이 이해할 수 없게 만드는 행동양식이 있다.

그러므로 성경 신학적 이해는 오늘날 통상 관례적으로 사용하는 '예배'와 구분된다. 그것은 한편으로 일상과의 관계와 제의적 형태의 다양성을 통하여 현저하게 보다 더 확장되고 있다. 다른 한편으로 사도 바울을 통하여 이해성을 강조하는 것은 분명한 내용의 의미를 강조하는 것이다.

6장

다양한 장소들

현대 유년기는 다른 여러 가지 중에서도 좀 더 여러 장소에서 이루어진다는 것이 그 특징이다. 교회가 그 중 하나일 수 있다.

이러한 다양한 장소들은 서로 영향을 미친다. 예를 들어 가정에서 경험된 것들은 유치원에서 아이의 행동에 영향을 미치고 그 반대로도 작용한다. 이러한 관련성은 어린이의 종교적 발달과 교회에 대한 아이의 입장에 큰 의미를 지닌다. 따라서 다른 교육장소로부터 아이에게 새겨진 영향들이 어린이 예배에서 적절하게 고려될 수 있어야 한다.

아이들은 또한 다른 장소에서 종교와 기독교 신앙에 대해 무언가를 경험한다. 그들은 듣고 경험한 것들을 가지고 예배 가운데로 온다. 이때 가족과 어린이 보육시설, 종교 수업을 하고 있는 학교는 중요한 의미를 지니게 된다.

1. 가족

다양한 세대들의 신뢰할만한 동거로 이해되는 가족의 의미는 지난 수십 년 동안 현저하게 변화했다. 많은 도시와 지방에서 어린아이들이 있는 가정은 확실히 소수를 이루고 있다. 그것은 도로 교통망으로부터 시작해서 아이 없이 사는 사람들이 공식적인 자리에서 아이들을 둘 것인가 하는 (결핍된) 지원 자세(Bereitschaft)에 이르기까지 다양한 결과로 나타난다.

문화사적으로 이렇게 새로운 상황은 이어지는 생각의 사회적 배경을 설명하고 있다. 그것은 교회 안에 있는 아이들의 위치와 관련해서도 의미를 지닌다. 예수님의 어린이 복음(Kinder-Evangelium)을 진지하게 받아들이는 공동체는 아이들이 궁지에 몰리고 있는 현재의 일반적인 문화와 긴장 속에 놓이게 된다. 그 때문에 갈등은 이미 예정되어진 것이다.

■ 미리보기

(1) 하나의 예에 의거하여 아이들이 있는 오늘날 가족의 몇몇 특징들에 주목할 것이다.
(2) 중요한 통계적 경향을 개관할 것이다.
(3) 종교와 신앙 발달을 위한 가족의 중요성을 다룰 것이다.
(4) 성경 속에서 만나게 되는 가족에 대한 신학적 의미를 살펴 볼 것이다.
(5) 가정의 지원을 이끌어 내기 위하여 노력하는 교회의 실제

예시에 대한 설명으로 구성될 것이다.

1) 오늘날 가족생활

고스만(Elsbe Goßmann)은 교회 교육의 맥락에서 네 살짜리 (잠재적인) 어린이 예배 어린이의 하루 일과를 간략하게 다음과 같이 서술하고 있다.[14]

아침 여덟시에 벌써 여자아이는 엄마와 함께 버스 정류장에 나와 있다. 거기에서 여자아이는 다른 많은 유치원 아이들과 초등학생들과 함께 버스가 중앙 유치원에 데려다 주기를 기다리고 있다. 중앙 유치원은 지역의 아이들을 위해서 계획된 것인데 R이 살고 있는 시골에서 버스로 약 30분 정도 떨어져 있다. 여자아이의 일과는 대략 이렇다.

여자아이가 버스 정류장에 도착할 때 R은 이미 몇 가지를 마친 후이다. 빨리 일어나서 (종종 거르기도 일쑤인) 잠결에 먹는 아침 식사, 여전히 힘든 엄마와 동생들과의 헤어짐 그리고 나서 버스에는 다른 아이들, 여자아이가 무서워하는 '큰' 아이들이 있다. 여자아이는 계속해서 올라타는 아이들을 보

---

14 Elsbe Goßmann, Wenn Kinder und Heranwachsende Leben und Glauben lernen sollen ... Gemeinde, Schule und Kirchliche Werke tun doch ihr Bestes?, in: Dies./Hans-Bernhard Kaufmann (Hg.), Forum Gemeindepädagogik, Münster 1987, 94.

고 놀라워한다. 그리고 그녀의 여자 친구 L이 바로 옆으로 다가온다.

삼십 분 동안 여자아이는 '학교 버스의 세계'에서 다른 아이들과 함께 놀라워하고 무서워하고 기뻐한다. 이 세계는 '밀폐되어' 있다. D운전수 아저씨가 허락하지 않으면 어떤 누구도 안으로 들어올 수 없다. 아저씨가 말하는 것이 유효한 것이다…

그리고 나서 여자아이는 도착한다. 그 사이에 여자아이는 벌써 어떤 집 또는 다른 집을 다시 식별해낸다. 그러나 거리에 있는 사람들은 그녀에게 모두 낯설다… 그 사이에 유치원을 보다 잘 알게 된 것과 하루의 몇 시간을 함께 생활하는 사람들에게도 서서히 신뢰를 갖게 된 것이 얼마나 다행인지 모른다.

거기에는 무엇보다도 부서 담당 B선생님과 실습생 카트린(Katrin)이 있는데 여자아이는 카트린을 제일로 좋아한다. 대부분의 아이들이 카트린을 굉장히 좋아한다. 때로 점심 식사 후에 여자아이는 카트린이 집으로 가는 데 동행해도 좋다는 허락을 받는다. 그리고 나서 여자아이는 비로소 저녁이 다 돼서야 집으로 간다. 여자아이는 비로소 늦게 그녀에게 익숙한 환경으로 다시 돌아가는 것이다.

네 살짜리 아이의 일과에 대한 이러한 짧은 보고는 개인적인 것으로 인식될 수 있다. '표준 가족'은 실제로는 없는 하나의 사회 과학적인 구성이다. 아이가 여러 명의 형제들과 함께 산다는 것은 오늘날의 가족에서는 예외적인 것이다. 가족이 시골에 살고 있다는 것도 일반적인 것은 아니다. 그러나 동시에 이 개략적인 글은 네 살짜리의 관점으로 바라본 오늘날의 가족과 가족의 계획성에서 볼 수 있는 몇 가지 흥미 있는 통찰을 준다.

■ 좀 더 많아진 세계들 속에서 살기

우선 아이가 살고 있는 다양한 '세계'가 눈길을 끈다. 엄마와 함께 하는 가족(아빠는 이야기 속에 등장하지 않는다), 그리고 나서 유치원 버스와 등교 버스, 거리, 유치원, 아이가 종종 방문하는 다른 아이들의 가정이다.

가족은 오늘날 다양한 지원 시스템과 또 다른 보육 시스템 속에 들어가 있다. 그것을 통하여 가족은 그러한 의미에서는 상대화 되는데 그러나 동시에 가치는 높아진다. 이미 어린아이들은 더 이상 하루 중 대부분의 시간을 무조건적으로 자신들의 출신 가정에서 보내지 않는다. 그러나 동시에 가족은 일반적으로 언제든지 되돌아 갈 수 있는 신뢰할만한 장소인 것이다.

■ 좀 더 많은 관련 인물과 함께 살기

공간적 변화에는 인물들의 변화가 이에 상응한다. 엄마, 운전수, 거리에 있는 사람들, 유치원 선생님 등 결정적인 성인 관련 인물이 바뀐다. 아이들은 그것을 통하여 좋은 경우에는 이미 아주 어릴 때 엄청난 사회적 능력을 획득한다. 아이들은 빠르게 다른 것에 대비하는 것을 배운다. 나쁜 경우에는 아이들에게 신뢰할만한 인물이 없게 된다. 아이들은 불안정하게 되고 단지 적응하려고만 하든지 또는 공격적으로 반응하게 된다.

■ 계획표에 따라 살기

묘사된 것처럼 계획성을 통해서 가족은 빡빡한 시간 체제의 지배 아래 놓이게 된다. 시간 체제는 엄마이거나, 운전수이거나 유치원 선생님이거나 간에 어른들의 활동에 맞추어져 있다. 아이들은 거기에 순응해야만 한다. 그것은 문제가 없는 것이 아니다. 왜냐하면 대부분의 아이들은 6, 7세가 돼서야 비로소 거기에 기초하고 있는 직선적인 시간 구조(시계시간)를 이해할 수 있기 때문이다.

2) 통계에 나타난 가족

종종 미디어는 '가족'의 구조에 대한 새로운 통계 자료를 유포하고 그와 함께 거기에서 자극할 만한 토론들을 유발시킨다. 거기에서는 어떤 부분에서 엄청난 지역적인 차이가 있다는 것이 별로 고려되지 않는다. 그래서 독일의 일반적인 통계들은 정말 제한적인 진술 가치만을 가지고 있다. 그래서 나는 다음에서 정확한 수적인 표현을 보고하지 않고 단지 일반적인 추세만을 수집하려고 한다.

■ 긍정적 위치를 차지하는

근본적으로 '가족'은 높은 인기를 누린다. 청소년 연구 전문 시스템(Shell-Jugendstudien)은 예를 들어 매번 다음과 같은 결과를 내놓았다. 독일 청소년과 젊은 성인들의 다수에게 있어서 자신들의 가족은 하나의 중요한 목표이다. 여전히 대다수의 사람들은 자신의 인생에서 적어도 한 번 엄마 혹은 아빠가 될 것이다.

■ 점점 더 불안정한

동시에 간과할 수 없는 것은 가족에 대한 제도적인 안전장치가 느슨해진다는 것이다. 그것도 여러 관점에서 그렇다. 결혼하지 않은 상태에서 태어난 아이들이 계속해서 증가하고 있다. 유럽 이웃국가에서의 사정은 계속적으로 더 증가할 것을 예상하게 한다. 계속해서 이혼율이 증가하고 있다. 특히 아이들이 있는 가족에서 이혼율이 증가하고 있다.

■ 통근자와 패치워크

여기에서 또한 타지 직업(직업통근자)이 언급될 수 있다. 가족 중 한 사람이 대부분 아빠가 주중에 외지에서 일하는 가족의 수가 증가하고 있다. 그래서 호적 사무소의 결산에 맞추어진 소위 혼자 아이를 키우는 부모의 수는 단지 실제의 한 부분임을 드러내주고 있다. 거기에 더하여 좀 덜 주목을 끄는 것이긴 하지만 혼자 아이를 키우는 부모의 또 다른 형태들이 무엇보다도 통근자 가족에게서 나타난다. 예를 들어 멀리 떨어진 직장인 경우에 매일 몇 시간씩 걸리는 출퇴근은 어쩔 수 없는 것이다. 그렇게 되면 교육의 임무는 종종 한쪽 부모만이 책임지게 된다.

■ 출산 감소

이미 언급한 것처럼 아이들과 동거하는 가족 생활 형태의 감소는 근본적으로 대략 사십 년 이래 관찰되는 출산율의 감소와 관련되어 있다. 대부분의 아이들은 그 사이 형제, 자매 없이 자라고 있고, 단지 적은 수만이 한 명 보다 많은 형제, 자매와 함께 크고 있다. 그래서 형제들을 묶어주는 특정한 사회경험들이 중단되고 있다. 사회 경험들은 아이들 사이의 연대성과 경쟁이라는 정확하게 표현하기 어려운 뒤섞임에서만 이루어진다.

■ 종파적으로 뒤섞임

더 나아가 많은 아이들은 이주 배경을 가지고 있다. 아이들의 가족 가운데서 적어도 한쪽 부모는 문화적으로 독일과 확실하게 구분되는 국가 출신이다. 또한-전체적으로 아직 드물기는 하지만-가족들은 종교적인 면에서도 주의를 끄는데 부모가 서로 다른 종교에 속하고 있다. 그에 비해 훨씬 더 많이 여러 종파들이 가족 안에 뒤섞여 있다. 이것은 종교 교육에 특별한 요구를 하고 있다. 왜냐하면 그것을 통하여 어린이는 처음부터 종교 현장에서 다원성을 경험하는데, 그것은 신앙 안에 정착하는 것을 어렵게 만들 수 있다. 드물지 않게 긴장을 피하기 위해서 종교의 영역은 가족사이에서 배제되기도 한다.

■ 교육에 능하지 않은

마지막으로 교육적인 도움을 필요로 하는 가족의 수가 늘고 있다. 지방 기초 자치단체의 사회 교육 상담소는 높아지는 지원 요구를 기록하고 있다. (지원을 필요로 하는) 부모의 수가 증가한다는 것은 부모의 교육적인 임무가 충분한 방법으로 이행될 수 있는 상황이 아니라는 것, 혹은 여전히 부분적이라는 것을 보여준다. 교회 측에서 마련한 상담 제안과 동행 제안도 더 이상 충분하지 않다. 심지어 현재적 위기에서 조차 기다려야 하는 일이 발생하고 있다.

전체적으로 말하자면 다양한 관점에서 가족의 철저한 변화는 간과할 수 없는 것이다. 그것을 아는 것은 어린이 예배 선생님들처럼 어린이를 지도하는 사람들에게 중요하다. 왜냐하면 그것을 알면 자신들의 고유한 유년기 경험을 오늘날의 아이들에게 투영하는 것을 막을 수 있다.

3) 종교 교육에서 가족의 의미

아이들의 종교 발달과 이후 교회와의 관계를 위하여 가족이 중요한 의미를 지닌다는 것이 경험적으로 누차 입증되고 있다. 이러한 것은 학습심리학적으로 쉽게 설명될 수 있는 것이다. 왜냐하면 종교적 입장과 견해는 전 인격을 포괄하고 있기 때문이다. 종교적 입장과 견해는 최우선적으로-그리고 가장 지속적으로-모방을 통해서 배우게 된다(모델 교육).

■ 모방과 동조

아이는 저녁마다 엄마 혹은 아빠가 침대 밑에서 기도하는 것을 통해서 기도를 배운다. 곧 아이는 손을 모은다든가 하는 어른 기도자와 유사한 행동을 하게 된다. 그리고 기도하는 말도 모방과 동조를 통해서 직접적으로 습득하게 된다.

■ 신뢰

어쩌면 이러한 명시적인 종교적 표현 방식을 배우는 것보다 더 중요한 것은 암시적인 배움이라고 할 수 있다. 기독교의 중심에는 하나님에 대한 신뢰가 자리 잡고 있다(신학적으로 말하면 믿음). 심리학적으로 이것은 한 인간이 이미 신뢰에 대해 어느 정도 성공적인 경험을 했다는 것을 전제한다. 그래서 부모의 행동에 대한 신빙성과 아이를 향한 애정 어린 관심은 아이의 보편적인 성숙을 위하여 그리고 아이의 종교 발달을 위하여서도 중요한 전제가 된다.

대부분의 가정에서 아이들은 그에 상응하는 긍정적인 경험들을 한다. 그러니까 아이들에게 함축적인 종교적 경험이 주어지는 것이다. 하지만 이러한 경험들이 하나님과의 관계 속에서 표현되는 것은 오히려 드물다. 그러나 단지 그럴 때에만 사람은 다른 사람들과 그에 대한 생각을 교환할 수 있고 스스로 이러한 경험과의 관련성을 찾을 수 있다.

■ 구체적으로: 저녁 기도

여기에서는 여러 자녀들과 함께 저녁 기도를 드리는 것은 어느 정도 예외적인 것으로 보인다. 최근 경험적 연구들은 많은 가족들이 어린아이들과 함께 이러한 오래된 경건 형태를 보존하고 있는 것을 보여준다. 이러한 것은 놀라운 것이 아니다. 낮에서 밤으로 넘어갈 때 아이들과 동행해 줄 무언가가 필요하다. 인간의 근본 체질인 다른 사람에 대한 의존성과 받아들여짐은 여기에서 직접적으로 발생하게 된다.

그 뿐만 아니라 잠이 들 때에는 보호와 신뢰와 같은 것이 중요한 주제가 된다. 하나님께 드리는 기도는 하루를 뒤돌아보게 하는데, 가족에게 큰 도움을 제공한다. 아이들과 함께 드리는 예배를 위해서 이러한 기도는 어쩌면 조부모와만 드려질지도 모르지만, 아이들의 일상과의 중요한 연관성을 의미한다.

4) 성경에서 가족의 의미

오늘날의 가족 관계를 성경 시대로 옮기려고 하는 것은 도움이 되지 않을 것이다. 그 당시 족장적인 특징, 그리고 커다란 씨족 동맹으로의 편입도 마찬가지이다. 그럼에도 불구하고 사람사이 관계에는 일종의 연속성이 있다. 아내와 남편, 부모와 자녀의 관계와 같은 것들이다.

■ 사람사이 관계의 기본전형

재미있는 것은 이러한 사람들의 근본적인 관계가 성경의 유명한 구절에서 계속되고 있다는 것이다. 종종 거기에서 하나님과 사람의 관계가 가족적 관계의 재수용 아래 표현되고 있다. 구약에서 여러 번 나타나는 이러한 표현 방식을 예수님은 모범 기도를 시작하기 위해서 받아들였다. 예수님께서 가르쳐주신 기도에 보면 원래 아람어로 쓰인 이 기도는 '아바'(아이가 아버지를 부르는 호칭)라는 호칭으로 시작한다. 아버지에 대한 아이의 신뢰에 찬 관계는 하나님에 대한 우리의 관계를 위한 기본 전형이 된다.

■ 기회와 위험

그래서 아이들과 함께 드리는 예배 또한 신학적인 근거에 의해서 점점 더 아이들의 가족적인 관계와 연관성을 갖게 된다. 하지만 모든 인간적인 관계가 그러하듯이 그것은 전적으로 양면성을 지닌다. 문제 있는 가정의 아이들은 특별한 동행을 필요로 한다. 그래서 아빠에 의해 잘못 양육된 아이는 하나님을 좋은 아빠로 상상하는 것이 더 이상 가능하지 않다.

그러나 일반적으로 가족들의 기본 관계는 성경의 증언에 따라 하나님이 우리 인간에 대한 애정 어린 관계를 명시화하는 데 가장 적합하다.

5) 가족과 함께 하는 교회 교육-예시

아이들과 함께 하는 교회 사역에서 아이들의 부모와 접촉하려고 하는 것은 생활 세계적(lebensweltlich)이고 교육적, 그리고 신학적인 근거에서 중요하다. 그러나 거기에서 교회적인 목적을 위하여 부모를 획득하는 것을 의미하는 것은 아니다. 이러한 것은 극히 드물게 성공할 뿐이다. 젊은 부모에게는 다양하고 상이한 의무가 있다. 아이를 후원하는 것에 대한 공동의 관심이 오히려 더 실제적인 출발점이 될 것이다.

■ 출발점인 세례

그래서 세례라는 컨텍스트 속에서 접촉점을 찾는 것은 의미가 있다.

첫째, 세례는 많은 부모들이 아이들을 위하여 원하는 것이기 때문이다.

둘째, 세례는 신학적으로 뛰어난 시점을 의미한다.

셋째, 세례에서 사용되는 상징들은 명시적이고 일상과의 밀접한 관련 속에 있는 복음의 커뮤니케이션을 가능하게 한다.

이미 오래전부터 노르웨이의 루터교회에서는 아이들의 세례에 동행하는 것을 집중적으로 실천하고 있다. 중요하고 입증된 활동들은 다음과 같다.

- 개인적인 공문을 통하여 세례 받은 날을 정기적으로 회상

하는 것이다.
- 대략 4살짜리가 특별한 예배와 환영을 위해서 전국적으로 초대하는데 환영할 때 교회는 자신을 소개한다.

특별히 주목을 끄는 것은 교회 공동체의 다른 편에서 부모와의 접촉이 이루어지도록 노력하는 것이다. 아이의 세례 때에 소포-프로그램(Paket-Programm)을 주문할 수 있다(Tripp-Trapp). 대략 넉 달 간격으로 부모는 각각 한 개씩의 소포를 받는다. 거기에는 놀이를 위한 자료들과 발달심리학적인 정보들과 그것과 관련된 종교 교육을 위해 도움이 되는 것들이 들어있다.

독일에서는 이러한 모델이 다양하게 수용되고 있으며 계속해서 발달하고 있다. 몇몇의 국가교회들은 세례자 가족들의 동행을 위하여 자료들을 제공하고 있다(예를 들어 노르델비엔에서 발행하는 Tauf-Tropfen 신문). 자료들은 인터넷에서 어렵지 않게 '세례'라는 표제어에서 찾을 수 있다. 거기에서는 내용적으로 대부분 세례에 대한 상징들이 주를 이룬다.

어린이 예배를 위하여 이러한 활동들은 부모와 가족과의 연합활동을 위한 좋은 자극들이다.

2. 어린이 보육시설

개신교 교회가 많은 어린이 보육시설을 보유하고 있다는 것은 굉장히 소중한 것이다. 현재 독일 개신교 교회 전체적으로 9,000개의 어린이 보육시설과 540,000명의 아이들이 있다. 그와 함께 이보다 대략 20% 더 많은 어린이 보육시설이 독일에 있는 개신교 법인체이다. 거기에다가 가톨릭 어린이 보육시설까지 합친다면 대략 절반이 기독교 시설인 셈이다. 거기에다가 비기독교적인 보육시설에서도 동일하게 종교적인 주제가 나타난다. 그곳 아이들도 성탄절과 부활절 행사를 하려고 한다. 하지만 이러한 것이 단지 세속적인 형식으로 민속적으로 수용된다면, 아이들에게는 종교적으로만이 아니라, 미학적인 자극들이 억류되는 것이다. 그래서 많은 곳에서 어린이 보육시설과 교회 공동체 사이에 상호 협력이 이루어지는 것은 환영할만한 것이다.

■ 미리보기

(1) 유치원에 있는 구체적인 종교적 실습을 들여다보는 것으로 시작할 것이다.
(2) 오늘날 어린이 보육시설이라는 이름을 사용하는 다양한 제안들을 잠시 주시할 것이다.
(3) 긍정적인 교수법적 기본 접근(Grundansatz)에 대한 설명이 이어질 것이다. 이 접근은 그 외에도 교회 교육적 제안을 유도할 수 있다.
(4) 구체적으로 다차원적인 접근법이 소개될 것이다.
(5) 한 가지 예시가 설명될 것이다.

1) 유치원에서의 종교적 실습

한 유치원 여선생님이 유치원에서 대강절을 꾸미는 것에 대해서 보고하고 있다.[15]

> 매일 아침 우리는 아직도 어두운 한 공간에 도착한다. 그리고 나서 작은 초에 불을 밝힌다. 아이들은 작은 초가 어떻게 방 전체를 가득 채우는지 감지한다. 여러 개의 초가 중앙에 원으로 정렬되어 있고 전나무 다발로 꾸며져 있다. 매일 초가 하나씩 더 밝혀진다. 이러한 생각을 우리는 대림절 화환(Adventskranz)을 발명한 비현(Wichern)에게서 전수받은 것이다. 거기에 더하여 우리는 매일 노래를 부른다.
> "보세요, 즐거운 시간이 다가왔어요"
> 그리고 마리아와 요셉, 또 베들레헴으로 가는 길 위에 있던 다른 사람들, 그들의 요구와 필요, 그리고 동시에 거기에서 위대한 일이 발생할 것이라는 예감과 앎에 대한 짧은 이야기들을 듣는다. 성탄 구유는 이미 지어졌는데 아직 사람들은 없다. 사람들은 마지막에 매일 아이들에 의해서 조금씩 좀 더 가까이 옮겨질 것이다. 부모들도 종종 거기에 머물러서는 이러한 대림절-예식을 음미한다. 그것을 위해서 우리는 성탄절 장식을 만드는 것에 작별을 고하고 그래서 더 많은 시

---

[15] Fieder Harz, Evangelische Kindertagesstätte, in: Gottfried Adam / Rainer Lachmann (Hg.), Gemeindepädagogisches Kompendium, Göttingen 2008, 199f.

간을 아이들과 함께 이러한 이야기에 대해서, 기다림에 대해서, 그리고 거기에서 생겨나는 그림들에 대해서 이야기한다.

5장에서 진술했던 것처럼, 엄격한 신학적 의미에서 여기에서는 예배에 관해 다루어지고 있다. 대림절에 자극을 받아서 복음의 커뮤니케이션을 위한 공간이 열리게 된다. 그 공간은 특별한 분위기를 발산하는데 그래서 부분적이지만 심지어 부모들도 거기에 참여하고 있다. 아이들은 매일 새로운 것에 응하기 위해서 고요함을 발견한다. 그리고 아이들은 성경 이야기를 통해서 전해지는 하나님에 대해 새로운 것을 경험한다.

여기에서 어린이 예배와의 직접적인 접촉이 나타나는 것이 분명하다. 예를 들어 "보세요, 즐거운 시간이 다가왔어요"라는 노래를 예전에 수용하는 것은 아이들에게 직접적으로 두 축제 형식 사이의 관련성을 분명하게 하는 것이고 그에 대한 인상을 확장하는 것이다. 그리고 나면 '교회'는 교회 예배에서만이 아니라 그 외 아이들이 놀고 배우는 곳에서도 만나게 되는 것이다.

2) 가족 외 아동 보육의 다양성

가족 외 아동 보육의 역사에 대해 짧게 살펴보면 그것의 다층성을 빠르게 볼 수 있다. 무엇보다도 구제 사업적이고 교육적인 의도가 서로 어긋나게 물려 있다.

■ 어린이 보호시설

우선 가난하고 홀대받는 아이들이 중심을 이루고 있다. 프리드리히 오버린스(Friedrich Oberlins)는 1736년에 슈타이나탈(Steinatal)에 건립된 '어린아이 뜨개질학교'를 후원하는데 노력했다. '어린이 보호시설'처럼 다른 기관의 이름들은 그것이 일차적으로 구제 사업적인 이행임을 분명하게 보여준다. 동시에 한편으로는 규율을 지키게 하려는 의도와 연결되어 있다. 파괴된 관계로 인해 방치된 아이들은 질서와 좋은 행동에 적응해야만 했다.

■ 최초의 유치원

이러한 출발은 프리드리히 프뢰벨(Friedrich Fröbel)의 '유치원'을 통하여 새로운 자극을 받는다. 목사 아들인 프뢰벨은-낭만적 자연주의 배경 이전에-아이들에게 자기계발(Selbstentfaltung)에 대한 가능성을 열어주었다. '놀이 인도자들'은 아이들을 지도했고 천체를 모방한 장난감들은 총체적인 경험들을 전달 했다. 그 때문에 지금 교육적인 관심과 교육 관련 관심이 효과를 나타낸 것이다. 시민단체들이 유치원에 관심을 갖기 시작했다.

■ 보육과 교육 사이에서

하지만 독일에서는 보육하고 가족을 보완하는 관점이 계속해서 수십 년 동안 우세했다. 1958년에 독일 개신교 교회 연합 지역총회(EKD-Synode)는 "특별히 위협받는 아이들을 위한 긍휼의 조치로서의 유치원"이라는 표제어를 작성했다. 1996년에 도입된 유치원 자리에 대한 아이들의 권리 요구도 보육의 관점을 강화시켰다. 거기에다가 젊은 엄마들의 직업 활동의 증가는 시설을 좀 더 연장하여 운영할 것을 요구하도록 했다. 전통적인 유치원 외에 탁아소와 초등학생 돌봄 시설을 아우르는 좀 더 광범위한 어린이 보육시설이 생겨났다.

3) 상황 접근

그러나 이제는 교육적인 구상들도 발전하게 되었다. 무엇보다 소위 상황 접근이 시설의 특징을 변화시켰다.

■ 사회적 배움

좀 더 특별해진 아이들의 삶의 상황들이 기점이 되었는데 그러한 것들을 극복하려고 할 때 아이들은 도움을 받아야만 했다. 개방적인 프레임-커리큘럼의 한 유형에서는 사회적 배움이 중심을 이루었다. 기독교 교육학 연구소인 뮌스터(Münster)에 있는 코메니우스연구소(Commenius-Institut)는 이러한 기초 교육의 구상을 전파하는데 깊이 간여했다. 거기에서 아이들의 일상을 위한 종교 교육의 의미가 설득력 있게 제시되었다.

■ 방향 설정 도움

예를 들면 아이가 길을 찾으려고 노력하는 것은 다양한 배움의 과정을 위하여 하나의 출발점을 이룬다. 구체적인 공간적 방향 감각 외에 인간의 중요한 근본 경험으로서 탐색하는 것 (Suchen)과 잘못될 것에 대한 두려움이 언급된다. 하나님의 동행과 계명을 통한 하나님의 인도하심이 그러한 것을 다루는데 도움이 된다. 아브라함 이야기의 시작과 같은 성경 이야기는 이러한 하나님 경험을 아이들에게 일깨워준다.

■ 문제들

하지만 이러한 접근은 한편으로는 대부분 여전히 다르게 교육받은 유치원 선생님들에게는 과중한 것이었다. 너무 강하게 아이들의 직접적인 필요에 방향을 맞추는 것은 교육적으로 어떤 임의성으로 이끌 수 있었다. 적당히 구체적인 상황들을 수용하고 그것을 아이들과 함께 다루기 위해서는 의사소통적이고 (종교) 교육적인 전문 지식이 많이 요구되었다.

■ 구상적인 획득

상황 접근을 실습에서 구체적으로 변환시키는 이러한 문제를 제외하면 이러한 접근은 보육시설의 전망을 근본적으로 바꾸어 놓았다. 오랫동안 방향이 결핍된 접근법이 이 일을 이끌어 갔었다. 여기서는 우선적으로 아이들이 아직 할 수 없고 배워야만 하는 것에서 출발하였다. 그것이 이제는 자원중심적인 (ressourcenorientiert)교육으로 교체되었다. 이러한 교육은 아이들이 지닌 발견의 기쁨, 배움의 기쁨에서 출발한다. 그것을 통하여 어른들 스스로 배움의 과정 속으로 끌려 들어간다.

■ 아이들이 중심에

소위 어린이 신학의 신학적 발전과 병행을 이루고 있는 것이 분명하다. 아이들의 삶의 현실은 이제 아이들과의 관계에서 핵심적인 기준점이다.

거기에서는 특별한 후원을 필요로 하는 아이들도 새로운 방식으로 주목받게 된다. 그런 아이들을 받아들이는 것 (또는 포괄하는 것)은 이중적으로 유익한 면을 지닌다. 이러한 아이들은 교제를 갖게 되고 '정상적으로' 성장한 아이들과 연결된다. 동시에 쌍방적인 교환은 모든 아이들의 사회적 능력을 확장시킨다. 각기 개별적인 재능과 특별함이 아이들의 공동체 속으로 들어오게 되는 것이다.

4) 다차원적인 접근

이렇게 우선적으로 아이들에게 맞추어진 방향 설정은 기초-교육적인 지평을 넓게 하고 다차원적인 접근으로 이끌었다.

그 뒤에는 종교가 삶의 여러 차원과 관계하고 있다는 인식이 놓여있다. 특별히 강조되는 것은 다음과 같다.
- 공간과 시간과 관련
- 사람 관계와 관련
- 신체와 관련
- 감각과 관련

거기에 더하여 예술과 어린이 문화, 놀이, 축제와 예전, 침묵, 명상 같은 것들이 등장할 수 있다.

그것을 통하여 얻게 되는 복합적인 전망은 주제를 이해하기 위해서 또 어린이 예배에서도 큰 유익이다. 그것은 아이들의 시각과 아이들의 경험에서 나온 테마를 다양한 방법으로 접근하는데 유익하다. 그것을 통하여 전혀 새로운 관점이 작용하는데 그것은 매번 일상과의 밀접한 접근성을 통하여 두각을 나타내는 것이다. 다양한 감각과 움직임의 형태는 주제에 접근하는데 도움을 준다. 아이들은 각각 자신들의 특별한 재능과 방법(Zugänge)을 현실화할 수 있다.

5) 다층적 접근: 하나의 예시

유치원 선생님들을 대상으로 쓴 책에 다층적 접근을 위한 예시로 시편 23편을 가지고 함께 한 활동이 묘사되어 있다.[16]

이러한 많은 자극, 특히 다차원적인 접근이 어린이 예배에 잘 수용될 수 있다.

'이야기와 대화문화 차원'에서는 다음의 것이 제시되고 있다.

---

[16] Peter Siebel/Johanna Wittmann, Religiöse Bildung praktisch. Wahrnehmen-Begleiten-Gestalten, in: Matthias Hugoth/Monika Benedex (Hg.), Religion im Kindergarten, München 2008, 83-85.

"유치원을 졸업할 아이들의 시각으로 시편을 이야기해 보시오."

'예술과 아동문화 차원'에서는 다음과 같이 질문할 수 있다.

"아이들에게 시편이나 시편 부분들이 시각화되는 장소는 주변에 어떤 곳이 있는가?"

'몸과 감각 차원'의 이해는 다음에 유익하다.
"시편 23편에는 어떠한 몸 경험과 감각 경험이 나타나고 있는가? 그것을 위해서 이야기 속에 나와 있는 움직임, 몸짓, 태도, 관계, 노력, 신체 접촉을 찾아보시오."

마지막으로 '축제와 예전 차원'을 위해서는 다음과 같은 것이 제시되고 있다.
"하나의 틀을 줄 수 있든지 혹은 시편의 개별적인 장면이나 절을 서로 연결할 수 있는 예전을 시편 23편을 위해 고안하시오. 예를 들어 반복적으로 나오는 노래, 카논, 춤, 동작 등."

여기에서도 어린이 예배와의 긴밀함이 분명하게 드러난다. 이렇게 성경 본문을 다루는 것은 유치원을 졸업하는 상황에 맞추어져 있기 때문에 유치원과 어린이 예배(유치원 아이들의 졸업을 맞이하여 아이들과 함께 드리는 예배) 사이에 서로 협력하기에 적절하다.

3. 초등학교에서의 종교 수업

어느 정도 큰 아이들에게는 초등학교에서 행해지는 종교 수업이 어린이 예배와 연결되는 중요한 장소이다.[17] 한편으로 이 수업은 교회와 밀접하게 연결되어 있다. 교회는 실제로 종교 수업의 내용에 책임을 지고 있고 교사들에게 특별한 임무를 위임하고 있다.

그러나 다른 한편으로 이러한 종교 수업은 국가가 수행하는 과목이다. 어린이 보육시설과는 반대로 종교 수업은 모든 아이들에게 구속력을 지니고 있는 기관인 초등학교에서 시행 된다(독일에서는 일반적인 의무 교육이다). 아이들이 종교 수업을 거부할 수는 있지만 적어도 대부분의 독일 학교에서는 어느 정도 이러한 학과목의 강제적 성격에 유의해야 한다. 이러한 것은 종교 수업이 모두를 위하여 공동으로 그리고 종파적으로 구분하지 않고 이루어질 때 더욱 더 유효해진다. 그래서 특별히 세심하게 아이들이 교육적으로 압도되지 않도록 주의해야 한다.

■ 미리보기

(1) 수업 시간에 있었던 하나의 예시를 제시하려고 하는데 그 예시는 이러한 긴장을 주제화하고 있다.
(2) 종교 수업 과목이 큰 호응을 누리고 있다는 것을 설명할 것인데, 이러한 호응은 어린이 예배와 상호 협력하는 것을 매

---

17 브레멘, 브란덴부르크과 베를린에서는 종교 수업을 위해서 그 외 독일에서는 통상적인 것과 다르게 예외 규정들이 통용된다. 예외 규정들은 다음에서 특별히 고려하고 있지 않다.

력적으로 만들고 있다.
(3) 초등학교-종교 수업의 목표를 짧게 설명할 것이다.
(4) 수업에서 나타나는 에큐메니칼적 의미에 주목할 것이다.
(5) 교회력의 특별한 의미에 대한 실질적인 설명으로 이루어질 것이다.

1) 학교와 교회 사이에 있는 종교 수업

종교 수업의 계속적인 발전을 위한 중요한 연구들을 통하여 두각을 나타낸 실케 레온하르트(Silke Leonhard)는 직접 고안한 종교시간에 대해서 다음과 같이 보고한다.[18]

그 반은 여선생님과 함께 잠시 동안 빛이 차단된 공간에 앉아서 겟세마네 장면(이 장면에는 제자들로부터 홀로 떨어진 예수님이 깊이 몸을 숙이고 기도하는 모습을 볼 수 있다)을 그린 그림을 쳐다보고 있다. …학생들은 말주머니(Sprechblase)에 자신의 언어로 기도를 적으면서 "주님, 이 잔을 내게서 옮기옵소서!"가 예수님에게 무슨 의미인지 음미해보고 있다. 그리고 나서 마지막에 한 학생이 아주 놀랍게 손을 들고 요청한다.
"제가 한 번 기도해도 될까요?"

---

18 Christian Grethlein / Christhard Lücke, Religion in der Grundschule, Göttingen 2006, 170에 게재되어 있다.

나는 놀라서 잠시 머뭇거리다가 그의 진지함 때문에 그렇게 하도록 허락했다. 금세 조용해졌다. 대부분의 학생들은 손을 모았다. 얀(Jan)은 자유로운 언어로 고통을 당하는 모든 사람들을 위해 그리고 우리를 위해 간구 기도를 드렸다. 그가 아멘 할 때 반 아이들 몇 명이 함께 아멘을 했다. 종소리가 울렸다.

여선생님은 (초등) 학생의 요구에 놀라워했다. 얀은 끝 무렵에 성경 이야기에서 기도로 넘어갔다. 기도하는 사람에 대해서 깊이 생각해보는 것이 그에게는 기도를 드리고 싶은 바람으로 이어졌다. 신학적으로 말해서 수업 시간의 예배적인 특성이 명백해진 것이다.

동시에 여선생님의 머뭇거림은 이러한 경계를 넘어설 때의 불편함을 보여준다. 수업과 종교적인 실습 사이의 일반적인 분리가 폐지된 것이다. 자세히 살펴보면 분리는 신학적인 관점에서 그리고 교육학적인 관점에서도 하나의 허구이다. 루터가 설명한 것처럼 신학적인 기도 이해에 의하면, 하나님의 말씀을 진지하게 다루는 것이 기도이다. 교육학적으로 볼 때, 여기에서는 아주 심도 있는 배움의 형태의 모델에게서 배우는 것이 이루어진 것이다. 그 학생은 예수님의 행동을 모방한 것이고 그렇게 하나의 새로운 표현 가능성을 얻은 것이다.

■ 교차 관계

이러한 예는 학생들이 종교 수업에서 직접 어린이 예배로 이를 수 있는 경험을 할 수 있다는 것을 분명하게 한다. 이런 점에서 종교 수업은 아이들을 어린이 예배나 어린이 성경 학교 혹은 그와 유사한 것들에 초대할 수 있는 하나의 좋은 장소가 될 수 있다.

2) 학생들이 평가하는 종교 수업

특별히 위에 서술한 예시에서 표현된 삶의 근접성은 초등학교에서 종교 수업이 큰 호응을 얻는데 이바지할 수 있다. "언제 다시 종교 수업 하지?" 이런 질문은 초등학교에서 종종 듣게 되는 질문이다. 대표적인 설문 조사에 따르면 초등학생의 반 이상이 종교 수업을 '아주 좋아'하고 나머지의 4분의 1에 해당하는 학생들은 '좋아'하고 있다.[19] 그것은 흥미롭게도 학교에서 명확한 종교 교육을 받지 않는 아이들에게도 해당된다.

이러한 여론 조사의 결과를 보다 초기의 경험적 연구와 비교한다면 다음과 같은 사실이 눈에 띈다. 오늘날 종교 수업은 학생들에 의해서 훨씬 더 긍정적으로 평가되고 있다. (늦어도) 1980년대 이래 아이들과 아이들의 발달에 관심을 기울인 것과 다양한 수업 형식을 투입한 것이 결실을 거둔 것이다.

---

19 위의 책, 11을 보라.

■ 어린이 예배와의 연결

그와 함께 학교 종교 수업은 어쨌든 일부 어린이 예배와 밀접한 관련 속에 있다. 그래서 때때로 유치원 선생님과 교사, 그리고 어린이 예배 담당자 사이에 조정이 바람직하다. 한편으로 그것을 통하여 지루한 중복을 피할 수 있다. 다른 한편으로 상호 보강할 점과 확충할 점을 계획할 수 있다. 예를 들어 노래나 기도를 공동으로 사용하는 것이 거기에 속한다.

처음으로 어린이 예배나 어린이 성경 학교(Kinderbibelwoche)에 참여하는 아이들이 예배에서 학교에서 친숙한 노래로 환영받는다면 좋을 것이다. 이러한 노래와 기도는 아이들에게 반복을 통하여 친숙해질 것이고 다양한 장소에서 일어나는 배움의 과정을 강화할 것이다. 이러한 것은 예를 들어 한 초등학생의 세례를 맞이하여 아이들과 함께 공동으로 드리는 예배에까지 이를 수 있다.

3) 학교 종교 수업의 목표

초등학교 종교 수업의 목표 또한 그러한 연결로 이끌 수 있다. 교육학적으로 종교 수업은 적어도 다음의 두 개의 요구를 만족시켜야 한다.
- 종교 수업은 아이들의 인식론적이고 심리학적인 능력에 상응하게 아이들에게 접근할 수 있어야 한다.
- 종교 수업은 아이들 각각의 삶의 정황에서 삶에 대한 용기를 유지하고 발달시킬 수 있도록 아이들을 도와야 한다.

신학적으로 종교 수업은 아이들에게 마찬가지로 두 가지를 전달해야 한다.
- 종교 수업은 아이들에게 아이들의 나이에 맞게 기독교 종교를 이해시켜야 한다.
- 종교 수업은 아이들에게 기독교 신앙을 위한 통로를 열어 주어야 한다(아이들이 이러한 것을 인지할지 그렇지 않을지는 열려 있을 수 있다).

두 개씩 짝을 이루는 두 개의 목표는 계속해서 분명한 종교적 실천으로 나타나지 않는다면 결코 이루어질 수 없다. 학교 예배나 학교 경건회는 그것을 위한 중요한 실천의 장을 의미한다. 그 속에서 수업 중에 개별적으로 이해되고 생각되던 것들이 연결되어서 경험되어진다. 그래서 교육학적이고 신학적인 이유에서 학교 종교 수업과 예배, 특히 어린이 예배와의 접촉이 요구된다.

4) 에큐메니칼한 종교 수업

종교 수업이 종종 (많은 지역에서 심지어는 대부분) 에큐메니칼하게 이루어지는 것을 통하여 초등학교에서 종교 수업은 특별한 악센트를 얻는다. 이렇게 하여 종교 수업은 유치원 종교 교육 사역에 직접적으로 접목된다. 게다가 다른 종교를 가진 아이들이 (무엇보다 무슬림) 여기에 참여하는 것은 드문 일이 아니다.

■ 다양한 종교

그래서 어린이 보육시설과 많은 종교 수업은 보다 넓은 범위를 얻게 되는데 그와 동시에 또한 중요한 문제점도 수반된다. 왜냐하면 '종교'가 있는 것이 아니라 단지 종교의 구체적인 외형들만이 있기 때문이다. 개신교 또는 가톨릭, 이슬람교 또는 유대교, 심지어 다시 각각 다양한 형태들로 나타난다.

하지만 아이들은 이러한 신앙형태를 학교에 들어가기 전에는 거의 구분하지 못하고 초등학교에 들어가서야 비로소 서서히 구분할 수 있다. 그리고 나서 좀 더 후에 이해할 수 있다. 하지만 행동 영역에서는 차이가 빠르게 인식된다. 이러한 것은 어떠한 경우에도 평균화해서는 안 되고 아이들에게 그들 각각의 의미 속에서 설명되어야만 한다. 이것은 다원화 속에서 살고 있는 삶을 위하여 교육의 중요한 부분이다.

표면적으로 종교를 자명하게 제외시키는 것은 여기서는 교육학적인 이유에서 해결책이 아니다. 왜냐하면 종교는 아이들의 생활세계(Lebenswelt)에 속해 있기 때문이다. 종교는 아이들이 던지는 질문에 대답을 주고 중요한 관점에서 아이들의 표현 가능성을 증가시킨다. 하지만 한 유치원에서 혹은 한 학급에서 다양한 종교 출신 성분을 가진 아이들의 공동체는 서로를 배려할 것을 종용한다. 이러한 신중함은 어린이 예배에서는 요구되지 않는다. 어린이 예배에서는 전형적인 개신교 표현 형태 속에서 하나님에 대한 신앙이 분명하게 실제화 될 수 있다. 아이들은 이러한 예배에 자발적으로 참여한다. 예를 들어서 개신교 유치원이라는 특별한 지위나 의무교육을 통한 사회적인 강요는 여기에서는 존재하지 않는다.

5) 종교 수업과 교회: 예시

초등학교에서 학교생활은 전통적으로 성탄절과 부활절이라는 두 개의 축제순환을 지닌 교회력에 맞추어져 있다. 그것은 학교생활, 수업, 그리고 예배적 실행을 서로 연결시키는 좋은 기회를 열어준다. 거기에서 가장 중요한 축제 상징들에 대한 기준이 확증되었다. 성탄절 축제를 위해서는 다음과 같은 것이다.
- 해를 상징하는 빛
- 생일
- 구유에 있는 가족의 곤궁
- 생명의 상징 '초록색'

다른 상징들을 없애지 않으면서 4년이라는 학교생활 동안 매번 다른 축제 악센트를 놓는 것이 적절하다. 그렇게 아이들은 성탄축제로 인도될 수 있다. 누가복음에 나와 있는 성탄이야기는 거기에서 집중적으로 중심을 이루게 된다. 그것은 마찬가지로 일년 중에 아이들과 함께 가장 많은 사람들이 드리는 성탄 전야 예배의 중심에 놓이게 된다. 이러한 예배에 최소한 그 전 주중에 유치원이나 종교 수업에서 다룬 것들이 어느 정도 수용된다면 좋을 것이다.

마찬가지로 부활절 즈음에는 몇 개의 상징들이 한 해 중점 교육을 위하여 적합하다.
- 봄에 자라나고 꽃을 피우는 것을 통하여 부활을 이해하는 것
- 출애굽에 대한 기억
- 성만찬에서 예전적으로 압축해서 먹고 마시는 것처럼 공동으로 먹고 마시는 것
- 부활 사건이 개인에게 약속되어지는 예전으로서 세례

희생-주제도 가능성이 있지만 별로 적합하지는 않다. 초등학생들에게서 많이 발견할 수 있는 동물 사랑은 그것에 대립된다.

4. 요약

아이들은 다양한 장소, 무엇보다도 가정에서, 어린이 보육시설에서 그리고 초등학교 종교 수업에서 종교와 복음을 접한다. 그들 각각은 특별한 기회를 가짐과 동시에 하지만 한계도 지니고 있다. 좀 더 정확하게 보면 이 세 개의 장소에-신학적인 의미에서-예배 행위적인 경향이 있다. 다양한 표현 형태 속에서 그러나 계속적으로 그 외 일상과의 연관성 속에서 하나님과의 접촉 가능성이 사람들에게 열리게 된다. 이러한 것은 어린이 예배가 부모, 어린이집 선생님, 그리고 교사들과의 연관성을 위하여 노력하도록 종용한다.

7장

어린이 예배: 아이들과 함께 드리는 예배

이와 같은 제목은 일종의 발전을 의미한다. 19세기 말에 독일에서도 널리 퍼져있던 예배의 특수 형태인 어린이 예배는 바뀌고 있다. 이러한 개혁은 우선 유년기의 문화적인 변화 그리고 사회적인 변화와 관련되어 있다. 이러한 변화는 이미 어린이 예배의 역사 자체에서 나타나고 있다. 1970년대에 있었던 다양한 개혁들은 거기에 강력하고 주로 교육적인 자극을 제공했다. 그 자극은 다양한 시도들로 귀결되었는데 여러 시도들은 무엇보다도 매주일 어린이 공동체가 급속하게 수적으로 감소하기 때문에 유발된 것이었다.

■ 새로운 형태들

한편으로 유년기의 시기를 구분하는 새로운 예배 형태가 생겨나고 있는데 아주 어린아이들을 위한 영아부 예배(Krabbelgottesdienste)

와 고학년을 위한 키즈-예배(KidsGo)이다. 다른 한편으로는 새로운 날짜와 주기로 다음과 같은 것들이 실험되기도 한다. 예를 들어 주일에서 주말에 있는 다른 날짜, 즉 토요일 오전 매주 드리던 데에서 2주일에 한 번 혹은 한 달에 한 번 드리는 흐름으로 어린이 예배를 보충하거나 혹은 어린이 예배 대신에 어린이 성경 학교(Kinderbibelwochen und tagen)가 실행되기까지 하고 있다. 내가 5장 앞부분에 짧게 묘사한 것처럼 신학적인 예배 이해에 의하면 그것을 긍정하는 많은 가능성이 존재한다. 우선적으로 중요한 것은 아이들과 함께 실제로 '예배'를 드린다는 것이다. 아이들은 매우 다양하다. 그것은 세 명의 아이들을 소개하고 있는 다음의 언급에서 나타난다. 그 아이들은 교회와 예배에 나오는 다양한 나이의 아이들이다.[20]

〈'피트'(Pit)의 경우〉

피트(Pit E.)는 두 살 남짓이다. 사람들이 몇 살이냐고 물어보면(어린아이들에게 나이를 묻는 것은 흔한 일이다) 피트는 때때로 세 개의 손가락을 펴보이곤 한다. 그 아이에게 더 중요한 것은 다른 아이들과 함께 노는 것이다. 그것은 매우 좋다. 그것은 서로 나란히 노는 것 이상이다. 무언가를 뺏기면, 때로 싸우기도 한다.그럼에도 불구하고, 그렇게 공동체 안에 있는 것은 좋은 것이다.

---

20 Handreichung Kindergottesdienst. Ein Grundangebot der Gemeinde, hg. v. K. Othmer-Haake im Auftrag des Westfälischen Verbandes für Kindergottesdienst, Villigst 2005, 4f.

그래서 피트의 엄마, E부인은 매주 피트를 데리고 교회에 있는 영아부에 간다. 어제 피트와 엄마는 교회에 갔고 마이어(Meier)목사님은 그들에게 아주 많은 것을 이야기해주고 보여주었다. 빛나는 초들이 예뻤는데, 특히 세례반(Taufbecken)은 모두를 매료시켰고 마이어 목사님은 그들에게 세례 때에 어떤 일이 일어나는지 보여주었다. 영아부로 돌아가서 피트와 다른 아이들은 모든 인형과 동물인형들에게 세례를 베풀었다.

그것은 정말이지 일종의 즐거운 물놀이였다. 엄마들이 수건과 걸레를 가지고 몰려오기 전까지는 말이다. 피트는 지난 가을에 엄마와 함께 가족나들이 행사에 갔었다. 아빠는 같이 가려고 하지 않았다.

"봐라, 거기에서는 거룩한 노래만 부를걸!"

아빠는 비웃었다.
"난 부엌 도배나 하고 있을게."
유스호스텔에서 지낸 날들은 너무나 좋았고 이듬해에는 E가족이 모두 함께 갔다.

⟨'피아'(Pia)의 경우⟩
피아(Pia G.)는 여섯 살이 되었고 여름에 학교에 간다. 아직은 교회에 있는 유치원에 다니고 있다. 성탄절에 피아는 가족 연합 예배에서 연극을 하게 되었는데 그것은 정말 대단한 것이었다. 피아는 거기에서 정말 중요한 역을 맡았다. 피아는 천사가 나타날 때 도망치는 여섯 마리의 양 중 하나였다. 다행히 여 사찰 집사님이 목자는 아니었지만 피아를 출구에서 저지시켰다.

여름방학 때부터 피아는 루쯔(Lutz) 목사님과 프랑크(Frank) 선생님, 프란찌(Franzi), 팀(Tim)이 이끄는 어린이 예배에 가고 있다. 프란찌는 기타를 연주하는데 대부분의 노래들이 유치원에서 부르던 것과는 완전히 다르다. 피아는 모든 노래들을 따라 부를 수는 없지만 그래도 노래가 마음에 든다. 분반 시간이 되면 피아는 한 가지만을 바란다.

"팀의 반이되기를."

두 달 전에 피아 아빠는 집을 나갔다. 엄청난 다툼이 있었던 것이다. 엄마는 울었고 할머니는 계속 중얼거리셨다.

"가엾은 녀석, 가엾은 녀석…"

주일에 팀이 잃어버린 양에 대해 이야기해주었고 하나님 곁에 있으면 어떻게 모든 것이 잘 되는지 말해주었다. 그리고 나서 팀이 마지막으로 엄마 아빠에게 안부를 전해 달라고 말했을 때 피아는 그저 울 수밖에 없었다. 피아는 팀의 무릎에 앉아서 울부짖었고 이야기했다. 팀은 피아의 등을 조심스럽게 쓰다듬어 주면서 가만히 듣고 있었다. 팀이 어찌할 바를 몰라 프란찌를 쳐다보자 프란찌도 그저 당황해서 어깨를 으쓱거리면서 생각했다.

'왜 하필이면 오늘 두 여자 분은 안 오신 거지?'

그것을 피아가 헤아렸을리 없었다.

〈'페터'(Peter)의 경우〉
페터(Peter A.)는 동네에 있는 초등학교 3학년에 다니고 있다. 어제는 조금 새로운 일이 있었는데 '사귐의 시간' 뭐 그 비슷한 것이다. 페터 카이저(Peter Kaiser) 전도사님은 아이들을 데리러 오셨고 아이들과 함께 탐정 놀이처럼 교회 안내를 하셨다. 진짜 탐정처럼 아이들은 돋보기와 메모 뭉치를 들고 교회를 관통하여 살금살금 다녔고 발자취를 찾아다녔다. 많은 질문들이 페터에게는 쉬운 것이었다. 왜냐하면 어린이 성경학교를 페터는 벌써 4번이나 참석했었고 그것 때문에 교회도 어느 정도 알게 되었다. 마지막으로 페터 카이저 전도사님은 아이들에게 청소년시설에 대해서 설명해주셨고 다양한 모임에 초대하셨다.

사실 페터의 일정표는 축구연습과 음악학원으로 꽉 차 있는데 컴퓨터 교실과 '거친 녀석들'이라는 모임은 정말 매혹적으로 들린다. 어디 보자. 거기에 아직 무언가 더 할 만 한 시간이 있는지. 하지만 한 가지는 분명하다. 페터가 일주일에 한 번만 연습하러 간다면 선발 11명에서 제외될 것이고 예비선수가 될 것이다. 그런데 '정말 돈이 많이 드는' 음악 학원을 포기하는 것은 전혀 있을 수 없다.

곧 다음과 같은 것이 분명해진다. 이러한 아이들에게 매력적인 공동의 예배 형식은 단지 성탄절과 같은 예외적인 경우에만 가능하다는 것이다. 페터와 피트의 차이는 피트와 스물두 살 대학생의 차이처럼 그렇게 크다. 여기에서 이미 가족이라는 주제에 대해 생각할 때 덧붙였던 문제들과 다시 만나게 된다.

(1) 유년시절의 변화를 좀 더 가까이에서 살펴보아야 한다.
(2) 어린이 예배의 역사를 살펴보는 것은 흥미를 끌만하다. 왜냐하면 거기로부터 적어도 부분적으로 오늘날에도 여전히 어린이 예배의 구조와 목표 그리고 보다 나이든 교회 구성원들의 생각이 형성되기 때문이다. 어린이 예배를 개혁하려고 할 때에 교회 안에서 일어나는 많은 긴장들은 그렇게 설명될 수 있다. 초기에 적합하다고 인정받은 것이 시험대에 오르고 있다. 그것은 오늘날 아이들의 변화된 성장의 전제조건과 삶의 형태에 상응하는가?
(3) 어린이 예배는 70년대 이래 다양한 개혁을 시도한 것으로

특징지어진다.

(4) 그것을 회상하는 것은 시대에 맞는, 즉 아이들과 함께 드리는 다양한 형태의 예배 구상(Konzept)을 제안하는 것으로 귀결된다. 어린이 예배는 다른 것들과 나란히 예배의 한 형태이다. 다원주의 사회에서 통일성은 하나의 구성 형태를 통하여서가 아니라 단지 내용적으로 표현 가능하다.

1. 유년시절의 변화

이미 6장에서 우리는 가족에 대해 설명할 때 엄청난 변화들에 맞닥뜨렸다. 변화들은 특히 아이들의 삶과 아이들의 종교적 실제에도 영향을 주었다. 이러한 것이 이제 좀 더 자세히 분석되어져야 한다.

■ 미리보기
(1) 첫머리에서 예시로 3학년 아이 두 명의 전기를 짧게 서술할 것이다. 한 아이는 1950년에 태어났고 다른 아이는 현재 3학년에 다니고 있다. 거기에서 엄청난 차이가 나타난다.
(2) 이러한 차이는 일반적인 관점에서 특수한 종교 현장과 종교적 입장의 측면에서 심사숙고될 것이다.
(3) 교회와 오늘날의 아이들 사이의 커뮤니케이션을 깊이 생각해보도록 하는 비판적인 반성이 올 것이다.

(4) 교회 안에서 아이들과의 관계에 대한 몇몇의 근본 요구들을 전개시킬 것이다.

1) 두 명의 아홉 살짜리

나는 우선 1950년에 태어난 페트라(Petra)의 생활세계(Lebenswelt)를,[21] 그리고 나서 50살 더 어린 수잔네(Susanne)의 생활세계를 묘사할 것이다.

> 페트라는 가족 농장에서 성장했다. 다음은 페트라가 매일 만나는 많은 사람들이다. 엄마, 아빠, 세 명의 언니 오빠, 할머니 그리고 다른 상냥한 사람들, 좀 큰 아이들, 그리고 부모님과 함께 일하고 또 농가에 함께 살고 그 중 몇몇은 심지어 페트라와 함께 식사를 같이 하는 어른들이다. 페트라는 이름만 들어도 모두를 알고 있고 어떤 가족에게든 놀러 갈 수 있었는데 언제든지 누군가는 거기에 있었다. 페트라의 세계는 사면의 거대한 농장 건물에 에워싸여 있다. … 페트라가 네 살인가 다섯 살인가 되었을 때, 처음으로 혼자 마을로 내려갔다. 거기에는 지금껏 페트라가 알지 못했던 다른 아이들이 있었다. 몇몇은 페트라 또래의 아이들이었고 다른 아이들은 좀 더 크던지 어리던지 했다. 서로 정말 다양한 놀이들을 했다.

---

21 Grethlein/Lück, Religion 23 이하 인용

6살에 페트라는 학교에 간다. 그래서 이제 작은 마을의 모든 아이들은 산을 넘어서 이웃한 좀 더 큰 마을로 간다. 거기에 네 개의 학년을 위하여 두 개의 교실이 있는 학교 하나가 있다. 그렇게 항상 두 개 학년이 항상 같이 앉고 선생님은 대부분 교대로 지식의 토대를 전달한다. 일주일에 한 번 아이들은 오전에 수업을 위해서 인근에 있는 교회에 가고 목사님이 성경 말씀을 이야기해 주신다. 학교를 마치고 페트라는 집으로 가는데 할머니는 벌써 먹을 것을 준비해 놓고 기다리고 계신다. 오후에는 종종 다른 친구들과 놀지만 때로는 페트라도 정원이나 밭에서 잔일을 거들어야 한다.

30년이 족히 지난 후 상황은 전혀 다르게 보인다.[22]
수잔네(Susanne)는 대도시 4층에 있는 방 세 개짜리 건물에서 자라고 있다. 수잔네는 거기에서 엄마와 함께 살고 있다. 수잔네의 아빠는 첫째 달에는 함께 있었지만 일 때문에 자주 밖으로 나갔고 곧 새로운 사람이 생겨났다. 그 후로 수잔네는 새 아내와 어린 아들과 함께 사는 아빠를 대부분 성탄절과 여름방학 며칠 동안에 방문한다. 수잔네는 하지만 거기에서 아주 편하게 느껴지지 않았다. 왜냐하면 모든 것이 꼬맹이 안드레아스(Andreas) 위주로 돌아가기 때문이다.

---

22 고유한 기록에 따라

수잔네가 1살이 되기 바로 전에 엄마는 수잔네를 베이비시터인 비르기트(Birgit)에게 맡겼다. 거기에서 수잔네는 네 살이 될 때까지 매일 오전 8시부터 오후 1시 조금 지날 때까지 지냈다. 수잔네의 엄마는 오전에 사무실에서 근무했고 그리고 나서 수잔네를 데리러 올 수 있었다. 하지만 엄마는 또 종종 몇 가지 해야 할 일이 있어서 베이비시터에게 있는 것이 집에 있는 것보다 더 나았다. 무엇보다도 거기에는 수잔네보다 조금 더 큰 두 명의 아이들이 있었는데 그 애들과 함께 놀 수 있었다. 하지만 수잔네는 겨울철에 대한 기억이 나빴다. 왜냐하면 아직도 여전히 어두운데 지하철을 타러 가야했기 때문이다. 수잔네에게 그 곳은 으스스했고 정말 안 좋은 냄새가 났다.

거의 4살이 다 됐을 때 아주 가까운 곳 한 어린이집에 자리가 생겼다. 그곳은 7시 30분부터 17시까지 열었기 때문에 수잔네 엄마는 다시 온종일 일할 수 있었다. 아쉽게도 어린이집 선생님들이 정말 자주 바뀌었다. 무엇보다 베아테(Beate)가 수잔네 마음에 들었다. 하지만 인정기간(Anerkennungsjahr)이 끝나자 베아테는 다른 도시에서 일자리를 찾아야만 했다.

6살 때 수잔네는 학교에 갔다. 처음에 수잔네는 3분의 1정도 되는 아이들을 도저히 제대로 이해할 수 없었다. 왜냐하면 이 아이들은 독일어를 전혀 혹은 거의 몰랐기 때문이다. 그럼에도 수잔네는 특히 오후에 함께 돌봄교실에서 지내는 아위쉐(Aysche)와 친구 사이가 되었다. 무슬림 친구인 아위쉐는 겨우 두 거리 멀리에 살고 있다. 주말에 수잔네는 종종 아위쉐 집에 놀러간다. 특히 수잔네 엄마에게 DVD 보는 것을 아주 즐기는 새 남자친구가 생긴 이래로 학교에서 종종 아위쉐는 특별지도 시간에 가야만 한다. 그러면 수잔네는 다른 친구들 옆에 앉는다. 그리고 나면 수잔네는 벌써부터 공동 휴식시간에 다시 만날 것을 기대한다.

수잔네는 종교 수업을 정말 좋아한다. 거기에서는 항상 너무나 아름다운 이야기들이 들려진다. 그리고 종교 선생님인 랑에 여선생님(Frau Lange)은 종종 예쁜 옷을 입고 때때로 할머니에게서 나는 향기가 난다. 그 외에도 랑에 선생님은 종종 너무나 다정하게 수잔네를 보고 웃으시면서 말씀하신다.

"이리오렴, 내 귀염둥이."

수잔네는 3학년에서 랑에 선생님을 만난 것이 좋다. 한 번은 랑에 선생님이 교회에서 열리는 어린이 성경 학교에 수잔네를 초대했다. 아위쉐는 아쉽지만 함께 갈 수 없었다. 그래도 모든 것이 수잔네 마음에 들었다. 아름다운 노래를 불렀고 춤도 추었다. 심지어 한 연극에서 여자 아이 역할을 하게 해 주었다. 멋있었다. 하지만 모든 것이 너무 빨리 지나갔다.

두 아이에게는 많은 것이 공통적이다. 그들은 나이가 같고 동일한 성이고 3학년이다. 하지만 그들 사이는 너무 멀다. 좀 더 정확히 말하면 대략 50년이다.

2) 상이한 상황

우선 서로 다른 가족 상황이 눈길을 끈다. 1950년에 태어난 페트라는 대가족과 유사한 결합 속에서 자라났다. 페트라는 많은 사람들과 관계를 맺고 있었는데 그 사람들은 모두 페트라를 진심으로 좋아한다. 수잔네는 그와는 반대로 한편으로 엄마에게 예속되어 있고 다른 한편으로는 다양한 교육 담당자들에게 의존하고 있다. 형제자매, 할머니 등은 그냥 거기에 있다. 베이비시터인 경우에는 직업을 수행하는 것이 분명하다. 베이비시터에게 시간은 분명히 제한되어 있는데 아이가 막간에 한 번씩 할머니에게 들를 수 있는 진짜 개방적인 가족과는 완전히 다르다.

그 외에도 페트라는 당연하게 부모와 함께 살고 있는 반면, 수잔네는 자주 바뀌는 엄마의 동반자에 적응해야 한다. 하지만 수잔네는 그들에게서 아빠와 같은 관계를 구축할 수 없다(그리고 그러려고 하지 않는다). 수잔네는 오히려 엄마를 진짜 다르게 경험한다. 새 남자 친구가 나타나면 엄마도 변한다. 그것은 수잔네에게 쉽게 이해할 수 있는 일은 아니다.

성장 배경 또한 다르다. 대도시 주거는 사방이 다 농장인 것과는 대조적이다. 어떤 곳에서든지 페트라는 자유롭게 놀 수 있다. 그와는 반대로 수잔네에게 집을 떠난다는 것은 도로 교통 때문에 바로 위험을 의미한다. 베이비시터에게 가는 길은 지하철로 연결된다. 수잔네가 제한적으로만 자연경험을 할 수 있다는 것은 분명하다. 그와는 반대로 페트라에게 동물과 식물들은 당연히 그녀의 삶의 일부분이다.

사회적 환경에서도 특별한 차이가 관찰된다. 페트라는 정말 시골 아이들의 동질적인 환경 속에서 행동하는데 일주일에 한 번 수업해주시는 목사님은 이 경우 거기에 속하게 된다. 그와는 반대로 수잔네는 이미 유치원에서 간종교적이고 간문화적인 경험들을 한다. 학교에서 수잔네의 가장 친한 친구는 무슬림이다. 이와 같이 어린이 성경 학교에 대한 좋은 경험은 수잔네에게 동시에 친구와의 분리와 연결되어 있다.

마지막으로 두 아이들은 태어나서 1년을 다른 시간의 흐름 속에서 지낸다. 페트라는 단순하게 농장에서 존속하는 하루 일과 속에 적응한다. 하루 일과는 무엇보다도 식사 시간을 통해서 특징지어진다. 그것은 대부분 배고픈 느낌과 일치한다. 수잔네의 경우는 하지만 처음부터 시계가 지배한다. 엄마는 정확하게 사무실에 가야하고 그리고 나서 약속된 시간을 위하여 딸을 데리고 와야 한다. 이러한 것은 아이에게는 낯선 시간 리듬이다.

3) 상이한 종교적 경험들

종교적인 차이도 간과될 수 없다. 목사님과 함께 하는 성경 이야기 시간은 페트라의 주중 일과의 고정된 구성요소이다. 그렇지 않으면 페트라는 종교 수업을 받는다. 휴일과 특별한 가족 명절 때에 페트라는 가족과 함께 예배에 참석한다. 수잔네는 그와는 반대로 종교 수업을 전적으로 어떤 특별한 것으로 경험한다. 다정하게 관심을 기울이는 여선생님은 수잔네에게는 시간이 지남에 따라 보육기관이 여러 번 바뀌는 중에서 신뢰할만한 관련인물을 의미한다. 이따금씩 있는 교회 행사들은 수잔네에게는 좋은 기분전환이 된다.

그러나 친구 아위쉐와의 관계, 정확하게 여기에서 첫 문제들이 나타난다. 어느 정도 수잔네는 처음 한번은 아위쉐가 어린이 성경 학교에 가지 못한다는 것을 받아들인다. 하지만 왜 그런지 의아해할 것이다. 수잔네가 그것에 대해 대화할 수 있는 누군가를 발견할 수 있을까? 수잔네의 삶에서 교회와 기독교는 페트라의 경우처럼 어떠한 경우에도 그렇게 통일적이지 않다는 것은 분명하다.

마지막으로 영적인 관점에서 차이에 대해 근본적으로 물을 수 있을 것이다. 페트라는 자연과 자연스럽게 접촉한다. 페트라는 가축들이 어떻게 태어나고 죽는지 경험한다. 계절이 농장에서의 삶을 특징짓는다. 종종 페트라에게는 어쩌면 눈을 깜박이며 태양을 쳐다보는 순간이 있을 것이며 또는 그냥 단지 거기에 있을 수도 있다. 수잔네에게 단지 도시의 소음만이 그것에 대립되는 것이 아니다. 자동차들이 자연의 자리를 대신하고 있다. 그 외에 수잔네는 어릴 때부터 시간적인 압박을 경험한다. 지하철은 곧 출발하고 엄마는 약속이 있다. 할레(Halle)에서 있었던 독일기독교연합-어린이 지역총회(EKD-Kindersynode)에 따르면 많은 아이들이 오늘날 분주함과 소음의 한가운데에서 위협받고 있다고 한 '영적인 빈곤'이 여기에 지배하고 있는 것이 아닌가?

아무튼 수잔네에게는 성경의 많은 이야기에 직접적으로 접근할 수 있는 통로를 발견하는 것이 더 어려워진다. 왜냐하면 성경 이야기들은 현대 대도시에서가 아니라 들판이나 경작지 등에서 벌어지기 때문이다. 그렇게 수잔네에게는 같은 또래의 페트라와는 반대로 씨 뿌리기와 추수를 하는 것을 직접 목격한다는 면에서는 익숙하지 않다. 어쩌면 그것은 의도된 교육학적인 관련성 속에서 전달되었을 것이다.

4) 문제고발

두 아이는 좋은 것을 경험하고 위험에 노출되기도 한다. 하지만 커뮤니케이션이론의 관점에서는 결정적인 차이가 있다. 그것은 소위 대칭적이고(symmetrisch) 비대칭적인(asymmetrisch) 관계 사이의 차이를 분명하게 한다. 거기에서는 구체적으로 경계가 분명하지 않게 서로 교차되는 면이 있다.

■ 가족 관계

대칭적인 관계들은 커뮤니케이션에서 동급 서열로 특징지어진다. 참여자들은 어느 정도 동일한 관계를 기대한다. 그들은 함께 살고 공동의 관심을 지지한다. 그들은 그것에 대해서 대부분 의식하고 있지 않은데, 왜냐하면 함께 사는 것은 당연하게 일어나기 때문이다. 그러므로 가족 내 관계는 일반적으로 대칭적이다.

■ 직업적인 관계

비대칭적인 관계에서는 다르다. 여기에서 유효기대는 서로 다르게 나누어져 있다. 예를 들어 아이는 여선생님을 좋아해서 기꺼이 여선생님과 여전히 함께 시간을 보내기를 원한다. 그와는 반대로 여선생님은 빨리 수업을 마치고 가족이 있는 집으로 가려고 한다. 거기에는 다른 과제들이 기다리고 있다. 그리고 나면 여선생님은 수업 계획판에 예정된 학교에서의 시간을 성취한 것이다. 여학생에 대한 이 선생님의 관심은 보통 본질적으로 직업적 측면에서 교육적인 것이고 시간적으로 제한적인 것이다.

수잔네에게 중요한 종교 선생님 랑에(Lange)는 다음과 같은 사실을 보여주는데 이러한 관계의 형태는 대칭적인 관계에 근접할 수 있다는 것이다. "이리오렴, 내 귀염둥이"는 귀여운 표현이고 전문적인 교사의 역할 이면에 있는 개인적인 애정으로 간주된다. 동시에 랑에 선생님은 여러 다른 아이들도 돌봐야 한다. 수잔네와의 관계는–사실은 상업적인–45분 수업 시간으로 한정되어 있다.

■ 만약에 직업적인 관계가 압도적이라면

대칭적인 커뮤니케이션 형태는 아이들의 성장을 위하여 매우 중요하다. 그것은 중요한 자아 평가를 구축하는 것을 돕는다. 이미 성서 기자들은 그것들의 중요성에 대해서 알고 있었다. 그래서 이웃 사랑에 대한 계명은 직접적으로 자기 사랑의 계명과 연결된다. 아이들은 대칭적인 관계에서 가치 있는 사람으로 받아들여진다고 느낀다. 이러한 것은 아이들에게 자아 의식을 선사한다. 현재 강하게 경제적으로 설정된 사회에서 이러한 관계 유형은 줄어들고 있다. 그와는 반대로 기능적인 관계는 늘어나고 있다.

옛 동독의 일률적인 탁아소-교육(Krippen-Pädagogik)에서는 관계의 유형에 있어서 극도의 불균형이 존속되었다. 사회 집단을 위하여 유용한 인간을 교육한다는 목표는 규정된 시간에 공동으로 화장실에 가는 것과 같은 집단행동으로 나타났다. 그러한 기능화는 무엇보다도 소위 주말 탁아소에서 아이들의 발달에 큰 부담이었다. 그것은 가족적으로 보정될 수 없었다.

5) 도전과 기회: 예시

수잔네와 같은 아이들을 위하여 어린이 예배는 중요한 기회를 제공한다. 어린이 예배는 확실성과 영적 경험의 장소가 될 수 있다. 아이들에게 식별 가능하고 이해할 수 있는 예식화(Ritualisierung)는 여기에서 중요하다. 구체적으로 설명하면 다음과 같다.

첫째, 상징적인 의미를 지닌 명백한 행동들은 모든 어린이 예배에서 신뢰할만하게 똑같이 나타난다. 예를 들어 노래 한 소절을 부르면서 부활절 초를 켜는 것과 같은 것이다. 종종 새롭고 어떤 것도 조망할 수 없는 상황에 처해있는 아이들은 그러한 예식을 통해 주어지는 안정감을 즐긴다.

예식은 아이들에게 반복을 통해서 빠르게 적응하지 않아도 되는 여지를 열어준다. 오히려 아이들은 침착하게 진행 속으로 들어갈 수 있다. 새로운 것과 변화에 대한 욕구가 그것에 반목되어서는 안 된다. 하지만 그것은 분명 수잔네가 먼저 습득해야만 하는 확실한 자아안정을 전제한다.

둘째, 신뢰할만한 선생님들이 어린이 예배에서 중요하다. 그것은 예를 들어서 구체적으로 다음을 의미한다.

수잔네는 당연히 매주 어린이 예배에 출석하는 한 선생님에게 귀속되어야 한다. (자주) 반 지도자가 바뀔 때에 즉 아이는 아주 강하게 피할 수 없는 관계의 불균형을 경험한다. 그와는 반대로 수잔네가 매 번 공동으로 동일한 사람과 예배를 드린다면 그것을 통하여 서로 연결된 영역이 존재하게 된다. 그 둘은 동일한 관심을 갖게 되는 것이다. 그들은 함께 기쁘게 예배를 드리는 것이다.

그에 더하여 이러한 관계가 단지 예전적인 축제에만 한정되지 않는 것이 중요하다. 수잔네와 같은 아이들은 시간-구조 속에 순응하는 것에 익숙해있다. 이러한 시간-구조는 어른들이 결정한다. 거기에서 나오는 제한들은 종종 아이들에게는 이해할 수 없는 것들이다.

예를 들어서 직접적인 시간 규정을 신경 쓰지 않고-조금 어슬렁거리면서-이미 교회로 가는 길에서 선생님과 만난다든지 혹은 예배 후에 함께 집으로 갈 수 있다. 아이들은 짧은 길에서도 많은 것을 발견하고 얘기할 거리들이 있다.

그러한 의무는 어린이 예배 선생님들에게 많은 것을 요구한다. 하지만 그것은 한편으로 교육적인 시각에서 아이의 인격발달을 위해서 중요하다. 다른 한편으로 어른들은 풍성하게 보상을 받는다. 어른들은 그것을 통하여 단지 '자기' 아이들을 더 잘 알게 되는 것만이 아니다. 오히려 어른들은 어린이 복음에 나와 있는 예수님의 말씀에 따르면 하나님 나라 가까이에 거하는 것이다.

셋째, 어린이 예배를 통하여 신학적으로 우리가 세례 받은 자로서 (혹은 세례로 초대 받은 자로서) 함께 동등한 그리스도의 몸의 지체라는 신약의 통찰을 끌어오는 것이다. 교회는 자신의 존재로부터 어떠한 위계질서도 알지 못한다. 그렇게 아이와 선생님 사이의 그런 대칭적인 관계는 동시에 본질적인 신앙 통찰을 표현하는 것이다. 우리는 그리스도를 통하여 연결된 형제자매이다. 그리고 형제자매는 원래 대칭적인 관계에서 산다.

2. 어린이 예배의 역사

예배 역사에 대한 문헌에는 반복적으로 특별한 장소에 아이들이 등장한다. 몇 개의 예시들은 이미 이 책에 언급되었다. 그것이 그리고 다른 것이 어린이 예배의 전신으로 간주 될 수 있을지도 모른다. 하지만 오늘날 어린이 예배와의 역사적 연관성은 없다.

■ 미리보기

(1) 어린이 예배의 직접적인 전 역사(Vorgeschichte)는 영국에서 시작되었다. 그것은 미국을 거쳐 19세기 후반에 마침내 독일에 이르렀다. 이미 여기에서 어린이 예배의 형태와 이해를 위한 기본 조건(Rhamenbedingunen)이 어떤 의미를 지니고 있는지 식별할 수 있다.

(2) 그것을 독일에 도입하는 것에 대해 의견이 분분했고 계속해서 근본적으로 변화하도록 했다.

(3) 1920년대에 어린이 예배는 독일에서 지금까지 중에 최고조에 달했다. 국가 사회주의가 여기에 개입했다. 국가 사회주의는 뒤돌아보면 전적으로 문제시 되는 조직적인 변화를 강요했다.

(4) 정치적인 붕괴 이후에 개신교 교회는 당시에 불가피했던 어린이 예배의 교회화를 접목했다. 이것은 늦어도 60년대 후반부터 다양한 영역에서 큰 문제가 되었다. 다음 장에서 논의될 개혁의 시간이 시작되었다.

1) 영국에서의 어린이 예배의 근원들

독일의 어린이 예배는 두 개의 뿌리에 근거하고 있다. 사회 봉사적인 것과 교리문답식이다. 그것은 다시 서로 관련되어 있고 다양한 강조와 중점에서 오늘날 아이들과 함께 드리는 예배로 확장되고 있다.

■ 불량한 아이들

영국에서 19세기 초 주일학교(Sunday School)는 불편한 사회적 상황의 배경에서 생겨났다. 영국에서는 산업화가 아주 급격하게 촉진되었고 가난한 사람들의 혹사 가운데 진행되면서 많은 아이들이 방치되었다. 아이들은 공장과 광산에서 거친 일을 해야만 했다. 무엇보다 쉬는 날인 주일에는 어린이 노동 때문에 육체적으로 그리고 정서적으로 소진되어 있는 아이들을 위한 보육의 문제가 제기되었다. 그것은 인쇄소 사장 레이크스(Richard Raikes)로 하여금 멘체스터(Manchester)에 그러한 선데이 스쿨을 처음 건립하도록 했던 구제 사업적인 근본 동인이었다.

■ 처음부터 그룹으로 시작

그리고 그 외에 기초 교육적이고 교리문답적인 요소도 나타났다. 왜냐하면 아이들은 보육 시간에 무언가를 배워야만 했기 때문이다. 일반적인 학교방문이 그들에게는 생업 때문에 가능하지 않았다. 뿐만 아니라 주일학교가 예배 후에 비로소 시작함에도 불구하고, 주일에 자리한 것 때문에 어느 정도 예배학적인 특징이 나타났다. 방법론적으로는 그 당시에 이미 오늘날까지도 종종 이루어지고 있는 그룹의 조직화가 도입되었다. 그것을 위하여 레이크스는 소위 주일학교 선생님들을 고용했다. 선생님들은 활동에 대해서 보수를 받았다.

■ 미국으로 건너감

필라델피아(Philadelphia) 출신 프란시스 애즈버리 감리교 주교(der methodistische Bischof Francis Asbury)가 이 모델을 미국에 도입했을 때 빠른 변화가 생겨났다. 거기에서는 아이들 종교 교육의 문제가 매우 중요했다. 왜냐하면 교회와 국가의 엄격한 분리의 근거 때문에 학교에 종교 수업이 없었기 때문이다. 그래서 사회 봉사적이고 기초 교육적인 특징은 희박해졌다.

주일학교는 우선 교리문답식 모임이 되었다. 마크 트웨인(Mark Twain)은 『톰 소여의 모험』(*Tom Sawyer and Heckleberry Finn*)이라는 탁월한 이야기에서 이 기관에 대한 확실한 기념비를 남겼다. 여기에서도 그룹으로 수업이 이루어졌다. 하지만 지금은 자원 봉사 선생님들에 의해서 수업이 이루어진다. 거기에서 부흥적-자유 교회적인 특징이 분명하게 나타난다. 대체로 여기에서부터 주일학교는 에큐메니칼 운동과 밀접하게 연결된 사업인 것이다.

2) 독일에서 시작

미국 상인 알버트 우드러프(Albert Woodruff)는 주일학교를 미국에서 독일로 가지고 왔다. 독일인 빌헬름 브뤼켈만(Wilhelm Bröckelmann)과 함께 그는 1863년부터 이 구상(Konzept)을 전파하는데 힘썼다. 오늘날 우리에게는 더 이상 이해할 수 없지만 그는 그 일에 대하여 반대에 부딪쳤다. 기센(Gießener)신문은 예를 들어

1870년도에 다음과 같이 보도하고 있다.[23]

> 어떤 부인들이 최근에 거리와 놀이터에서 노는 아이들을 초대하는 일을 하고 있다. 그 부인들은 주일 오후에 호스피탈 교회(Hospitalkirche)에-가능하면 성경을 갖추어서-모습을 드러내는데 거기에서 어린아이들과 노래하고 기도하고 그들에게-당연히 성경-이야기를 들려주기 위해서이다.
>
> 교회와 학교 관청이 그 외 모종의 그런 행동들을 단호하게 저지하지 않는 것을 통해 볼 때에 우리는 수업을 위해 자격이 없고 권한이 없는 사람들의 그러한 활동에 대해 교회와 학교 관청이 무언가를 알고 있다고 생각할 수 없게 된다. 또한 우리가 조사에서 경험한 바로는 이곳 학교의 수업 계획표에 있는 종교 수업이 어떠한 경우에도 그렇게 꾸어다 놓은 보릿자루처럼 취급되어져서 그런 비정상적인 방법으로 보충 수업이 필요하다고 생각되지 않는다. 그 외에 우리는 학교에서 정말 충분히 앉아 있는 우리의 아이들을 위하여 자유 시간 동안에 기도시간을 함께 하고 그렇게 병적으로 경건한 사회의 영향에 노출되는 것 보다 신선한 공기 속에서 움직이는 것이 더 낫다는 의견이다.
>
> 저 매우 거룩한 사람들에게 우리는 충고하고 싶다. 그들 자신의 영혼 구원에 대하여 애쓰는 것에 충분하다. 우리 아이들의 구

---

[23] Carsten Berg, Gootesdienst mit Kindern, Gütersloh 1987, 53에 따라 인용

원을 위하여서는 그것을 위하여 임명을 받은 사람들이 애쓰도록 하라는 것이다. 그리고 특히 다음의 격언을 더욱 마음에 새기라고 하고 싶다. "자신의 일이 아닌 것은 참견하지 마라."

■ 의구심

미국에서 자유 교회로 조직화된 종파와는 반대로 독일에서는 행정적으로 조직화된 국교회가 지배적이었다. 거기에서 목사들은 예배와-적어도 감독하는 면에서-종교 교육에 대해 책임을 지고 있었다. 교회로부터 임명되지 않은 사람들이 주일학교를 건립하려고 했던 사실이 불신에 부딪쳤다. 그 외에 무엇보다도 여자들이 자원 봉사 선생님들로 활동한다는 것이 더해졌다. 독일에서 여성 성직에 대한 허가가 있지 않았다. 거의 백 년 전에 이러한 것은 미심쩍게 비쳤다.

19세기 말에 인구 폭발을 통한 도전과 종교적으로 충분히 교육받지 못한 많은 아이들에 대한 도전은 그것에 비하여 별거 아닌 것으로 간주되었다. 비로소 브뢱켈만과 개방적인 목사들과의 개인적인 관계를 통해서 주일학교는 길을 냈다. 주일학교는 연합적으로 조직되었고 국내 선교에 가까웠다.

■ 새로운 구조

하지만 거기에 세 가지 변화가 결합되어졌다. 이 변화들은 이 모임을 독일 국교회적 사정에 적합하게 하였다.

- 목사들이 어린이 예배의 지도를 넘겨받았다.

- 그에 상응하여서 그때까지 자기 책임적으로 활동하던 '주일학교-교사들'은 그저 목사의 조력자로 강등되었다.
- 마지막으로 '주일학교'가 '어린이 예배'로 바뀌었다.

독일에는 공식적인 학교에 교회가 책임지고 있는 종교 수업이 있었기 때문에 미국에서 통상적이던 교리문답적인 방향 설정은 의미가 없었다. 독일에서는 아동 노동의 문제도 마찬가지로 영국에서보다 훨씬 더 적었다. 그래서 영국에서 널리 퍼져있던 구제 사업적인 특징이 필요 없게 되었다. 지도가 목사에게 넘겨진 것과 연관되어서 예전적인 축제, 어린이 예배가 생겨났다.

조직적인 면에서 독일 어린이 예배는 지금까지 유지되고 있는 그룹(반)이라는 어린이 교회의 조직화를 물려받았다.

3) 독일에서의 전성기

물론 목사들이 독일에서 어린이 예배 제공과 방식에 권한이 있긴 했지만 그렇게 하여서도 어린이 예배는 여전히 국교회에 편입되어 있지 않았다. 오히려 연합 구조가 좀 더 개방적인 조직틀이기 때문에 좀 더 유용한 틀로 적합했다. 아이들의 쇄도가 압도적이었다. 1925년 예를 들어 평균적으로 1,200,000명의 아이들이 주일마다 16,100회의 어린이 예배를 드렸다. 거기에서 아이들은 약 80,000명의 조력자들에 의해 감독되었고 그룹으로 나뉘어 공부했다. 적지 않은 어린이 예배가 백 명 이상의 아이들로 이루어졌다.

■ 연합 사역에서 교회 사역으로

나찌(Nazis)의 권력 획득과 더불어 어린이 예배도 보편적인 획일화에 굴복했다. 1934년 모든 비교회적인 활동들이 국가 사회주의적인 어린이 조직과 청소년 조직으로 편입되었다. 이러한 것을 피하기 위하여 어린이 예배는 교회의 정규적인 예배 생활의 구성요소가 되었다. 구제 사업적이고 기초 교육적인 지향들은 예배학적인 전체이해 앞에서 물러났다. 계속되는 학교 종교 수업의 어려운 상황 때문에 어린이 예배의 교리문답적인 의미가 강조되었다. 어린이 예배는 입교 교육의 전단계가 되어야 했다. 그러나 전쟁이 더 혼란스러워짐에 따라 어린이 예배는 많은 곳에서 중지되었다.

4) 1945년 이후 새로운 시작

2차 세계 대전의 종결 이후 사람들은 가능한 빨리 전시(戰時) 이전 시대로 접목하려고 했다. 구상적인 면에서 다시 예배학적인 이행이 전면에 등장했다. 어린이 예배의 모범은 소위 지금의 대예배였다. 어린이 예배는 1954년의 제1예식서에서 강하게 역사적인 특징을 지닌 형태를 나타냈다. 다음의 기본원칙들은 어린이 예배를 이해하기 위한 길잡이였다.

어린이 예배의 예전은 근본적으로 교회 예배의 형태와 구분

되어서는 안 된다.[24]

어린이 예배의 예전에서 교육적인 것을 제거하는 것은 교리문답, 그룹 토의 또는 뭐라고 그것을 부르던지 간에 그것의 근본적인 적용을 제외시키는 것이고 그 대신 '어린이 설교'를 이 예배에 근본적으로 받아들일 것을 요구한다(233).

수업과 익힘은 어린이 예배에 인접하여 위치해야 하지만 예배와는 구분되어야 한다. 설교에서 아이들이 이해하지 못하는 것은 설교 전이나 어린이 예배 전에 아이들에게 이해시켜야 한다. 아이들이 아직 부를 수 없는 노래는 예배 전에 익혀야 한다(236).

다시 말하면, 교리문답적인 관심사는 아이들을 예식서에 따른 어른 예배로 이끄는 것이었다. 아이들의 궁핍 혹은 아이들의 부족한 종교적 교육 가능성에 맞추어졌던 원래의 방향 설정은 새로운 관심사 앞에서 물러났다. 그것은 아이들을 성인 공동체 예배에 적응시키는 것이었다.

늦어도 1960년대에 이러한 구상이 한계에 이르게 된다. 간과할 수 없는 방문자 수의 감소가 개혁을 강요했다. 그 가운데-추측되는-아이들의 문제들과 관심사가 결정되었다. 1964년 개신교-루터교회 연합 교회(VELKD)을 위하여 발행된 어린이 예배를

---

[24] Bruno Jordahn, Zur liturgischen Gestaltung des Kindergottesdienstes, in:MPTh 39 (1950), 220-236; 228. 다음 괄호에 놓인 두 개의 숫자는 이 논문과 연관된 것이다.

위한 예식서는 관철될 수 없었다. 그것은-아이들에 적응한 것으로서-기도회의 예전에 따른 것이었다. 하지만 탄력성이 없고 생명력이 없는 형식 때문에 아이들의 필요에 다다르지는 못했다.

3. 개혁

(1) 어린이 예배를 현저하게 감소시킨 일반적인 변화가 등장한다. 그 때문에 세 가지 관점에서 새로운 조짐이 생겨났다.
(2) 어린이 예배는 사회 치료적으로 규정되었다. 그것에 문제 중심적인 방향 설정이 뒤따랐다.
(3) 그것은 축제중심적인 전체이해로 귀결되었다. 거기에서 매번 종교 교육적인 발전이 수용되었다.
(4) 마지막으로 신학적이고 교회 교육적인 이유에서 어린이 예배에 문제가 제기되었다.

1) 위기

1974년 베스트팔렌(westfälisch)에 있는 교회의 어린이 예배 상황에 대한 보고에서 나중에 그 곳 교회들의 의장이 된 한스 팀메(Hans Thimme)는 아홉 개의 문제점을 언급했다.[25]

---

[25] 나는 그것을 Casten Berg, Gottesdienst mit Kindern, Gütersloh 1987, 146-148에 있는 요약과 논평에 따라 인용했다.

(1) 방해되는 텔레비전 방영: 독일 텔레비전은 약 1970년에 주일 오전 '어린이 예배 시간'에도 전국적으로 어린이 프로그램을 방영하기 시작했다.
(2) 여가 사회의 영향: 계속되는 자동차 활성화와 증가하는 여가의 의미는 독일에서 더 많은 가족들이 주말과 공휴일과 휴가 기간을 소풍이나 여행을 위하여 이용하도록 하고 있다.
(3) 부모의 구속력 비교: 가정은…사회가 세속화 되는 과정에서 점점 더 어린이 예배를 지지하고 지원하는 의미를 잃어버렸다. 그것과 나란히 '부모사역' 또한 계속해서 줄어들었다. 각 그룹의 아이들을 심방하는 어린이 예배 교사들의 초기의 구속력 있는 '책임'이 그 당연성을 잃어버렸다, 추측컨대 특별히 젊은 교사들은 그에 대한 두려움 또한 아주 컸던 것 같다.
(4) 소비 사회의 여가 시간 제공: 어린이 예배는 계속해서, 아이들에게 제공되는 놀이 기회와 몰두 기회에 대처해야만 하는 문제에 직면한 것처럼 보인다.
(5) 신학의 위기: '교회 보호영역'(Schonraum Kirche)의 누락은 성직자들과 직원들을 불확실성으로 이끌었다. 내용과 방법은 의심쩍은 것이 되었다.
(6) 교육학적인 부족: 시사된 변화에 따라 어린이 예배 사역과 교육학 사이에 균열이 확실해졌다. …거의 전적으로 어린이 예배와 교회 예배 사이의 관계의 문제가 주제가 되는 과정의 마지막에 어린이 예배는 지루하고 교육학적으로 세련되

지 못하게 구성되고 수행되었다.
(7) 잃어버린 정체성: 교회의 다른 어린이 사역과 청소년 사역에 비하여 포기할 수 없고 혼동될 수 없는 어린이 예배의 전형적인 것, 특별한 것이 어디에 있는지 더 이상 명백하지 않았다.
(8) 하강하는 이미지: 많은 목사들과 교회 성도들의 인식 속에서 어린이 예배는 매력과 의미를 많이 잃어버렸다.
(9) 고립: 어린이 예배의 위치에 대하여 과소 평가할 수 없는 문제는 독일 신학과 교회 내에 어떠한 구상, 한 번도 전체입문교육(Gesamtkatechumenat)에 대한 구체적인 숙고가 없었다.

여기에서 분명하게 문화적인 변화(가족의 기동화, 변화된 여가 관습, 텔레비전)의 뒤섞임과 어린이 예배의 교육학적인 하향 규정이 부각되었다. 뒤이어 이러한 부족함 때문에 세 가지 진전이 이루어졌다.

그것들은 뒤에 짧게 언급될 것이다. 왜냐하면 그것들은 오늘날까지 중요한 전망을 열어주기 때문이다. 그러나 흥미롭게 팀메는 어린이 예배 공동체가 축소되고 있는 한 가지 중요한 요소를 간과했다. 인구 통계학적인 것이다. 왜냐하면 60년대 중반 이래 독일에서 출산율이 낮아졌기 때문이다.

2) 사회 치료적 해결

잉그리드 아담(Ingrid Adam)은 지금까지 예전적으로 시행되던 전통과 과격하게 관계를 끊었다.[26] 아담은 사회 치료적인 방향 설정을 제안했다. 그녀에게는 거기에서 한편으로 부모로부터 소홀하게 되는 것을 만회하는 것이 중요했다. 다른 한편으로 그녀는 해방적인 목표를 이끌었다. 어린이 예배는 아이들에게 억압이 없는 공간이 되어야 했다.

■ 아이들에게 맞게

하지만 이러한 구상은 실제에서는 구상의 과격성 때문에 관철될 수 없었다. 그것은 교회분쟁 이래 그 때까지 주도적이었던 "교회 적합성"(Gemeindegemäßheit)의 원칙에 반하여 아이들을 관심의 한 가운데로 밀어 넣었다. 그 때부터 "어린이 적합성"(Kindgemäßheit)이 어린이 예배의 구상과 방식을 위한 결정적인 시금석이 되고 있다.

그 외에 이데올로기적으로 장착된 실행들은 교재(Arbeitshilfe)에서 다음과 같은 사실에 대해서 주의를 환기시켰다. 즉 어린이에 대한 주도적인 표상은 대상(objektives)일 수 없다는 것이다. 오히려 거기에서는 항상 교육학적이고 신학적으로 심사숙고해야하는 지위 확정을 다루고 있다.

직접적으로 실제에서는 그와는 반대로 '주제에 따른 어린이 예배'

---

26 Ingrid Adam (gemeinsam mit Arbeitsgruppe), Arbeitshilfe für den Kindergottesdienst, Gelnhausen 1970.

(thematischen Kindergottesdienst)의 진출이 좋은 효과를 발휘했다.[27] 이러한 어린이 예배는 그때까지 관례적으로 독점적이던 (매주 새로운) 성경 본문 중심의 예배를 극복하려고 했다. 주요 목표는 기독교적인 조건하에서 아이들의 사회화에 동행하는 것이었다. 아이들에게는 독립적인 경험이 가능하게 되어야 했다. 이 구상은 종교 교육학적으로 주제-문제 중심적인(thematisch-problemorientiert) 종교 수업의 전통에서 생겨났다.

여기에서 교육학적으로 설득력 있게 일방적으로 성인 예배에 맞추는 것을 포기하는 것이 요구되었다. 하지만 우선 이러한 개혁 제안을 또한 구체적인 방법으로 놓는 것은 아직 성공하지 못했다.

3) 축제중심적인 해결

여기에서 리쎈(Rissener)의 어린이 예배는 볼프강 롱가르트(Wolfgang Longardt)의 지도 아래 제작된 모델을 계속해 나갔다. 방향 제시를 위하여 롱가르트는 1973년 '전통적인 어린이 예배'를 대신하여 오늘날에도 여전히 관심을 받고 있는 "리쎈-어린이 예배-모델의 특징을 위한 14개의 테제"를 작성했다.[28]

(1) 아이들은 어린이 예배에서 아이들의 존재에 대한 하나님의

---

27 Klaus Stolzmann, Thematischer Kindergottesdienst als Alternative, in: Hans-Bernhard Kaufmann (Hg.), Streit um den problemorientierten Unterricht, Frankfurt 1973, 116-121.

28 Walter Longardt, Neue Kindergottesdienstformen. Rissener Modelle in Planung und Praxis, Gütersloh ²1974, 32-37.

긍정을 알 수 있어야 하고 책임 있는 세계발견을 위하여 격려 받고 지도 받아야 한다.

(2) 우리의 목표는 이러한 구상의 어린이 예배가 유치원 사역, 가정 교육 사역, 청소년 사역, 부모 사역을 포함하여 공동의 교회 사역에 편입될 때에만 도달할 수 있다.

(3) 대체적으로 신학적인 일반진리를 전수하는 전통적인 어린이 예배를 극복하는 가운데 우리는 어린이에게 복음으로부터 자신을 실현하기 위한 도움을 주려고 한다.

(4) 예식서에 따라 성인 예배를 준비하고 안내하는 것을 의미했던 전통적인 어린이 예배를 극복하는 가운데 우리는 다른 다양한 축제의 양식을 실험해 보려고 한다.

(5) 성인 예배를 발판으로 하여 아이들의 수용적인 행동을 강조했던 전통적인 어린이 예배를 극복하는 가운데 우리는 창조성(Produktivität)과 수용성(Rezeptivität) 사이의 균형 잡힌 관계를 어린이 예배 가운데 실현시키려고 한다.

(6) 대체적으로 청각-구두 영역에서 진행되었던 전통적인 어린이 예배를 극복하는 가운데 우리는 모든 감각기관을 사용하여 예배를 드리려고 한다.

(7) 교육학적인 관점이 너무나 종종 주변으로 밀려났던 전통적인 어린이 예배를 극복하는 가운데 우리는-왜냐하면 어린이 예배에서 말씀의 가장 넓은 의미에서도 배워야 하기 때문에-학습 이론적 지식을 관련시키려고 한다.

(8) 매주일 내용별로 그리고 주제별로 계획되었던 전통적인 어

린이 예배를 극복하는 가운데 우리는 아이들의 이해 리듬과 경험리듬을 유념하려고 한다.
(9) 해마다 52개의 성경 본문의 분량을 제공하는 전통적인 어린이 예배를 극복하는 가운데 우리는 주제 묶음을 만들려고 한다. 성경 이야기의 수는 줄어든다.
(10) 대부분 청소년 교사들이 매주일 준비 모임에서 합의가 이루어지지 않은 새로운 신학적 문제에 봉착했던 전통적인 어린이 예배를 극복하는 가운데 우리는 아이들과 교사들에게 더 오랫동안 주제에 머물게 함으로 자신의 질문을 해명할 수 있는 좀 더 많은 시간을 주려고 한다.
(11) 자신의 주요 과제를 성경 이야기를 전하는 것으로 보았던 전통적인 어린이 예배를 극복하는 가운데 우리는 아이들의 일상 정황을 성경의 진술과 구체적으로 연결시키려고 한다.

이러한 구상은 다양한 개혁 단초들을 수용했고 그것을 중요한 방법적 자극으로 바꾸었다. 여기에서 어린이 예배의 예전적 특징은 진지하게 받아들여졌고 동시에 아이들과의 관련성도 그렇다. 축제성격은 더 이상 성인 예배에 맞춰지지 않았고 오히려 아이들의 표현 형식에 맞춰졌다. 무엇보다 놀이는 이제 중요성을 획득했는데 좀 더 정확히 말하면, 세 개의 관점에서 그렇다. 즉 명상적인 놀이, 파트너 놀이, 그리고 모방 놀이 등이다. 내용적으로 소위 본문-주제-계획서(Text-Themen-Plan)는 이제까지 통상적이던 매주일을 위한 성경 일과의 자리를 대신하게 되었다. 그것을 통하여 좀 더 큰 주제 일치가 생겨났다. 그것은 좀 더 철저하게 성경 본문을 다룰 수 있게 했다.

거기로부터 우선 교사들을 위한 새로운 요구사항들이 생겨났다. 그래서 계속 교육의 확대가 이러한 자극과 연결되었다. 부분적으로 입교 후에 얻은 당시 대부분의 청소년 교사들은 교육학적이고 신학적인 기본 지식을 습득해야만 했다.

4) 열린 질문들

실천 신학자 크리스티안 묄러(Christian Möller)의 진출은 하나의 새로운 문제 지평을 신학적인 전망에서 열었다. 그는 1979년 다음과 같이 확인했다.[29]

> 예배는 원래 이러한 장소로 생각되지 않았던가? 세대 간의 교제가 하나님 앞에서 일어날 수 있고 아버지의 회심이 자녀들에게 그리고 자녀의 회심이 아버지에게 생기는 곳, 따라서 만약에 예배 모임이 나이에 따라 특별하게 세분되어 진다면, 이러한 의미는 전혀 반대로 된다.

묄러의 약점은 교육학적인 문제에는 단지 부차적인 관심만을 보였던 일방적인 신학적 논지였다는 것이다. 그래서 교회 교육의

---

29 Christian Möller, Bekehrung der Väter zu ihren Kindern, in: Evangelische Kommentare 1979 Nr. 12, 34.

관점에서 유사한 원리 비판이 나왔다.

■ 제외?

세대를 아우르는 배움의 교수법적인 관심사는 예배에서 아이들을 분리시키는 것을 통해서-혹은 제외될 것이다-나타나게 되었다. 그것을 통하여 일반적인 사회적 분리만 교회에서 배가되었다. 내용적으로 거기에 더하여 주일 예배의 위기는 간과할 수 없게 되었다. 그 위기는 아이들이 예배에 참여했을 때 불가피한 예배 형식의 개혁을 그만둔 것에도 그 원인이 있을 수 있지 않을까?

4. 아이들과 함께 드리는 예배의 새로운 형태들

마지막에 논평한 신학적이고 교회 교육적인 질문으로부터 현재 논의되고 실험되고 있는 어린이 예배의 많은 개혁 시도에 새로운 조명이 쏠린다.
(1) 그것을 또한 현장을 위한 의미에서 이해하기 위해서 나는 많은 어린이 예배에서 몇몇 눈에 띄는 변화들을 짧게 서술할 것이다.
(2) 거기로부터 예배 간격과 예배 시간이 변화된다.
(3) 조직형태에서의 변화가 따르게 된다. 양측은 종종 서로 뒤섞여 있는데, 그러나 여기에서는 명료성의 이유에서 차례로 설명될 것이다.

(4) 총체적으로 아이들과 함께 드리는 예배(Gottesdienste mit Kindern) 추세가 시작되고 있다.

1) 중요한 변화들

많은 곳의 어린이 예배에서 나타나고 있는 세 가지 중요한 변화들은 간과될 수 없다.

■ 작아진 그룹

어린이 공동체는 작아지고 있다. 2006년 사순절 주일에 있었던 집계에는 8,677곳의 예배에서 154,705명의 어린이가 참석한 것으로 나왔다. 3년 전만 해도(2003) 9,232곳의 예배에서 166,655명의 어린이들이 참석했다. 1925년에 120만 명의 아이들과 비교해보면 명확하다. 적지 않은 장소에서 오늘날 매주일 드리는 전통적인 어린이 예배는 한계에 이르렀다. 오랫동안 어린이 예배에서 전형적이었고 보존되던 그룹(반)이라는 조직의 형태는 5명에서 10명 정도 되는 아이들이 모이는 어린이 예배에서는 의미 없는 것이 되고 있다.

■ 어려진 아이들

거기에 더하여 예배드리러 오는 아이들의 나이가 어려지고 있다. 오랫동안 초등학생 나이는 명시화되지 않은 전제로 간주되었다. 오늘날 여러 곳에서 아직 초등학교에 들어가지 않은 아이들이 함께 예배를 드리고 싶어 한다. 그와는 반대로 초등학교 고학년들이 드물거나 혹은 전혀 없는 경우도 있다.

■ 교사로 봉사하는 엄마들

거기에 교사들에게서 나타나는 변화가 연관된다. 오랫동안 어린이 예배는 교회 교육적이고 동시에 청소년 사역의 중요한 하나의 형태로 간주되어 왔다. 많은 청소년들이 입교 후에 여기에 참여했다. 그래서 교사 교육 준비 모임은 또한 어느 정도 청소년 모임이기도 했다. 그 사이 어른들에게 무엇보다도 엄마들의 숫자가 증가하고 있다. 이들은 아직 어린아이들을 예배에 데리고 오고 나서 함께 사역에 동참하는 것이다.

그것 때문에 여성의 역할이 강화되고 있다. 이에 대한 라인란트(Rheinland) 지역의 통계가 다음과 같이 제시되어 있다. 단지 선생님들의 25%만이 청소년이고, 그 중에서 75%가 여성이다. 선생님들 중 75%가 어른이고, 그 중에서 97%가 여성이다. 이 장을 시작할 때 언급했던 어린 피아(Pia)의 예시는 다음과 같은 사실에 주의를 기울이게 하는데 이러한 발전은 기회일 수 있다는 것이다. 드물지 않게 많은 청소년들에게 아이들은 과중한 걱정과 근심을 가지고 온다.

2) 어린이 예배 시간

어린이 예배가 열리는 시간은 그 사이 정말 다양해졌다. 5장에서 전개했던 예배 이해에 의하면 이러한 것은 걱정스러운 것이 아니다. 복음의 커뮤니케이션이 우선 중요한 것이지 구체적인 시점이 아니다. 오랫동안 주일 오전을 고집하는 것이 교회 공식적인 것으로 대표되는 것은 신학적으로 근거가 있는 것이 아니다. 그리고 그것은 많은 어린이 예배를 곤경에 빠지게 했다.

다음에서 나는 짧게 전통적인 예배 시간 대신에 실제에서 입증된 몇 개의 다른 가능성을 제시하려고 한다. 하지만 이러한 것은 일반적으로 구속력이 있는 해결은 아니다. 중요한 것은 아이들에게 신뢰할만한 시간에 지속적으로 도달하는 것이다.

■ 드물게

무엇보다 축소된 어린이 공동체는 전통적으로 매주 모이는 리듬에 의문을 갖게 했다. 라인란트(rheinisch) 어린이 예배 담당 목사인 뤼디거 마쉬비쯔(Rüdiger Maschwitz)는 경험에서 나온 중요한 지적을 했다. 만약에 교회에 올 수 있는 영역에 살고 있는 적절한 나이의 아이들이 200명보다 적을 때 그는 매주 어린이 예배를 드리지 말라고 조언한다. 그렇지 않은 경우에는 두세 명의 아이들과 예배를 드리는 실망스러운 상황에 이르게 된다는 것이다. 그런 상황은 우선 열심히 준비한 선생님들의 사기를 떨어뜨린다. 그래서 많은 곳에서는 바로 14일 주기로 어린이 예배를 드리고 있다. 그렇다면 예배 간격이 좀 더 길어지면 예배 방식에서 근본적인 변화가 나타나는데 그것은 아래 3)에서 다루게 될 것이다.

■ 주일을 떠나서

실제로 점점 더 많은 교회가 주일 오전이라는 어린이 예배의 전통적인 시간에서 멀어지고 있다. 그것은 젊은 가족들의 여가-관습을 고려한 것이다. 젊은 가족들에게 주일 오전은 종종 늦잠을 자고 편안하게 아침 식사 등을 하는 시간이다. 또는 날씨가 좋은 날에는 함께 소풍을 가기도 한다.

문화적으로 그 이면에는 1950년대부터 시작된 사회의 시간-리듬에서의 철저한 변화가 있다. 토요일에 쉬게 되므로-그리고 시간이 지나면서 벌써 금요일의 이른 오후부터-소위 주말이 생겨나게 됐다. 이 가운데 주일은 그저 한 부분이다. 많은 교회에서 어린이 예배를 토요일 오전에 드리는 것이 적합하다는 것을 보여주고 있다. 그러면 부모는 주말 장보기를 할 수 있고 자녀들이 잘 돌봄을 받고 있는 것에 만족한다.

■ 중심행사

좁은 간격으로 반복적으로 드려지는 예배는 일부에서 전혀 고수될 수 없다. 필요한 아이들의 수가 단순히 부족하다. 그와는 반대로 어린이 성경 학교와 같은 개별적인 행사들은 활기를 띠고 인기를 누리고 있다. 초등학교와 그리고/혹은 유치원과의 상호협력은 의미가 있다.

3) 어린이 예배 구조

그와 함께 어린이 예배의 조직 구조를 근본적으로 변화시키는 개혁 시도들이 이루어지고 있다.

우선 여기에서 전형적인 나이 세분화가 언급될 수 있다. 그것은 위에서 언급했듯이, 어린이 예배에 관심을 가지고 있는 아이들의 나이의 변화에 반응한 것이다. 한편으로 매우 어린아이들을 위해서는 소위 영아 예배(Krabbelgottesdienste)가 생겨났고, 다른 한편으로 초등학교 고학년을 위해서는 '키즈-예배'(Kids-Go), '어교정짱'(Kikirico)(어린이교회 정말 짱)과 같은 새로운 형태가 생겨났다.

■ 영아 예배

영아 예배는 약 4살까지의 아이들과 함께 짧게 예전적 예배를 드리는 것이다. 여기에서 책임의 큰 부분이 함께 참여하는 자신의 아이들을 가장 잘 아는 부모에게 놓여있다. 엄밀히 말하자면 여기에서는 아이들과 함께 드리는 예배가 중요하다. 가족의 의미에 상응하여 특별한, 즉 어린아이에 맞춰 재단된 가족 예배의 짧은 형태라고도 말할 수 있다.

종종 직접적으로 그 외 가족 생활과의 연관성을 찾는 것이 그에 유리하다. 그렇게 노래 하나를 익히거나 원래 집에서 잠들기 전에 드리던 짧은 기도가 드려진다.

신학적으로 교회는 어린아이들의 세례와 더불어 넘겨받은 책임에 대부분 주의를 기울인다. 동시에 세례식의 변화에 직면하여 영아 예배는 많은 부모들에게 자녀들의 세례에 초대하는 하나의 초대가 될 수 있다. 예배 공간을 어떻게 꾸밀 것인가에 큰 의미가 부여된다. 어린아이들은 공간 분위기에 아주 민감하다.

- **키즈-예배와 그 외**

연령 스펙트럼의 다른 면에서 새로운 예배 형태가 생겨나고 있는데, 그것은 청소년 예배(전통적으로 입교자들이 드리던) 장르의 요소들을 물려받은 것이다. 여기에서는 리드미컬한 노래와 디스코 춤이 아주 중요하다. 축제 성격도 강조되는데 아마 간식을 함께 먹는 것을 통해 이루어지는 것 같다. 장소를 바꾸는 것도 매력적으로 경험되고 있다. 전통적인 한 시간 예배는 종종 촉박하게 여겨진다. 적어도 두 시간 정도 예배를 드리게 된다. 그것은 창의적인 일을 할 수 있는 가능성을 높인다. 그러나 그런 경우에 이러한 예배는 대부분 매주 열리지는 않는다.

- **어린이 성경 학교(Kinderbibeltage/-wochen)**

어린이 성경 학교는 하나의 진일보를 의미한다. 많은 곳에서 어린이 성경 학교는 어린이 예배와 독립적으로 시간적으로 큰 간격을 두고 제공된다. 그러나 종종 어린이 성경 학교는 어린이 예배 자리를 떠맡고 있다. 어린이 성경 학교는 오히려 개별적인, 그러나 집중적인 경험을 가능하게 한다. 여기는 놀이적이고 드라마적인 요소들을 수용하여 성경 본문을 이해하는 장소이다. 조직적인 면에서 초등학교가 협력 파트너를 맡고 있다.

어떠한 경우에든지 종교 선생님과 어린이 성경 학교를 준비하는 선생님들 사이의 교류가 필요하다. 그래야만 지루한 겹치기를 피할 수 있다. 그 외에 종교 수업은 광고를 위한 좋은 기반을 의미한다.

4) 전망: 아이들과 함께 드리는 예배

그러한 새로운 형태는 주일 오전에 드리는 전통적인 틀에서의 예배를 뛰어 넘는다. 그와 함께 어린이 예배의 새로운 형태는 종종 성경적으로 중요하다고 할 수 있는 예전적 축제와 일상과의 연결에 있어서, 전통적으로 성인 예배에서 일반적으로 행해지던 것보다 더 가까워졌다. 특별히 인상적인 것은 복음의 자극에 대해 아이들이 크게 열려있다는 것이다.─다시 말해서 결코 표면적인 행동주의적인 의미에서만이 아니다. 오히려 예수님이 어린이 복음에서 말씀하셨던 "아이들이 하나님 나라에 가까이 있음"을 드물지 않게 어느 정도 감지할 수 있다.

그래서 예전적인 영역에서 아이들을 나누는 것에 대한 비판적인 질문을 다시 한 번 받아들여서 진지하게 다루어야 한다. 무엇보다 영아 예배, 그리고 또 전통적인 양식 안에 있었던 어린이 예배도 점점 더 아이들과 함께 드리는 예배로 바뀌고 있다. 아이들과 함께 예배드리는 어른들은, 종종 엄마(혹은 부모), 아이들 고유의 생동감과 받아들임으로부터 무언가를 느낀다.

이러한 경험들로부터 진지한 질문이 생겨난다. 최근의 예배 형식은 아이들을 제외시키는 것을 통하여 심각한 손상을 가지고 있는 것이 아닌가? 주일 오전 납빛으로 어두운 많은 대예배 또한 아이들이 빠져서 그런 것일 수도 있지 않을까? 어쩌면 어린이 예배 시간은 여전히 우리 면전에 있는 것인지도 모른다. 그러나 더 이상 분리된 특별 예배로서가 아니라 거기에 오는 어른들도 환영받는 하나의 예배 형태로서 말이다.

5. 요약

어린이 예배는 많은 곳에서 위기를 맞고 있다. 즉 아이들은 오지 않고, 지금까지 그룹으로 해오던 조직 구조는 더 이상 지탱될 수 없게 되었다.

동시에 흥미진진하고 용기를 주는 새로운 출발들이 관찰되고 있다. 어린이 예배는 전승되어 오던 시간에서 자유로워지고 있다. 새로운 예배 형태들이 생겨나고 있는 것이다. 어린이 성경학교(Kinderbibelwochen)는 활기를 띠면서 호평을 받고 있다.

한편으로 거기에서 신학적으로 요구되고, 동시에 교회 교육적으로 굉장히 의미 있는 변화가 생겨나고 있다. 즉 어린이 예배에서 아이들과 함께 드리는 예배로의 변화이다. 그렇게 교회에서는 예수님의 어린이 복음의 진리가 새롭게 인지되고 있다. 많은 교회에서 실제로 아이들이 중심에 있기까지의 길은 아직도 멀다. 몇몇은 이미 결연하게 그 길을 갔고 놀라운 것을 발견한다. 아이들의 참여는 어른들에게도 흥미 있는 것이다. 신앙의 커뮤니케이션에서는 결코 어른만이 알고 있는 사람들이 아니다. 아이들은 인간의 근본 상황인 받아들임을 분명하게 표현한다.

교회의 아이들

IV 부

전망

우리는 이 책에서 광활한 길을 걸었다. 서두에서는 신학적이고 역사적인 기초로 예수님의 어린이 복음은 교회가 아이들에게 관심을 갖는다는 근본적인 의미에 주의를 기울이게 하였다. 예수님이 "아이들을 나에게 오게 하고 그들을 막지 말라"고 요구하시는 진리는 기독교 역사에서 계속해서 새롭게 발견되었다. 이것은 신학적인 통찰로 정당화되고 있는데 "이런 사람에게 하나님의 나라가 속하였기 때문이다."

어린이 복음은 정적인 진술이 아니다. 그것은 한편으로는 종교적이고 교회적인 커뮤니케이션의 근본적인 형식 속에서 실현된다. 즉 아이들은 기도하고 축복을 받는다. 다른 한편으로 아이들은 복음의 커뮤니케이션의 근본적인 형식에 참여한다. 아이들은 세례를 받기 때문에 주의 만찬에 아이들의 자리가 있는 것이다. 유감스럽게도 많은 교회에서는 그러한 것이 당연시되고 있지 않다. 아이들은 오래된 성경 이야기 속으로 뛰어들고 있고 함께 복음을 발견하고 있다.

그리스도인 됨의 알파벳과 문법이 진술되어진 후, 5장에서는 기독교 삶의 "문장구조"인 예배를 살펴보았다. 거기에서 역사적으로 그리고 신학적으로 폭 넓은 이해가 이루어졌다. 예배는 다양한 형태 속에서 거행된다. 기독교적 이해에서 예배는 그 외의 삶과 분리될 수 없다.

사도 바울에 따르면 예배는 외부인들에 의해서도 이해되어야만 한다. 예배는 특별히 은밀한 사람들의 비밀스러운 행사가 아니라 접근 가능한 열려 있는 커뮤니케이션의 과정이다.

우리는 신학적으로 아이들이 종교와 복음을 만나는 다양한 장소, 즉 예배를 드리는 장소를 찾아냈다. 어린이 예배 선생님들은 무엇보다도 가족, 어린이 보육시설, 초등학교 등의 장소들과 접촉하는 것이 좋다. 거기에서 선생님들은 "자기" 아이들의 생활세계(Lebenswelt)를 보게 된다. 동시에 협력 사역은 경험한 것들의 강도를 높이는 데 유익하며 경험을 배우는 다양한 장소에서는 보다 효과적이다. 마찬가지로 아이들을 위해서 비생산적으로 주제를 반복하는 것을 피할 수 있다.

어린이 예배를 정확하게 들여다 봄으로 어린이 예배의 다양한 근원을 살펴보았다. 그것은 사회 봉사적이고(나중에는 또한 사회 치료적), 교육학적이고, 교리문답적(나중에는 종교 교육적) 그리고 마지막으로는 예전적이다. 그러한 근원들은 오늘날까지 현재의 어린이 예배를 위하여 기회와 도전을 형성하고 있다. 이러한 다양성에 대해서 아는 것은 당시의 사정을 현장에서 적절하게, 그리고 어린이에게 맞게 이해할 수 있게 한다.

많은 교회에서 다양한 유형의 개혁과 변화의 과정이 관찰된다. 시간-리듬에 변화를 주어 아이들의 모임은 집중력을 확보될 수 있다. 또한 성경이 제시하는 일상과 예전의 관련성도 경험될 수 있다. 그와 함께 어쩌면 오랜 숙원인 개신교 교회 예배의 근본적인 개혁이 시작될 것이다.

Kinder in der Kirche
Eine Orientierung für Mitarbeitende im Kindergottesdienst

8장

어른들이 아이들에게 배운다

이 마지막 장에서 나는 도입 부분에서 이 책의 서론에서 언급했던 조짐을 다시 한 번 떠오르게 할 것이고 강화할 것이다.

(1) 그것은 적절하게 아이들을 옹호하는 문화 비판적이고 사회 비판적인 측면이다.

(2) 다음에는 예배의 신학을 위하여 앞선 장들에서 설명했던 평가가 뒤따를 것이다.

(3) 마지막으로 나는 거기에서 도출된(어린이와 함께 드리는) 예배의 형성을 위해 몇몇의 근본적인 방법론적인 통찰을 서술할 것이다.

1. 문화 비판적 전망

　점차 우리 사회의 많은 장소에서 아이들이 사라지고 있다. 직장생활, 교통시스템, 그리고 특히 여가 산업의 광범위한 부분들이 바로 아이들이 없는 영역이다. 그런 중에 어린이가 한 번 등장하면 그러한 것은 특히 분명해진다. 아이는 방해가 되고 아이가 다시 사라졌을 때 적지 않은 사람들이 좋아한다.
　반대로 바로 그 아이들이 모이는 영역이 있다. 즉 탁아소, 돌봄 교실, 어린이집, 학교, 그리고 특정한 여가시설이다.
　우리의 현대 하이테크닉 사회에서 많은 장소는 안전의 이유로 아이를 분리시키는 것이 불가피하다. 하지만 아이들을 제외시키는 전면적인 이유가 어른들의 편의를 위한 것일 때가 종종 있다. 그것을 통해 어른들은 넘치는 생동감으로부터 차단되는 것이고 자신들의 삶을 축소시키는 것이다.

1) 추세에 반하여

　생각해 보아야 할 것은 적지 않은 교회 공동체에서도 유사한 것이 작용한다는 것이다. 여기에서도 어른들과 아이들은 엄격하게 구분되어 있다. 과장되게 표현해서 한쪽은 유치원, 다른 한쪽은 노인-클럽이다. 그리고 예배에서도 마찬가지이다. 종교개혁적인 신앙고백에 따라 개신교 교회의 중심에 위치하고 있는 신앙의 실행에서 아이들은 제외되어 있다. 이러한 것이 아이들에게 의미하는 것이 무엇인지 다음에 오는 두 개의 진술이 분명하게 해준다.

> 실망이 그 아이의 얼굴에 그대로 쓰여 있다. 다섯 살짜리 리자(Lisa)는 여동생 세례식에 참석했다. 다음 주 주일에 리자는 흥분해서 어린이 예배에서 다음과 같이 설명한다.
> "거기에 다른 아이들은 아무도 없고 나하고 내 동생밖에 없었어. 정말 지루했어."
> 아홉 살짜리 얀(Jan)도 실망했다. 얀은 부모와 함께 성만찬 예배에 참석했다.
> "정말 말만 많이 했어." 그는 욕을 했다.
> "그리고는 슬픈 노래를 불렀어. 그리고 마지막에 빵과 포도주를 받았는데 그것은 나를 위한 것이 아니라고 엄마, 아빠가 그러셨어. 거기 예배단 앞에서 나는 아무것도 같이 할 수 없었어. 어른들은 예배드릴 때 우리 아이들을 전혀 생각하지 않아!"

이 아이들은 직접 세례 받은 아이들이고 그래서 교회의 일원이다. 그러나 아이들은 제외되었다고 느낀다. 터무니없게도 이러한 것이 특히 성만찬에서 작용하고 있다. 신약 주석이 가리키듯이 성만찬에서는 본질적인 방식에서 '연대적인 교제'(solidarische Gemeinschaft)가 중요하다(뵈트리히 Böttrich, 49). 그리스도에게 참여하는 것을 통하여 사람들 사이의 모든 차이가 폐지된 것이다. 오래 동안 이러한 것은 당연한 것이었다. 신학에 대한 협소한 이해로 인해 10세기부터 아이들을 제외시키게 되었다. 지금은 이러한 것이 수정될 가장 좋은 시기이다.

그와 함께 뭔가 결정적인 것이 손실을 당할 위험에 처해 있는데 그것은 사회와 문화에 대한 교회의 관계이다. 그 당시 문화에 적응하는 것은 분명 복음의 커뮤니케이션에 속한 것이다(문화적응 Inkulturation). 그렇지 않으면 복음은 이해할 수 없는 것이 된다. 종교개혁은 예배에서 대중 언어를 사용하는 것을 지지하는 것을 통하여 여기에 중요한 표시를 두었다. 그러나 마찬가지로 계속해서 교회가 그 외 일반적인 것에 적응해서는 안 되는 영역이 있다(반문화화 Kontrakulturation). 오늘날 이러한 것은 널리 만연해 있는 아이들을 제외시키는 것이다. 아이들은 교회의 중심에 속해 있다.

2) 가족적인 커뮤니케이션

그 외에 두 번째로, 우리사회에서 자신의 아이들을 보수를 받는 교육 인력에 맡기는 것이 점점 더 일반적이 되고 있다는 것이다. 그것은 어느 정도 범위에서는 피할 수 없는 것이고 의미 있는 것이다. 하지만 대칭적인 커뮤니케이션과 비대칭적인 커뮤니케이션 사이의 구분은 그것을 통하여 주어진 성장 문화에서의 변화에 주의를 기울이게 한다.

그것과 함께 복음의 커뮤니케이션을 위하여 근본적인 문제가 주어진다. 성경은 하나님의 호칭과 하나님과 우리와의 관계를 위하여 가족적인 관계를 이용한다. 그러므로 대칭적인 관계는 가족들에게 전형적인 것처럼 특별한 방식으로 복음으로의 통로를 열어준다. 하나님은 보수를 받는 교육가가 아니라 '아빠'로 불리게 된다. 거기로부터 교회에서 아이들과의 관계를 위하여 특별한 도전과 기회가 생겨난다. 여기에서도 예를 들어 어린이집 선생님과 아이 사이 같은 비대칭적인 관계가 있을 것이다. 거기에서 애정 어린 관심은 어쩔 수 없이 주어진 근본적인 거리를 계속적으로 유연하게 한다. 수잔네(Susanne)의 종교 선생님의 예시가 이러한 것을 보여준다. 하지만 그것을 넘어서 또한 대칭적인 관계 형태에 대한 가능성이 생기지 않는다면 아주 문제가 될 것이다.

어린이 예배 또는 아이들과 함께 드리는 예배는 거기에 비길 데 없이 좋은 기회를 제공한다. 어린이 예배(영아 예배를 포함하여) 선생님으로 봉사하는 엄마들에게서 이러한 것은 아주 명백하다. 그리고 나면 아이들은 어른들과의 교제를 경험한다. 교육이나 그와 유사한 것에 대한 그 외의 협소함을 제외하고 다양한 나이의 사람들이 함께 예배를 드린다. 그것은 당연히 아빠에게도 마찬가지로 적용되는데 어린이 예배에 아빠들의 참여는 현재 아직 정말 미미하다. 공식적으로 계속해서 논의되는 아빠 역할의 이해는 종교 교육과 관련하여 절실하게 보충될 필요가 있다.

3) 서로의 유익을 위하여

방금 서술한 교제(Gemeinschaft)로부터 아이들만이 유익을 얻는 것이 아니다. 교제는 어른들을 위해서도 동일하게 중요하다.

신학적으로 어린이 복음은 아이들의 받아들임의 의미에 대해서 주의를 기울이게 한다. 아이들에게는 인간의 기본 상황이 특별히 분명하게 표현된다. 동시에 거기에 아이들의 높은 보호 필요성이 연결되어 있다. 아이들과 함께 예배를 드리는 어른들은 그것을 항상 다시 새롭게 알게 된다. 아이들은 그와 함께 하나님에 대한 자신의 의존성을 기억하게 되는데, 그것은 기본적으로 기도의 기본 형식인 간구와 감사 속에서 표현되는 태도이다.

동시에 아이들은 질문하는 것에는 타고 났다. 어른들이 당연하게 여기는 많은 것이 아이들에게는 새롭고 의아하다. 거기에 놀라고 공감하는 놀라운 능력이 연결되어 있다. 예를 들면 창조 기적은 어른들 보다 아이들에게 더 직접적이고 쉽게 이해된다. 그것은 어른들에게 전염되어 작용할 수 있고 어른들에게 오랫동안 잃어버렸던 세계를 새롭게 열어줄 수 있다.

2. 예배 신학적인 전망

주일 오전에 드리는 예배는 종종 형식적인 일이 되곤 한다. "설교하고 있네"라는 비아냥거림이 제대로 감정이입을 하지 못하는 커뮤니케이션 방식을 말하는 것은 우연이 아니다. 동시에 일주일 혹은 그 보다 더 오랫동안 새로운 활력을 주는 고무적인 예배가 있다. 그러한 예배는 어린이 예배를 위하여 우선적으로 고안되었던 자극들을 적지 않게 수용하고 있다.

다음에 나는 기독교 예배를 이해하기 위한 아홉 개의 통찰을 언급하려고 하는데 그것은 어린이 예배에서 시행되었던 개혁 사역에 근거하고 있는 것이다. 부분적으로 그것은 2000년도에 발행된 개신교 예배서에 받아들여졌다. 부분적으로는 여전히 발견해야 할 것이 남아 있다.

다시 한 번 7장에 요약적으로 적힌 리쎈(Rissener) 예배 모델의 원리를 주시하면 거기에서 예배 신학을 위한 다음 네 개의 통찰을 만나게 될 것이다.

■ 첫 번째

"참여한다는 것"의 의미는 창조성(Produktivität)과 수용성(Rezeptivität)의 균형 잡힌 관계의 형태 속에서 개신교 예배서의 첫 번째 중심 시금석에서 언급되었다. 예배는 그래서 하나의 생명력 있는 커뮤니케이션 사건이다. 예배는 목사가 집행하는(gehalten)것이 아니라, 공동체가 경축하는 것이다(feiern).

■ 두 번째

모든 감각으로 예배에 참여하는 것이 밀접하게 연관되어있다. 전통적인 예식서에 따른 대예배 때 많은 곳에서는 머리만을 지닌(그리고 어쩌면 앉을 수 있는 엉덩이를 지닌) 사람으로 충분한 것처럼 보인다. 그러나 하나님은 우리에게 많은 감각들을 주셨다. 그 감각들은 하나님과의 커뮤니케이션을 위해서도 유익하다.

어린이 예배에서는 춤에 이르기까지, 움직임과 함께 하는 다양한 경험들과 다양한 유형의 접촉들이 이루어진다. 개신교 예배서를 통하여 기존의 기본 구조를 구체화시켜야 할 필요성이 주어졌는데, 여기에 많은 가능성이 주어진다. 거기에서 나타나는 것은 무엇보다도 두 개의 성례전이 상징을 통하여 창조적으로 꾸며질 것을 요구하고 있다는 것이다. 우리는 어린이 예배로부터 뚜렷한 예전적 실행이 얼마나 중요한지 배울 수 있다. 이때 사람들은 안정감을 느낄 수 있다.

■ 세 번째

계속해서 리쎈(Rissener) 프로그램은 예배와 그 외 교회 사역 사이의 관련성에 주목한다. 이러한 것은 예배와 일상이 서로 연결되어 있다는 성경의 견해를 수용한 것이다. 많은 교회들은 예를 들어서, 사회봉사 영역에서 활발히 활동하지만, 예배 가운데에서는 그것에 대한 어떤 것도 감지할 수 없다. 사회 봉사원은 환자들과 고통을 당하는 사람들과의 관계에서 이따금 중요한 경험을 한다. 그런데 왜 자신의 경험에서 나온 중보기도를 예배에서 하지 않는 걸까?

■ 네 번째

마지막으로 리쎈(Rissener) 구상의 교육적인 접근은 예배와 배움의 밀접한 연관성에 주목한다. 신약에서 예수님을 따르던 사람들을 대부분 '제자들' 혹은-헬라어 글자 그대로 번역하면-'학생들'

이라고 부른 것은 우연이 아니다. 그러나 여기에서 배운다는 것은 학교 의자에서 이루어지는 어떤 것이 아니다. 그리스도의 학교에서 배울 때는 근본적인 입장과 행동 방식을 습득하는 것이 중요하다. 정확하게 예배가 그것에 도움을 준다.

받아들인다는 인간의 기본 상황은 본질적인 예전 실행 가운데 나타난다. 즉 세례 때 물을 붓는 것 속에서, 빵과 포도주를 받는 것 속에서, 말씀을 듣는 것 속에서이다. 확실히 이러한 받아들임은 표현을 요구하고 여기에서 어린이 예배는 많은 방법을 발전시켰다. 하지만 근본적인 것은 받아들임의 자세, 아이들의 자세이다. 그것은 예배에서 습득하게 되고 그리고는 우리의 그 외의 삶을 규정한다.

거기에 더하여 (단어 의미에서) 개신교 예배 이해에 대한 좀 더 중요한 통찰이 등장한다. 그것들은 어린이 예배의 역사에서 획득된 것이고 오늘날까지 시대에 맞는 것이다.

■ 다섯 번째

어린이 예배는 미국 주일학교에서의 근원에서 에큐메니칼하다. 기본적으로 성경의 증언에 충실 하는 것은 종파적인 분리와 대립된다. 오늘날까지 다양한 종파의 아이들이 어린이 예배에 참여한다. 다행히도 우정이 아이들에게는 종파의 분리보다 더 중요하다. 이점에서 어린이 예배는 중요한 자극을 지니고 있는데 그것은 주의 만찬에서 그리스도의 계명에 반하는 그리스도인들의 분리를 마침내 극복하는 것이다.

이 점에 대해서 완강하도록 했던 중요한 전철(前轍)이 있다. 몇 백 년 동안 루터파 교인들과 개혁파 교인들은 함께 성만찬에 참여할 수 없었다. 명목상 극복할 수 없는 교리 차이가 대립했던 이유이다. 이것이 1973년의 로이엔베르그 협정(Leuenberger Konkordie)을 통하여 나타난 역사이다. 교리 차이는 물론 계속 존재하지만 성만찬을 함께 드리는 것을 통하여 상대화 된다.

나는 오늘날 신학적으로 중요한 이유를 더 이상 찾을 수 없다. 이러한 것이 왜 똑같이 개신교와 가톨릭 교인의 관계에서 가능할 수 없는 것인지 말이다. 많은 곳에서 단호히 두 종파의 그리스도인들은 함께 성만찬에 참여하고 있다.

■ 여섯 번째

계속해서 중요한 자극을 영국에서 유래한 어린이 예배의 사회 봉사적인 뿌리가 제공한다. 영국 주일학교는 근본적으로 일하러 가야만 했던 아이들의 궁핍함 속에 근거하고 있었다. 독일에서 다시 부와 가난 사이의 격차가 커지고 있는데, 이러한 발단에 새로운 긴박성을 부여한다.

통계에 따르면 독일에 있는 많은 아이들이 물질적으로 가난한 사람들에 속한다. 특히 한 부모에게서 자라날 때 그러하다. 예배는 '연대적인 교제'의 표현으로서 이러한 문제에 있어서 중요한 장소이다. 그리고 마찬가지로 그것은 어른들의 예배를 위해서도 유효하다. 어른들의 예배는 가난한 사람들을 위한 장소이기도 한가? 기독교 신앙과 분리할 수 없는 봉사는 가난한 사람들에 대한 도움의 행동으로서 어떻게 우리의 예배에서 표현되는가?

우리가 아이들과 함께 성만찬에 참여할 때 이러한 차원은 간과될 수 없다. 왜냐하면 아이들은 배가 고파서 먹고 목이 말라서 마시기 때문이다. 별 맛이 없는 제병(Oblate)과 포도주 한 모금에 성만찬의 상징을 축소하는 것은 그것에 대립되는 것이다.

교회에서는 명백한 사회적 참여로 성만찬과 배부름의 연관성이 다시 제기될 것이다. 나는 런던의 프라팔가 광장(the Fields am Londoner Trafalgar Square)에 있는 성 마틴(St. Martin) 교회에서의 성만찬 축제를 잘 기억하고 있다. 성만찬 후에 큰 교회의 문이 열리고 우리는 곧바로 교회에서 운영하고 있는 수프 주방으로 들어갔다. 이미 예배 때에 많은 흑인들과 종종 남루한 옷차림의 사람들이 눈에 띄었다. 성만찬 후에 그들은 성만찬의 연장으로서 이제 자신들의 음식을 받았다.

예배는 공간과 시간 속에서 일어나는 것이다. 두 개의 차원에서 어른들은 아이들에게서 배울 수 있다.

■ 일곱 번째

현재 한-시간-단위 예배는 우리에게는 친숙한 것이지만 문제가 없는 것은 아니다. 여기 어린이 예배에서 시간과 관련하여 새롭게 시간 연장을 발전시키기 시작한 것은 흥미롭다. 가장 분명하게 이러한 것은 어린이성경 학교에서 만나게 된다. 거기에서 주어진 시간은 한 시간에는 가능하지 않은 집중적인 신앙 경험을 가능하게 한다.

유사한 것이 입교 사역에서 일어난다. 거기에서도 성장하는 청소년들에 대한 직감을 가진 목사들은 전통적인 수업 시간의 전래된 틀에서 자유롭게 되기 시작한다. 입교자-수련회는[1] 신앙의 커뮤니케이션의 새로운 가능성을 열어준다. 특히 야외에서의 예배는 (입교-야영처럼) 청소년들에게 오랫동안 좋은 인상을 남긴다. 그러한 예배는 준비와 뒤풀이까지 하면 종종 하루 온종일을 훌쩍 넘긴다. 이러한 예배 형식이 단지 이례적인 발전이 될 것인지 아니면 내가 추측하는 것처럼, 미래의 예배 모델이 될 것인지는 드러나게 될 것이다.

예배는 그렇게 다시 신앙 경험의 장소가 될 것이다. 4장에서 보고되었던 고대 교회의 세례 예배는 분명히 이러한 방향을 가리킨다. 어린이 성경 학교에 참여하는 아이들은 적절한 경험을 하였다. 그 아이들이 후에 더 나이가 들었을 때에 이러한 것을 계속하려는 바람을 갖지는 않을까?

■ 여덟 번째

유사한 것이 공간을 위해서도 작용한다. 아이들은 장소와 장소의 특별한 분위기에 매우 민감하다. 라인바흐(Rheinbach)에서의 예시가 보여준 것처럼, 교회에서 아이들을 위하여 성만찬을 개방하는 것은 교회 공간의 변형을 가져왔다. 소위 교회 건물-교육의 분과에서 그 사이 교회 공간이 어떠한 배움의 기회를 형성하는지

---

[1] 원칙적이고 동시에 실제적으로 동기를 제공하는 것으로는 Marcell Saß, Frei-Zeiten mit Konfirmandinnen und Konfirmanden, Leipzig 2005를 보라.

에 대한 흥미로운 경험들이 행해졌다.

그래서 많은 교회에서 어린이 예배가 교회가 아니라 동떨어진 교회 건물에서 드려진다는 것은 이해할 수 없는 것이다. 하나님에 대한 신앙은 계속적으로 공간-그림적인 면을 가지고 있다. 그래서 기독교인들은 교회를 짓고 신학적인 이의에도 불구하고 그림들은 교회의 자산에 속하게 된다. 어른들은 아이들에게서 다시 교회 공간속에서 그리고 그림들을 통하여 발견의 기쁨을 배울 수 있다. 그리고 그렇게 변화를 위한 자극을 얻을 수 있다.

■ 아홉 번째

마지막으로 아주 다양한 출신과 달란트를 가진 아이들이 함께 어린이 예배를 드린다. 소위 합병 교육, 혹은 최근에는 통합 교육은 많은 어린이집과 점점 더 많은 초등학교에서 확고한 위치를 차지하였다.

장애를 가진 아이들(교육학적으로 표현해서, 특별한 지원을 필요로 하는 아이들)은 소위 정상 아이들과 나란히 의자에 둘러앉는다. 어린이 예배도 올바로 이해해서 하나의 통합적인 모임이다. 그 외의 우리 예배도 그러한가?

설교가 예배의 중심에 위치하므로 확고하게 이성에 맞추어진 경향은 그것에 반하고 있다. 5장에서 예배의 역사를 짧게 살펴보았는데 여기에서는 다른 것보다 단지 예배 형식에 관한 것이라는 것을 보여준다. 사람들의 다양한 감각과 표현 방식이 보다 강하게 감동을 줄수록-혹은 더 낫게 예배 가운데 펼쳐질수록-장애를 가진 사람들은 더 잘 통합될 수 있다.

거기에서 신학자와 특수 교육자들의 협력 사역이 이러한 예배를 준비할 때 요구된다는 것이 현장에서 드러난다. 한쪽이 성경적이고 기독교적인 전통에 대한 지식에 기여하는 반면, 다른 쪽에서는 오감적 이해와 사람의 수용 능력에 대한 중요한 통찰을 지니고 있다. 여기에서도 어린이 예배는 전통적인 교사 모임이 보여주었듯이, 예배 준비 때에 상호 협력을 위한 본보기를 줄 수 있다.

3. 방법론적인 전망

개신교 교회에서 이루어지고 있는 예배 사역은 어린이 예배에서 많은 덕을 보고 있다. 거기에서 신학적이고 교회 교육적인 고찰은 그렇게 분리된 특수 예배의 문제점을 지적하고 있다. 그러한 예배는 널리 퍼져 있는 (보통 방해되는) 아이들의 분리에 대한 표현일수도 있다. 동시에 아이들은 자신들의 필요와 표현 방식을 가지고 있다는 것은 부정될 수 없다. 그런 점에서 어린이 예배는 이미 옛날부터 존속하고 있는 예배의 폭넓은 다양성의 중요한 구성요소로 간주될 수 있다. 두 개의 관점은 서로를 보충한다. 많은 곳에서 아이들과 함께 공동의 예배가 드려지고 있는데 여기에서 두 개의 관점은 만나게 된다.

다음에는 이러한 예배를 위해 몇 개의 방법론적인 지시를 한데 모아보았다. 이것들은 사람들로 하여금 그러한 예배에서 예수님의 어린이 복음의 진리를 경험할 수 있도록 돕는다. 왜냐하면 그러한 사람들에게 하나님의 나라가 속해 있기 때문이다.

■ 모두 참여

아이들과 함께 드리는 예배의 열쇠는 '참여'로 정확히 규정된다. 그것은 개신교 예배서의 첫 번째 시금석을 해석하는데 유효하다.[2]

> 예배는 전 교회의 책임과 참여 가운데 드려지는 것이다. 종교개혁은 모든 세례 받은 사람들의 제사장직을 새롭게 관철시켰다. 그렇기 때문에 전 교회는 예배에 책임이 있다. 하나님으로부터 다양한 재능을 선물로 받은 교회는 이러한 모든 선물, 능력과 지식으로 예배에 참여해야 한다. 예배 순서는 이를 위하여 항상 새로운 길을 평탄하게 해야 하고 가능성을 열어주어야 한다.

아이들의 참여를 위하여 특징적인 것은[3] 오감 중심적이고 행동과 관련된 요소들 사이의 교차이다. 고요함과 받아들임의 시간은 아이들이 움직이고 노래하는 등의 다른 시간과 교차한다. 그것은 마찬가지로 즉흥성과 반복되는 구조들의 교차에도 적

---

[2] Evangelisches Gottesdienstbuch. Agende für die Evangelische Kirche der Union und für die Vereinigte Evangelisch-Lutherische Kirche Deutschlands, hg. v. der Kirchenleitung der Vereinigten-Lutherischen Kirche Deutschlands und im Auftrag des Rates von der Kirchenkanzlei der Evangelischen Kirche der Union, Berlin 1999, 15.

[3] Georg Ottmar (Hg.), Mit Kindern Taufe und Abendmahl feiern, Gütersloh 1998 참조.

용된다. 마지막 것은 아이들이 예배 중에 안정감과 신뢰감을 경험할 수 있도록 하기 위해서 중요하다. 동시에 아이들이 직접 의견을 말하고 경험한 것들에 반응할 수 있는 기회도 주어져야만 한다.

■ 오감으로 예배드리기

예배학적으로 축제의 형태와 감각의 형태의 (포괄적인) 일치는 매우 중요하다. 아이들은 분위기에 매우 민감하다. 목사님은 다음과 같은 말로 사람들을 성만찬에 초대 한다.

"보세요. 그리고 맛보세요. 주님이 얼마나 다정하신지 말입니다."

그런데 사람들이 기쁨 없이 앞으로 나가서 거의 아무 맛도 없는 제병(Oblate)을 받는다면 이러한 것은 어쩌면 신학적으로 죄인인 어른들에게는 견딜 수 있는 것인지는 몰라도 (나는 그러한 것에 의문이 생기는데) 아이들에게는 전혀 아니다. 즐거운 노래를 함께 부르고 잘 구워진 빵의 냄새(오래 씹을수록 정말 달콤한 맛이 나는 빵), 그리고 맛있는 포도주스는 그것에 반하여 작용할 수 있다. 그러니까 하나님의 창조 선물을 진지하게 받아들이는 새로운 민감성과 주의력이 중요하다. 아이들의 예배 참석은 내뱉은 말이 실제로 일어나는지 아닌지 근본적으로 고려하도록 요구한다.

■ 이해할 수 있게 예배드리기

개신교 예배에서 이해할 수 있는 언어를 위해 노력하는 것은 당연한 것이었다. 그런데 사람들은 기도문을 뒤적이고 개신교 예배서의 예배학적인 부분들이 누군가에게는 때로 의문스럽다. 어린이 예배의 예전 부분에서는 종종 단순한 표현이 나타난다. 그것은 어른들의 참여 때에도 도움이 될 수 있다. 그것은 마찬가지로 성서봉독에서도 통용된다. 소위 판독성(전문 예배학적인 용어로, 성경 봉독 가능성)이라는 예배학적인 관점은 성경정과계획(Perikopenplan)에서 종종 손상되고 있다.

많은 성경 봉독은 그렇게 흔적도 없이 교회를 지나쳐 간다. 여기에서는-종종 형성 방식의 질문에서처럼-더 이상 거의 아무 것도 없다. 예를 들어 세심하게 고른 성경구절을 노래로 부르고 혹은 잘 설명된 성경 이야기는 어른들에게도 유익한 것이다. 다양한 전망으로 설명될 수 있는 소수의 단어들과 그림에 설명을 축소시키는 것은 이해하는데 도움을 준다. 어쨌든 분명한 중심 주제를 부각시켜야 한다.

■ 함께 예배드리기

그러한 예배는 더 이상 목사 한 사람에 의해 '집례'(halten)될 수 없다. 그러한 예배는 다양한 지식과 재능을 가진 사람들을 통하여 준비할 필요가 있다. 그것을 통하여 다양한 사람들의 참여가 가능하게 된다.

아이들과 함께 드리는 예배에서 음악은 중요한 역할을 담당한다. 경청은 집중적인 인지(Wahrnehmung)를 위한 하나의 감각이다. 음파는-먹는 것과 마시는 것과 유사하게-우리의 몸속으로 침투한다. 그래서 그러한 예배를 준비하고 성취할 때 교회 음악가에게 특별한 의미가 부여된다.

언급했던 것처럼, 마찬가지로 아이들과 함께 생활하는 사람들은 그러한 예배를 위하여 포기할 수 없는 사람들이다. 거기에서 부모, 어린이집 선생님 그리고 교사들은 다양한 관점에 기여할 것이다.

그 외에 교회에서 사회 봉사에 참여하는 사람들이 더해진다. 그들이 예배와 사회 봉사의 분리할 수 없는 연관성을 구체적인 사람들에게서 경험할 수 있다는 것은 아이들을 위하여-아이들만을 위해서가 아니다-중요하다.

이러한 고찰로부터 다음과 같은 사실이 분명해진다. 자기 자신을 개방하고 예수님의 어린이 복음을 진지하게 행하는 교회는 긴장감 넘치는 발견의 여행길에 오른 것이다. 많은 교회들이 이미 그 길을 가고 있다. 그들에게 나는 계속해서 그 길을 가도록 이 책을 통해 용기를 주려고 한다. 아직 머뭇거리는 교회에게 나는 기꺼이 출발하도록 동기를 부여하고 싶다. 그것은 별거 아닌 것이 아니다. 신학적으로 엄밀하게 표현하자면 하나님의 나라를 받아들일 것인가 하는 문제이다!

부록 1

기독교 신앙으로 가기 위한 길 위에서 아이들과 함께하는 삶을 위한 도전들[1]

크리스티안 그레트라인 박사
(독일 뮌스터대학교 실천신학 교수)

　기독교를 믿고 기독교적으로 사는 것을 배우는 것은 내가 "기독교 신앙으로 가기 위한 길 위에서 아이들과 함께하는 삶"이라는 주제 작성을 교육학적으로 좀 더 다루기 쉽게 작성하고 싶은 것처럼 분명 우리의 현 사회에서는 당연한 것이 아니다. 사람들은 대략 '그 반대라고' 말하고 싶은지도 모른다. 첫 눈에도 아이들과 청소년들이 점점 더 기독교 신앙에 대해서 아는 것이 적어지는 것처럼 비치는데 하물며 기독교 신앙을 믿고 기독교적으로 사는 것을 배우는 것은 말할 필요가 없다.

　이에 대한 원인은 동시에 교회와 성도들에게 도전이기도 하다. 이러한 원인을 좀 더 정확하게 규정하기 위하여 나는 첫 번째 단락에서 하나의 여행으로 초대하려고 한다. 그 여행은 아이

---

[1] Grethlein, Ch., Herausforderungen für das Leben mit Kindern auf dem Weg zu christlichen Glauben, in: Mit Kindern Glauben leben (Texte aus der VELKD 102), Hannover 2001, 4-13을 번역함.

들과 청소년들의 대다수가 분명하게 (별 문제 없이) 기독교를 믿고 기독교적으로 사는 것을 배우는 하나의 기독교 공동체로 떠나는 것이다. 이 예시에서 나는 사회화 이론적으로 기독교 신앙과 삶을 배우는 것을 지지하는 요소들과 관계들에 주목할 것이다.

두 번째 단락에서는 그에 대한 중요한 한정 조건들이 개략적으로 서술될 것이다. 그것은 현재 독일에서 젊은 세대의 기독교 사회화가 이루어지고 있거나 혹은 그렇지 못하게 하는 한정 조건들이다.

그것을 통하여 열리게 되는 긴장 속에서 나는 종교 교육학적인 가능성을 제시하려고 하는데 이 가능성은 이러한 상황에서 아이들과 청소년들이 우리 사회에서도 기독교를 믿고 기독교적으로 사는 것을 배우기 위하여 기독교 신앙에 대해 자각하도록 하는 것이다. 기독교 신앙에 대한 이해에서 나는 -교육학적으로 제시된 구체성이라는 이유에서- 개신교 교회의 오래되고 근본적인 신앙고백인 사도신경에 집중할 것이다.

하지만 나는 거기에서 사도신경을 신조 진리(Satzwahrheiten)의 집합체로 이해하는 것이 아니라 오히려 존재 설정(Daseins)과 가치 설정(Wertorientierung)에 대해 기독교의 본질적인 통찰을 표현하고 있는 하나의 확증적인 모델로서 사도신경에 대한 입장을 취한다.

이어서 나는 이러한 것을 몇 개의 예들에서 구체화하려고 한다.

1. 후터 공동체 사람들(Hutterer)에게 '기독교를 믿고 기독교적으로 사는 것'을 배우기

슈미트(Günter R. Schmidt)는 1993년에 출판된 그의 책 『종교 교육학』(Religionspädagogik)에서 단지 몇몇 예외를 제외하고는 젊은 사람들이 "공동체의 지도적인 사물 표상(Sach-), 가치 표상(Wert-) 그리고 의미 표상(Sinnvorstellung)", 즉 기독교 신앙을 믿고 기독교적으로 사는 그들의 형식을 전수받는 데에 있어서 후터 공동체 사람들을 성공한 기독교 사회화에 대한 범례로 소개하고 있다.[2]

후터 공동체 사람들은…종교개혁 시기에 취리히(Zürich)에서 시작해서 특별히 미국(USA)에서 살아남은 재세례 운동의 세 개의 지류 중 하나를 의미한다. 후터 공동체 사람들은 그들의 특별한 삶의 방식이 생성된 시기를 1528년으로 간주하는데 그 때는 한 재세례파 단체가 아우스터리츠/모라바(Austerliz/Mähren)에서 재산 공동체로 바뀌고 '형제단'(Bruderhof)을 만들었을 때였다. 300년의 흐름 속에서 그들은 계속해서 추방당했다. 트란실바니아(Siebenbürgen), 발라카이(Walachei)와 우크라이나(Ukraine)를 거쳐 마침내 그들 중 나머지 사람들이 1874년 미국으로 후에는 캐나다(Canada)로도 갔다. 현재는 그곳 몬태나(Montana), 노스다코타와 사우스다코타

---

2 G. R. Schmidt, Religionspädagogik, Göttingen 1993, 201.

(Nord-und Süd-Dakota), 매니토바(Manitoba), 서스캐처원(Saskatchewan) 그리고 앨버타(Alberta)에 있는 200개 이상의 형제단에 25,000명 이상의 후터 공동체 사람들이 있다. 몇몇 형제단은 그 외의 거주지와 이웃한 형제단과 어느 정도 떨어져서 존재한다. 그들은 최고 120명에서 150명을 아우른다. 만약에 이 정도의 수에 다다르면, 그들은 나뉘고, 다른 형제단이 생겨난다. 모든 형제단은 교회 공동체임과 동시에 경제 공동체이다. 옷이나 가구 같은 단지 개인적인 필요에 의한 물품들만이 개인과 가족에게 속하게 된다. 그 외에 그들은 온전한 재산 공동체 속에서 살아간다. …언어, 종교, 문화적으로 그들은 현저하게 그들의 주변 환경과 구분된다.[3]

이 공동체에 대한 한 문화인류학 연구는 다음과 같은 결론에 이르렀다. "후터 공동체의 사회화 방식과 양육 방식은 개인이 공동체 삶을 준비하는 데에 바로 현상적인 면에서 성공적이다."[4]

슈미트(Schmidt)는 이에 대한 가장 중요한 이유를 종교 교육학적 시각에서 이렇게 요약했다.

후터 공동체의 문화는 거의 긴장으로부터 자유로운 시스템을 형성하고 있다. 사물 설정, 가치 설정 그리고 의미 설정은

---

[3] Schmidt, Religionspädagogik, 202.
[4] J. A. Hostetler, G. Enders Huntington, The Hutterites in Nort America, New York 1967, 111.

논리적이고 감정적으로 서로 연결되어 있어서, 그것들은 서로를 뒷받침하고 각각은 전체 구조 속에서 자신의 근거를 가진다. 신앙 표상은 외부 세계와 구분되는 특별한 삶의 방식에 대한 근거를 대고 있다. 구분과 함께 어떤 식으로든 또한 계속적으로 신앙에 따른 이유 제시는 현재적이다. 사회화하는 모든 자극은 신앙요소도 포함하고 있다.

형제단은 체계적이고 조망할 수 있는 세계를 형성하고 있다.…언어로 높이 평가되는 이상 가치와 실제 삶의 실행을 규정하는 실제 가치 사이의 모순은 극히 적다. 사회적 분위기는 우호적이다. …신앙 입장(Glaubensorientierung)은 단지 함축적으로만 많은 세속적인 삶의 실행들을 규정할 뿐 아니라, 또한 모든 나이 계층에 맞게 일과 속에서 반복해서 예전적으로 명시된다. 하루를 보내면서 자주 기도 드리고 유치원에서는 성경 구절들, 찬송과 기도가 외워진다. '독일 학교'(Deutsche Schule)에서는 성경과 후터 공동체 전통의 종교적 텍스트에 따라 쓰기와 읽기를 배운다. 평일에는 어린이들을 제외하고 전체 거류민이 예배를 위하여 모이고, 주일에는 서로 어울리기 위해서 모인다.[5]

이런 결과들(Befunde)을 개념적으로 규정한다면 명백하게 기독교 신앙과 삶을 배우는 것을 지지해 주는 다음과 같은 한정 조건

---

5 Schmidt, Religionspädagogik, 203f.

들이 도출된다.
- 존재 설정과 가치 설정에 있어서 사회의 동질성
- 조망할 수 있음
- 삶과 신앙 활동의 밀접한 관련성

2. 오늘날 독일에서 '기독교 신앙과 삶 배우기'

1) 사회화 이론적 고찰

우리 아이들과 청소년들이 성장하고 있는 사회화 조건들이 짧게 서술한 후터 공동체 사람들의 사회화 조건들에 비하여 더 크다고 할 수 없다.

우리 사회는 동질성을 통해서가 아니라 오히려 다원주의로 특색 지워지는데, 삶의 형식의 영역에서 또한 존재와 가치에 대한 입장의 영역에서 그러하다. 그래서 종교사회학자 페터베르거(Peter L. Berger)는 종교적이고 윤리적인 질문들에서조차 계속하여 더 많이 선택해야만 하는 한, 서양 사회를 '이단적'(häretisch)라고 명명했다.[6]

대체로 광고와 산업의 경제적 관심을 근거로 강화되는 삶의 선택권에 대한 제안에 직면하여 이미 어린아이들도 어느 정도 부

6　P. L. Berger, Der Zwang zur Häresie. Religion in der pluralistischen Gesellschaft, Frankfurt 1980.

분적으로 고유한 결정을 해야 하는 필요성에 직면하게 된다. 교육 방식연구 결과처럼 결정 능력을 후원하는 것은 대체로 가정 교육에서 순종과 같은 또는 그와 유사한 전통적인 교육 목표들을 해체했다는 것이 그것에 상응한다.

기독교 사회화를 위하여 구체적으로 다음 두 개의 제2차 독일개신교연합(EKD)-회원 설문 조사에서 이 결과들이 잘 설명될 수 있다.[7] 한 편으로 여론 조사는 어린이 예배에 대해 부모들이 근본적으로는 압도적으로 긍정한다는 결론에 이른다. 단지 응답자의 1% 만이…자신의 아이가 어린이 예배에 가는 것에 대해 분명하게 반대했다. 다른 한 편으로 자신의 영향력으로 교회 교육을 적극 지원하겠다는 '준비 자세'(Bereitschaft)는 감소했다. 단지 모든 개신교인의 37% 만이 이러할 용의가 있다.[8] 마찬가지로 어린이 예배 참석의 횟수와 훗날 교회와의 결속성 사이의 경험적으로 근거 있는 관련성에 의거하여 볼 때, 부모의 변화된 교육 방식은 훗날 교회와의 관계를 위하여 지속적인 영향력을 주지 못할 것이다.

모든 삶의 영역에 해당하는 다원주의는 이미 어른들에 의해서 느껴질 정도로 크게 '조망할 수 없는 상태'(Unübersichtlichkeit)를 초래한다. 좀 더 확대된 여성들의 직업 성향이나 교통 시스템을 통하여 강요된 아이들의 보육과 같은 다른 발전과의 연관 속에서

---

7 유감스럽게도-아니면, 전형적이라고 말해야 하나?-내가 알기로 어린이 예배는 제3차 EKD-회원 설문 조사에서 더 이상 일반적인 여론 조사의 대상이 아니었다.

8 J. Hanselmann, H. Hild, E. Lohse, Hg., Was wird aus der Kirche?, Gütersloh 1984, 192를 보라.

능가하는 유동성은 무엇보다도 유년 시절의 '고립화'(Verinselung)로 이끈다. 그것은 올바른 방향을 찾는 능력(Orientierung)을 지극히 어렵게 만든다. 그러니까 어린아이들은 벌써 엄마를 통해 매일 공간적으로 관련성이 없고 사회적으로도 다양하게 형성된 장소로 이동된다. 예를들면 베이비시터, 유치원, 놀이방, 교육 후원 공간 등과 같은 곳이다. 거기에서 경험되는 어른들의 다양한 행동 방식은 어린아이들에게는 이해할 수 없는 혼란으로 이끌던지 아니면, 엄청난 사회적 적응 능력으로 이끌 수 있다. 이러한 것은 네 살짜리 여자아이의 일과스케치에서 유추할 수 있다.

아침 여덟 시에 벌써 여자아이는 엄마와 함께 버스 정류장에 나와 있다. 거기에서 여자아이는 다른 많은 유치원 아이들과 초등학생들과 함께 버스가 중앙 유치원에 데려다 주기를 기다리고 있다. 중앙 유치원은 지역의 아이들을 위해서 계획된 것인데 R이 살고 있는 시골에서 버스로 약 30분 정도 떨어져 있다. 이 여자아이의 일과는 대략 이렇다.

삼십 분 동안 여자아이는 '통학 버스의 세계'에서 다른 아이들과 함께 놀라고 무서워하고 기뻐한다. 이 세계는 '밀폐되어' 있다. 운전수 D아저씨가 허락하지 않으면 어떤 누구도 안으로 들어올 수 없다. 아저씨가 말하는 것이 유효한 것이다.

그리고 나서 여자아이는 도착한다. 그 사이에 여자아이는 벌써 어떤 집 또는 다른 집을 다시 식별해낸다. 그러나 거리에 있는 사람들은 그녀에게 모두 낯설다. …그 사이에 유치원을 보다 잘 알게 된 것과 하루의 몇 시간을 함께 생활하는 사람들에게도 서서히 신뢰를 갖게 된 것이 얼마나 다행인지 모른다. 거기에는 무엇보다도 부서 담당 B선생님과 실습생 카트린(Katrin)이 있는데 여자아이는 카트린을 제일로 좋아한다. 대부분의 아이들이 카트린을 굉장히 좋아한다. 때로 점심 식사 후에 여자아이는 카트린이 집으로 가는 데 동행해도 좋다는 허락을 받는다. 그리고 나서 여자아이는 비로소 저녁이 다 돼서야 집으로 간다. 여자아이는 비로소 늦게 그녀에게 익숙한 환경으로 다시 돌아가는 것이다.[9]

무엇보다 텔레비전과 점점 더 인터넷이 아이들과 청소년들이 노출되어 있는 영향의 다양성을 확장시킨다. 각각 그 안에서 미디어가 사용되는 사회적 환경에 따라 미디어를 통하여 인식된 것들을 그 외 삶의 세계 안으로 편입시키는 데에 사실상 큰 문제가 발생한다.

존재 설정과 가치 설정의 다원화와 함께 그것의 사유화는 밀접하게 연결되어 있다. 종교적 감정과 실행 방법(Praktiken), 그리고 그와 유사한 것들은 그 사이에 독일 사람들의 사생활권에 속

---

9 E. Goßmann, Wenn Kinder und Heranwachsende Leben und Glauben lernen sollen … Gemeinde, Schule und kirchliche Werke tun doch ihr Bestes?, in: dies., H. B. kaufmann, Hg., Forum Gemeindepädagogik, Münster 1987, 94.

하고 있다. 가족 안에서조차 이에 대한 교류가 거의 혹은 전혀 이루어지지 않는다. 그렇게 명백하게 종교적 주제와 실행 방법은 계속해서 가족의 교육에서 사라지고 있다.

본보기로서 이러한 것은-물론 사회화를 위한 그것의 근본적인 결과에서도-식사 기도에서 드러난다. 그에 상응하는 알렌스바흐(Allensbacher) 여론 조사 연구소의 조사는 다음과 같은 결과에 이른다.

> 1960년대 중반에 매일의 식사 기도는 인구의 62%에게는 유년기의 기억으로서 익숙한 것이었고 29%에게는 일상에 속한 것이었다. 하지만 1982년에는 유년기의 식사 기도를 아는 사람들은 겨우 47%에 달함으로써 이런 관습을 행하는 사람들이 11%로 줄었다.[10]

이 조사의 평가에서 관찰될 수 있는 것은 식사 기도가 사회화에서 아주 중요한 방식으로 일상을, 구체적으로 음식섭취를, 하나의 신앙 수행인 기도와 연결해 준다는 것이다. 식사 기도의 계속되는 사라짐은 삶과 기독교 신앙 사이의 간극을 심화한다.

그러므로 후터-사회와 비교해서 독일에서는 완전히 다른 사회화 한정 조건들이 지배하고 있다. 그것들은-십중팔구-"기독교 신앙과 삶을 배우는 것"에서 어렵게 하든지 혹은 거의 불가능하게 만든다.

10　R. Köcher, Religiös in einer säkularisierten Welt, in: E. Noelle-Neumann, R. Köcher, Die verletzte Nation, Stuttgart 1987, 178.

가톨릭 사회학자 카우프만(Franz-Xaver Kaufmann)은 이러한 상황을 받아들여서 그것을 객관적으로 아래의 주제에 첨예화시켰다.
(1) 이런 현대 문화 속에서 기독교인이 되는 것은 어렵다.
(2) 이러한 문화의 전제 속에서 기독교인으로 살고 행동하는 것은 어렵다.
(3) 어떤 사람이 그의 기독교인됨을 실제로 관철하려고 시도한다면 그 자신 자체가 그의 주변 세계에 힘든 존재가 될 것이다.[11]

거기에서 그는 단지 형식적 관점에서의 사회화 과정에만 국한하는 것은 문제가 있다는 데에 주목한다. 그에게는 내용적인 이유에서도 기독교가 오늘을 지배하고 있는 문화에 대한 하나의 버팀벽(Widerlager)으로 비친다.

2) 경험적 조사

만약 청소년들의 종교적 입장에 대한 경험적 조사를 이 사회화 이론의 배경에서 주시한다면, 한편으로는 옳음이 증명될 것이지만, 몇몇 새로운 것도 경험할 것이다.
어린아이들은 제한적으로만 언어적으로 수용할 수 있기 때문에 아래에서 나는 현 종교적 사회화의 결과가 입장 속에 반영된다는

---

11 N. Mette, Religionspädagogik, Düsseldorf 1994, 21에 따라 인용

가정하에서 청소년들의 소견들을 인용할 것이다.

거기에서 나는 무엇보다도 1985년의 '쉘(Shell)-청소년연구'[12]의 결과들에 근거하려고 하는데, 이 연구는 무엇보다 서면 표현의 평가를 통하여 좀 더 상세하게 청소년들의 종교적 견해들을 다루었다.

설문 연구(Beiträge)는 청소년들이 종교를 대부분 기독교적으로 특색 지어진 종교로 이해하고 있다는 것을 보여준다. 매우 적은 청소년들만이 뚜렷한 기독교적 자기 이해를 가지고 있을 뿐이다. 청소년들은 어떤 의미에서 선택적으로 기독교 신앙과 관련을 맺고 있는데 자신들의 고유한 것에 도달하기 위해서 부분표상(Teilvorstellung)을 사용한다. '쉘(Shell)-연구 2000'은 독일의 종교적 스펙트럼에서의 변화에 직면하여 다음과 같은 결론에 이르렀다.

> 증가하고 있는 무슬림 청소년들의 수(그 사이 독일에서 살고 있는 전체 청소년의 약 6%)와 종파 없는 청소년들의 수(약 25%)는 분명히 교회에 속한 청소년들에게 고유한 전통에 깊게 전념할 구실을 주지 않는다.[13]

이러한 양면성은 교회와의 관계성 속에서도 드러났다. 종종

12　아쉽게도 이어지는 두 개의 '쉘(Shell)-연구'에서 종교라는 주제는 여전히 부차적으로만 고려되고 있다.

13　W. Fuchs-Heinritz, Religion, in: Deutsche Shell, Hg., Jugend 2000 Bd. 1, Opladen 2000, 180.

그들은 (즉 청소년들) 교회의 실행 방식(Praktiken)이 청소년들의 존재감에 비껴갔을 때 교회의 방식에 상세한 비판을 가한다. 하지만 청소년들은 또한 그 반대를 경험하기도 하는데 교회 행사 중에서 생겨날 수 있는 공동체성과 소속감이 그것이다.[14]

그 사이 젊은이들의 사회 제도로서의 교회에 대한 거리감은 더 커진 것으로 비친다. 1996년에 시행된 '쉘(Shell)-설문조사'에서 절반이 넘는 청소년들이(52.2%) 교회에 대해 '적은 혹은 아주 적은 신뢰를 표명했다.[15](그와는 반대로 특별히 신뢰할만한 것으로 여기는 것은 환경 보호 단체와 인권 단체이다)[16] 다음은 2000년도에 확인된 한 조사다.[17]

(서독에서 설문조사에 응한) 청소년들은 대다수가 예배에 대해서도 비판적이고 거부하는 데까지 이르고 있다. '예배 때 너무 지루하다'는 문장은 다섯 명 중에서 네 명에게서 동의가 이루어지고 있다. 하지만 다음과 같은 것도 유효하다. "대략 청소년들 중 3분의 2가 인상 깊었던 예배를 기억하고 있다."

내용적으로 다음과 같은 결론이 나온다.[18]

---

14 W. Sziegaud-Roos, Religiöse Vorstellungen von Jugendlichen, in: Jugendwerk der Deutschen Shell, Hg., Jugendliche und Erwachsene '85, Bd. 4, Leverkusen 1985, 384.

15 R. Münchmeier, Die Lebenslage junger Menschen, in: Jugendwerk der Deutschen Shell, Hg., Jugend '97, Opladen 1997, 297.

16 Münchmeier, Die Lebenslage junger Menschen, 296을 보라.

17 Fuchs-Heinritz, Religion, 271.

18 S. R. Starck, I. Scholz, Gottesdienst mit Konfirmandinnen und Konfirmanden, in: Comenius-Institut, Hg., handbuch für die Arbeit mit Konfirmandinnen und Konfirmanden, Gütersloh 1998, 256.

청소년들의 종교성을 위하여 기독교의 중심적 인물은 그다지 큰 의미가 없는 것으로 비친다. 예수는 설문 연구(Beiträge)에서 전혀 언급되지 않았다. …그와는 반대로 청소년들은 하나님에 대한 질문에 집중한다. …청소년들은 하나님에 대한 이해를 아주 추상적인 영역에서 접근한다. …대부분 하나님이라는 말을 오히려 철학적으로 파악될 수 있는 하나의 관념으로 이해하는 것으로 비친다. 청소년들은 하나의 추상적 신적 원리를 믿고 있다.[19]

그 외에 다음과 같은 사실이 모종의 긴장 관계 속에 있는데 청소년들의 다수가 계속해서 기도한다는 것,[20] 그들은 또한 예배에 참석하지 않거나 그 외 교회와 전혀 접촉이 없는 청소년들이라는 것이다. 청소년들의 기도에 대한 사회학적인 분석은 다음과 같은 결과를 내놓는다.

그것은 (즉 기도) 감정들을 드러내고 그 감정들과 씨름할 수 있는 가능성을 제공한다. 기도는 우리의 학교와 직장 세계에서 소홀해지는 인간의 영역을 끌어내는 기능이 있다. 기도하

---

19 Sziegaud-Roos, Religiöse Vorstellungen von Jugendlichen, 385.
20 기도하는 것이 감소했다는 Shell 2000의 조사는 다른 유럽 국가들의 경험적 결과들과 상반되고 있고 본질적으로 조작적인 질문의 결과로 돌릴 수 있다 (453: "너는 너 자신을 위해서 가끔 혹은 규칙적으로 기도하는 지 나에게 말하길 원하니? 아니면 그것에 대해서 말하지 않는 것이 더 좋겠니?").

는 것은 안식처가 되고 힘의 원천이 된다.[21]

전체적으로 하지만 청소년 대부분의 표현 속에서 하나의 현상이 관찰될 수 있는데, 바로 교회 교역자들(kirchliche Mitarbeiterinnen und Mitarbeiter)과 또한 그 외 성인 기독교인들이 생각해 볼 문제이다.

편지(즉 청소년의 설문 조사를 계기로 보내진)를 읽을 때, 다음과 같은 인상을 받게 된다. 청소년들이 종교에 대해 토론할 때에 외부로부터 비교적 적은 지원을 받는다는 것이다. 무엇보다 청소년들이 소수 사람들과만 신앙에 대한 대화를 나눈다는 것은 다음으로부터 추론될 수 있다.

청소년들은 그들의 종교적 질문과 관련하여 다른 사람들 혹은 단체들을 전혀 언급하지 않았다는 것이다. 그들의 종교적 표상(Vorstellungen)에서 청소년들은 실제로 다음에 의존하고 있는데, 그들이 현존하는 전통들에 접목할 수 있고 그것에 따라 자신들의 고유한 길을 갈 수 있다는 것이다.[22]

---

21 Sziegaud-Roos, Religiöse Vorstellungen von Jugendlichen, 385.

22 Sziegaud-Roos, Religiöse Vorstellungen von Jugendlichen, 386.

3. 도전으로서의 신앙고백

위에서 대략 서술한 조사에서 신앙 적대적인 현시점에 대해 한탄 또는 그 비슷한 것을 터트릴 수도 있다. 한편으로 거기에서-또한 역사적으로 근거 없는 종교 몰락의 가정을 제외하고-현실과의 관련성이 상실될 우려가 있다. 우리 현 사회의 다원적 이해는 물러날 수 없는 것처럼 비친다.

다른 한편으로는 오늘날의 다원주의는 특별히 기독교적으로 동기가 되었던 사회적인 자유 획득 노력을 위한 하나의 성과라는 것이 고려되어야만 한다. 그러므로 다원주의는 정치적으로 바랄 만한 가치가 있는 것이고[23] 주체의 자율에 대해 관심을 두는 교육학적인 관점에서도 장려되어야 한다.

다원주의와 연결된 사회적인 문제를 심사숙고하고 젊은이들이 기독교 신앙과 삶을 배울 수 있도록 돕는 오늘날의 사회에 적합한 길을 찾는 것은 중요하다. 내가 아래에서 제시하려고 하는 것처럼 기독교 신앙의 압축된 표현 형태로서 신앙고백에 대한 숙고는 그러한 것에 이바지할 수 있다. 하지만 다음과 같은 사실을 잊어버려서는 안 된다.-후터 공동체 사람들과의 비교는 이것을 아주 분명하게 보여주는데-무엇보다도 내 생각으로는 우리 사회의 어린아이들에게 많은 것들이 요구되고 있는데 심지어 종종 아

---

[23] 인상적인 책으로 K. E. Nipkow, Bildung im Pluralismus Bd. 1, Gütersloh 1998, 29 이하를 보시오.

이들의 발달에 유익한 것보다도 더 많은 것들이 요구되고 있다.[24]

1) 다원주의 속에서 신앙 배우기

제시한 바와 같이 존재 설정과 가치 설정(Wertorientierung)의 통일성은 그에 상응하는 배움 과정을 쉽게 한다. 그와는 반대로 다원주의적 상황에서 각각의 개인은 현존하고 있는 다양한 제안들로부터 선택하도록 강요당한다.

거꾸로 다른 사람에게 어떤 것을 전하려고 하는 사람들은, 우리의 경우에서는 교회에 연합된 크리스천들은, 그들의 제안을 매력적으로 제시해야만 한다. 삶을 이해하는 능력의 기독교 신앙을 소개하여서 기독교 신앙이 아이들과 청소년들에게 특히 진지하게 검토한 하나의 옵션으로 인식되는 것이다.

이미 사도신경(Apostolicum)은-덧붙여 말하자면 고도의 종교적 다원화로 특징지어진 사회에서 작성되었는데-이 점에서 오늘날에도 여전히 한 번 더 고려해볼 만한 가치가 있는 길을 안내한다. 사도신경은 간과할 수 없게 하나님을 중심에 세운다. 윤리적 구체화, 삶의 방식의 문제, 그리고 그와 유사한 것들은 기독교 신앙의 근본을 다룰 때에는 명백하게 별 의미가 없다. 분명히 오늘날의 청소년들에게도 하나님에 대한 질문은 철저하게 현재적이라는 것이 흥미롭게도 그에 상응한다. 교회와 소위 교회 생활에

---

24 우리 사회의 정관(Konstitution)을 위하여 기초가 되고 있는 두 개의 시스템인 교통 시스템과 경제 시스템은 아이들과 청소년들의 인격 발달에 엄청난 위험성을 지니고 있다.

서 대부분 이루어지는 주변 형태들이 그들에게는 너무나 구태의연하게 비친다는 것도 그렇다.

사도신경이 고백 되던 최초의 배경(Kontext)을 떠올리는 것은 종교 교육학적으로 자극이 된다. 그것을 통하여 이전의 수업 시간에 통상적으로 행하던 텍스트 외우기를 통하여 유발된, 즉 인식론적인 오해가 제거되는데 그것은 사도적 신앙고백은 받아들인 신조 진리(Satzwahrheiten)의 지식을 위해서 작성한 것이라는 오해이다. 오히려 이 텍스트에서는 고유한 삶을 위한 하나님의 중요성(Relevanz)을 서술한 것이다. 그에 상응하여 사도신경은 원래 종교 의식(Ritus) 속에 자신의 자리가 있었는데 하나님과 개인의 연결이 가장 강력한 표현을 얻는 의식, 즉 세례 가운데에 있었다.

세례 고백으로서 구상된 사도신경은 다음과 같은 것을 상기시킨다. 하나님에 대해서 객관화하는 것이 아니라 단지 자신의 당황(Betroffenheit)으로부터 적절하게 하나님에 대해서 말할 수 있다는 것이다. "나는…믿는다." 이것은 고대 교회의 세례식에서 각각 고유한 항목을 포함하고 있는 세 번의 질문에 대해 답변한 것이고 그리고 나서 매번 물 붓는 것이 이루어진다.

거기에서 기독교 신앙과 삶을 배우기 위해서는 종교 교육학적 관점에서 단순한 말들로는 충분하지 않다는 것이 드러나고 있다. 우선 종교 의식 속에서, 그러니까 그 중심에 상징적 커뮤니케이션이 있는 행위(Handlung) 속에서 근본적이고 하나님에 의해 선사된 기독교 신앙으로의 배움 과정이 생기는 영역에 이르게 된다.

수업에 집중하고 있는 현재 기독교 학습은 그것이 학교이든 교회이든 간에 거기로부터 적어도 그것의 치우침 때문에 문제가 되고 있다. 왜냐하면 여기에서 기독교적인 존재 설정과 가치 설정이 수업지식이 될 위험이 있기 때문이다. 흡사–개인적인 삶의 방향 설정(Lebensausrichtung)을 위해서는 별 의미 없는 학교 종교와 같이 말이다. 그리고 이런 종교는 지루하다. 왜냐하면 이러한 종교는 교육학적으로 말해서 생생하지 않기 때문이고 신학적으로 볼 때에 기독교 신앙의 깊은 차원을 놓치고 있기 때문이다.

착오를 막기 위하여 종교 수업은 다원화 사회에서 중요하다. 포기할 수 없다. 왜냐하면, 다양한 옵션들 사이에서의 선택은 인식론적으로도 심사숙고되어야만 하기 때문이다. 하지만 기독교 신앙은 먼저 선택될 수 있는 존재 설정과 가치 설정으로서 포괄적인 의미에서 현존해야만 한다. 그것에 대해 일반적으로 45분 단위의 수업은 과중하게 느낄 수 있다. 그 외에 기독교 신앙의 포괄성과 동시에 역동성을 알게 하는 예전적인 제안이 부족하다. 세례 예배(Taufgottesdienst)에서 사도신경의 위치는 이러한 것을 분명하게 강조한다. 그래서 세례를 베푸는 것이–조금 큰 아이들에게나 학급 친구들이나 같이 입교 교육을 받는 친구들을 데리고 온 청소년들에게–아주 인상적으로 느껴지는 것은 놀랄만한 일도 아니다.

거기로부터 교회조직을 위하여 현재 논의되고 있는 이상(Leitbild)에 대한 질문과 관련하여 이상들을 예전적 차원과 삶에 대한 구체적인 상황을 고려하지 않고, 단지 언어적으로만 작성하려 한다는 경고가 나타나고 있다.

2) 조망할 수 없음(Unübersichtlichkeit)에 직면하여 신앙 배우기

계속되는 문제로 독일사회의 사회화 조건을 후터 공동체의 사회화 조건과 비교했을 때 개괄성(Überschaubarkeit)의 결핍과 조망할 수 없음(Unübersichtlichkeit)이라는 결과가 나온다. 신학 내적인 다원화, 또 증가하는 종교적 다원화는 청소년들의 의견에서 분명하게 나타난 것처럼 기독교 윤곽이 사라지도록 한다.

사도신경의 시작은 기독교인 되기가 결코 당연하지 않던 시절로 소급해 간다. 사도신경은 신앙에 대한 간략한 기초적 공식화(Formulierung)에 중요한 의미가 있음을 시사한다. 분명한 삼위일체의 기본 구조는 기독교 종교의 중심적 내용으로서 하나님에 대한 신앙을 표현한다. 이러한 기본 속에서 사도신경은 오늘날에도 여전히 종교 교육학적인 노력을 위하여 의미가 있다.

기독교 신앙은 명백하게 본질적으로 창조주 하나님, 예수 그리스도 안에서의 자기 계시 그리고 성령의 활동에 대한 믿음이다. 하지만 무엇보다 19세기 중후반에 시작된 소위 사도신경 논쟁은 원문의 직접적 수용이 현대인들에게 엄청난 어려움을 초래한다는 것을 보여준다. 확실히 역사적인 참조 지시(Verweis)와 상징적인 이해를 통하여 '동정녀 탄생'과 같은 난관은 극복될 수 있다. 그럼에도 거기에서 본질적으로 기독교 신앙고백에 속한 매력적인[25] 신앙고백의 근본 특징이 상실될 위험이 있다.

---

25 S. H. Schröer, Bekenntnis. Praktisch-theologisch, in: RGG₄, Bd. 1, 1998, 1263.

그래서-실천 신학적으로 본다면-"기도와 확증, 교리와 찬양"[26] 이라는 기본 기능 속에 있는 사도신경을 진지하게 받아들이는 것이 결코 직접적인 수용(Übernahme)으로 귀결되는 것은 아니다. 오히려 그것은 신앙에 대한 짧은 공식(Kurzformeln)의 표현이 되도록 상기시키고 있다.[27]

그에 상응하도록 노력할 때에 다음과 같은 필요성이 분명하게 드러날 것이다. 즉 전승된 기독교 신앙의 통찰을 지금까지 보다 더 분명하게 오늘날 사람들의 이해 전제 조건과 연관시키는 것이다. 거기에서 종교 교육학은 발달심리학과 환경이론과 같은 경험학문 이해에 이바지할 수 있는데 물론 성경 연구와 조직신학적 연구와의 협력에 의존하고 있다.

3) 종교의 사사화에 직면하여 신앙 배우기

아마도 가장 어려운 것은 기독교 신앙이 보통 일상과의 사사화된(privatisierende) 분리에 직면하는 것이다. 동시에 이것은 아마도-인간적으로 본다면-기독교의 미래를 가장 위협하는 현상일 것이다. 왜냐하면 그것을 통하여 기독교 신앙이 사회화를 위하여 그리고 교육적으로 의미가 없는 사적인 개인입장으로 기화(verdunsten)하도록 위협하기 때문이다. 사도신경 신앙고백은 이러

---

26 Schröer, Bekenntnis. Praktisch-theologisch, 1262, E. Schlink와의 연관성 속에 있음.
27 예를 들어 R. Bleistein, Kurzformeln des Glaubens Bd. 1 und 2, Würzburg 1971을 보라.

한 상황에서 다음과 같은 차원들에 주목하는데 그것은 적절한 기독교 신앙 이해에 속한 것이다. 그리고 그리스도인의 삶의 실행(Lebensvollzüge)에서도, 물론 기독교교육에서도 표현해야만 하는 차원들이다.

- 창조주에 대한 감사로 특징지어지는 자연과의 관계.
- 예수 그리스도의 운명을 중심점과 전환점으로 이해하는 역사관.
- 생물학적인 죽음 이후의 생명에 대한 새로운 시작과 희망으로 특징지어지는 그리스도인들의 교제.

여기에서는 이러한 기독교 신앙의 차원이 전적으로 공적인 토론에 접속 가능한 것으로 입증되고 그래서 종교 교육학적인 큰 관심을 얻는다는 것이 시사될 수 있을 뿐이다.

소위 생태학-토론은 주변 세계와 사람의 관계를 다시 의식하게 한다. 무엇보다도 창조주 하나님에 대한 믿음은 한편으로 이따금 확인할 수 있는 생태학-논쟁의 윤리적인(ethizistisch) 좁은 사용을 극복하는데 도움을 줄 수 있고 다른 한편으로 그러한 믿음은 동시에 창조에 대한 선함이 표현되는 분명한 삶의 형태가 되도록 요청한다.

기독론 항목은 이해하기에 좀 더 어려운 것처럼 보인다. 이 점에서 약 20년 이래로 계속해서 다양한 학문들을-물리학에서부터 교육학에 이르기까지-특징짓고 있는 시간 이해에 대한 토론에 대해 아는 것이 도움이 될 것이다.[28] -구체적으로 예를 들어 일률적인 시간의 승승장구 속에서 (경험시간의 희생으로)-명백하게 시간이해의 변화를 통하여 새로운 현실관계가 생성되고 있는데 그것은 계속해서 문제시 되고 있다.

가속의 성장은-시간을 아끼고 그것을 통하여 가능한 한 심도 있는 경험을 위해 더 많은 자유 시간을 가지고자 하는 바람에 의해서 떠받쳐지고 있는데-계속해서 반대로 되어가는 것처럼 보인다. 시간당 200킬로미터의 최고 속도로 달릴 수 있는 자동차로 몇 킬로미터의 교통체증에 서 있는 운전자는 현대 가속의 비합리성을 느끼게 된다. 가능한 한 많은 것을 경험하고자 하는 노력에도 불구하고 혹은 어쩌면 그 때문에 또한 열망하던 자유-시간은 계속해서 시간 부족의 강요에 처하게 된다.

이러한 상황에서 고난의 운명을 받아들이는 것과 생명의 유한성을 깨트리는 것으로서 부활을 지시하고 있는 두 번째 신앙고백 항목이 주목을 받고 있다. 여기에서 시간에 대한 이해가 제공된다. 그것은 형식상 일률적인 것이 아니라, 전체의미와의 관련성을 통하여 그리고 한편으로 죽어야 할 운명이 희미해지지 않게 되고, 그러나 동시에 절대적이지 않은 것으로 파악되는 것으로 특징지어진다.

끝으로 성령과의 교제에 대한 신앙고백 또한 예를 들면 공동체주의-논쟁(Kommunitarismus-Debatte)과 같은 최근의 토론과 연

---

[28] 이에 대한 종교 교육학적인 시각으로 Chr. Grethlein, Religionspädagogik, Berlin 1998, 260-70을 비교.

결할 수 있다. 교제에 대한 기독교적 이해는 다음과 같은 것을 통하여 특별한 강조를 지닌다. 즉 교제는 사람들 마음대로 할 수 없는 토대에 대해 알고 있고 그래서 교제는 도덕적 엄숙주의로부터 보호하는 것으로 보인다.

하지만 여기에 긴급하게 조직신학에 의해 다루어질 수 있는 문제가 여전히 불확실한 채로 남아있다. 그것은 현대 군중 사회 그리고 미디어 사회라는 조건 속에서 교제에 대한 기독교적 이해를 다루는 것이다. 그래서 형성 방식의 문제(Gestaltungsfrage)에 관심을 가지고 있는 실천 신학적인 고찰을 위한 기반을 제공하는 것이다. 가족의 상황을 첨예화시키면 이러한 질문은 다음과 같다.

> 가족은 이 점에서 자녀들의 종교적 사회화를 위하여 얼마나
> 많은 도움이 필요하고 어떠한 형태의 도움을 필요로 하는가?

미디어 이론적으로 말해서, 단지 인격적인 미디어만을 통한 도움인지 아니면 비인격적인 미디어를 통해서도 도움이 필요한 것인지이다.

4. 몇몇의 종교 교육학적인 구체화와 지시들

앞서 진술한 고찰 중에서 구체적인 종교 교육학적인 연구를 위하여 다음과 같은 세 개의 동인(Anstöße)을 도출해 낼 수 있다. 여기에서 나는 세 개의 신앙고백 항목의 순서를 따를 것이다.

1) 자연에 대한 감지

기독교 신앙고백을 위하여 중심적인 것은 사람의 감지능력이다. 이것은 첫 번째 신앙고백 항목을 고려할 때 더욱 분명해진다. 창조주 하나님을 찬양하는 것은 어느 정도 범위에서 자연에 대한 감지, 다시 말해서 하나님의 선한 창조 행위를 알아보기 위하여 열려 있는 감각자극(Sinneseindruck)을 전제한다.

현대 삶의 정황은, 특히 도로공사나 고층건물 거주에서 분명해지는데 우리나라의 많은 어린이들에게 자연에 대한 직접적인 접근을 어렵게 만든다. 여기에서 적절한 경험들을 개척해서(anbahnen) 그렇게 창조 신앙고백을 위한 기반을 놓는 것이 계속해서 종교 교육학적 과제가 될 것이다. 그 외에 아이들과 청소년들의 안위와 그들의 기독교 신앙과 삶 배우기에 관심을 두는 종교 교육학은 다음 세대가 자연과 관계 맺는 것을 어렵게 하는 우리나라의 엄청나게 잘못된 정치적 발전을 지적하는 것을 피할 수 없다.

이러한 연관성 속에서 설명해야 하는 것은 신앙-배우기에서 비인격적인 미디어가 어떠한 의미를 지닐 수 있는지 그리고 기술적 매개의 정도가 여기에서 의미가 있는 것인지 하는 것이다. 이러한 질문제시로부터 그림과 개신교에서 중심으로 삼는 개인적 성경 읽기에 관한 반복적인 논쟁과 같은 교회사적인 현상들은 새로운 현재의 미디어 교수법적으로 흥미로운 주목을 받는다.

2) 기회로서의 교회력(Kirchenjahr)

기독교 신앙과 일상 사이의 분열을 극복해야 하는 급선무에 응하여 다음의 제시는 수업의 실행을 훨씬 능가하는 그러나 우리 사회에 있는 모든 사람들과 적어도 어떻게든 접촉하는 현상인 교회력에 관심하고 있다.

교회력은 바로 시간에 대한 탁월한 구조이다. 이때에 주기적이고 구원사적인 시간이 서로 안에서 기능하게 되는데 기독교 신앙의 구체적인 중요성을 경험할 수 있게 하는 많은 가능성을 제공한다. 너무나 오랫동안 사람들은 교회력과 함께 주어진 관습을 소홀히 할 수 있는 주로 지성적으로 설정된 종교 교육 속에서 신앙 생활을 해 왔다.

하지만 그 사이 특히 종교 의식(Ritus)과 상징에 대한 경험학적인 지식을 통하여 자극을 받아 교회력을 통하여 주어지는 가능성이 다시 존재하게 되는데, 그것은 자신의 고유한 존재를 하나님과의 관계 속에서 인식할 수 있는 가능성이다. 기독교 주요 축제들이-근본적으로 학교 방학을 통하여 매개되는데-언제나처럼 우리 사회의 일 년 주기를 특징짓는다는 것은 사회화 이론적으로 엄청난 가치를 지닌다. 그것을 통하여 주어진 인간의 특별한 감수성(Empfänglichkeit)을 수용하는 데에 광고 산업이 개입하는 것은 이러한 특징의 의미를 시사하는 것이다. 그러나 어쨌든 부분적으로는 축제에 대한 기독교적 (그리고 다시 말해서 이신칭의 신학적으로도 소비압박에 굴복하지 않는) 이해를 위해서는 위협이기도 하다.

여기에서 이제까지보다 더 분명하게 다음과 같은 사실이 중요해진다. 즉 기독교가 표현될 수 있는 다양한 사회 시스템을 위한 제안으로서 중심적인 성경 텍스트와 그것을 조형 예술과 음악 안으로 수용한 것을 선보이는 것이다. 거기에서 예전적 차원이 고려될 수 있고 표현 방식들이 적절하게 자리 잡을 수 있다.

3) 교제의 가능성

마지막으로 세 번째 신앙고백 항목은 당연히 적어도 징후적으로는(ansatzweise) 교제의 유익함을 경험했던 사람들을 위한 것으로만 이해될 수 있다. 이러한 것도 몇몇의 아이들과 청소년들에게는 당연한 것이 아니다-명백한 쇠퇴-이론에 반하여 이러한 것은 전혀 새로운 문제가 아니라는 것이 분명하게 강조된다고 한다. 여기에서 수업적인 제안을 넘어서-사용 가능한 공간과 어쨌든 개별적으로 교제의 형성을 가능하게 하는 동행자(Begleiter)를 제공하는 것이 중요하다. 이러한 동행(Begleitung)은 다른 사람들과 삶의 길 한 부분을 함께 걸어가고 그것을 통하여 변화될 준비가 되어 있는 사람들, 그리고 시간을 내는 사람들을 필요로 한다. 그것은 기독교 교회의 틀에서 결코 사회 교육학적으로만 동기부여가 되는 것이 아니다. 오히려 거기에서 기독교 교회는 정기적으로 예배에서 고백하는 위대한 약속, 즉 "성도들 간의 교제"됨을 알아내려고 시도한다.

이러한 교제는 확실히-이것은 후터 공동체 사람들에게서 학습될 수 있는데-엄청난 교육적 중요성을 가질 것이다. 그래서 지난 20년 안에 행해진 교회 어린이 사역과 청소년 사역의 전문성을 비판적으로 반성하는 것도 여기에 해당한다.

Kinder in der Kirche

Eine Orientierung für Mitarbeitende im Kindergottesdienst

부록 2

어린이 예배 활성화 방안

김 상 구 박사
(백석대학교 실천신학 교수)

1. 들어가는 글

한국 교회는 한국 사회의 정치적 · 경제적 · 문화적 발전과 함께 세계선교 역사상 유래가 없을 정도로 급성장하였다. 하지만 2000년 이후 한국 교회는 점차적으로 이와는 다른 모습으로 나타나고 있다. 양적으로나 질적으로 정체 내지는 침체되고 있기 때문이다.

2005년 통계청 자료에 따르면, 기독교 인구는 10년 전(1995년)에 비해 14만 4천명이 감소되었으며[29] 이런 현상은 더 심화될 것으로 예상되고 있다. 또한 목회자들을 대상으로 실시한 "한국기독교목회자협의회"의 조사 결과에서도 알 수 있듯이 최근 교인 감소 현상에 대하여 "염려스럽다"는 응답이 58.0%이며, "예상한 결과였다"는 응답은 31.0%로, 약 90%가 이러한 상황을 예감하고

---

29 통계청, 『인구주택총조사』, 1995, 2005.

있다는 것은 목회자들 스스로도 교인 감소에 큰 위기를 느끼고 있다는 것이다.[30]

이러한 교인 감소에 따른 위기는 교회학교 어린이 예배에서도 쉽게 감지할 수 있다. 왜냐하면 어린이 예배의 참여 수가 현저히 줄어들고 있기 때문이다.

필자는 이러한 위기 상황을 극복할 수 있는 하나의 방안으로 어린이 예배 갱신을 제안하고자 한다. 이를 위해 먼저 어린이 예배의 역사적 관점에 따라 고대 교회와 종교개혁 이후, 주일학교의 배경과 발전과정, 한국 교회에서의 어린이 예배 등으로 구분하여 기술하고자 한다. 이어서 오늘날 한국 교회학교[31]의 어린이 예배 상황을 진술하면서 교회학교의 침체 원인을 교회 내부적 요인과 시대 외부적 요인으로 구분하여 살펴보고자 한다. 이러한 요인은 직·간접적으로 어린이 예배에 큰 영향을 미치고 있기 때문이다. 이 점들을 고려하면서 어린이 예배 갱신 방안을 제안하고자 한다.

---

30 www.kpastor.org 자료마당 설문조사(2006년 6월 26-27일) 중 "교인감소 현상에 대한 의식조사 보고서"〈도표5〉 2면. http://kpastor.org/inews/inew.html?oo_id=85&oo_day=20080614174402&code=30
31 현재 주일학교 용어로 '주일학교'와 '교회학교' 혹은 '주일교회학교' 등은 서로 다른 의미를 내포하고 있음으로 상황에 따라 표현하고 있다. 본 글에서 서구 주일학교의 배경과 초기 한국 교회를 설명할 때에는 '주일학교'라는 용어를 쓰고, 오늘날 한국 교회를 언급할 때는 '교회학교'라는 용어로 사용하고자 한다.

2. 어린이 예배의 역사적 관점

교회에서 어린이의 역사를 살펴보면 그들이 교회의 중심에 있었다는 것을 쉽게 알 수 있다. 그들은 다양한 시간과 상이한 장소에서 다양한 방법으로 교회에서 드리는 예배에 참여하였다. 필자는 교회사 속에서 나타난 아이들을 위한 배려를 중심으로 살펴보고자 한다.[32]

첫째, 그것은 고대 교회에서 드리는 예배 장소에서 찾을 수 있다. 예배에서 아이들이 직접 예전적으로 참여할 수 있는 역할을 줌으로써 보다 쉽게 공동체에 융합할 수 있었다는 점이다.

둘째, 종교개혁 이후에는 예배에서 아이들의 예전 참여가 급격히 줄어들었으며 신앙교육적인 성격이 매우 부각되었다.

셋째, 18세기에는 영국에서 주일학교가 시작되었다. 이후 미국과 독일에도 주일학교 운동이 널리 퍼지게 되었다. 하지만 국가적 상황(영국, 미국, 독일)에 따라 주일학교의 특징이 달라지는데 이에 대해 간략히 살펴 보고자한다.

넷째, 주일학교는 어떻게 한국 교회에 정착되었으며 변천하였는가도 살펴보고자 한다.

---

[32] Mark Dalby, "Children and Worship," in *The New SCM Dictionary of Liturgiy and Worship*, ed. Paul F. Bradschaw (London: SCM Press, 2002), 106–08.

1) 고대 교회 예배에서의 어린이

신약성경에서 아이들에 대하여 특별히 강조하고 있는 것을 쉽게 찾을 수 있다.[33] 예수님은 그들을 안고 그들 위에 안수하시고 축복하시면서 그들이 하나님의 나라에 속하는 자들이라고 말씀하셨다(막 10:13-16). 그들이 특히 주목을 받은 것은 교회 안에서 이루어진 그들의 역할을 보아도 쉽게 알 수 있다. 기독교 예배의 중심에는 복음의 읽기(성경 봉독)가 있었다. 고대 교회에서 아이들은 그 역할을 담당했다.[34] 그래서 그들이 봉독자로서 활동했던 것을 기억하도록 그들의 무덤 돌에 그들의 봉사 내역을 새기기도 하였다.

6세기경 최소한 5-8세 아이들이 성경 봉독자로서 봉사했다. 이 아이들은 주일에 봉독할 복음을 주중에 배워서 리듬과 가락의 형태로 공동체 모임(예배)에서 봉독했다. 또한 아이들의 맑은 목소리는 순수한 복음을 봉독할 수 있다는 흥미로운 실증이 나타나기도 했다. 그래서 고대 교회의 그리스도인들은 아이들이 부르는 시편송을 높게 평가했다. 아울러 어린이 성가대(scholae cantorum)를 조직했다.[35] 예전적으로 성가대의 참여는 예배 경축의 중요한 구성 요소였다.

---

33 Christian Grethlein, *Kinder in der Kirche* (Göttingen: Vandenhoecke & Ruprecht, 2010), 10-12.
34 Grethlein, 『예배학 개론』, 김상구 역(서울: CLC, 2006), 372.
35 Grethlein, *Kinder in der Kirche*, 13-14.

중세기에 일방적으로 성인들에게 초점을 맞추었던 교리학은 예배에서 아이들을 배제시켰다. 왜냐하면 인간은 원죄로 인하여 본성이 타락했으며, 따라서 세례를 받지 않은 아이들이 불결하다는 인식이 자리 잡게 되었기 때문이다.

아리스토텔레스는 철학적으로 중세기 신학적 사고를 결정했다. 그에 따르면, 이성은 인간의 중심을 형성한다. 아이들은 매우 부족한 '미성숙한 자'로서 표현되었다. 따라서 기독교 교회는 고대의 일반적인 설정에 순응함으로써 아이들은 사회의 가장자리로 빠지거나 교회에서 배제되었다.

2) 종교개혁 이후: 어린이 예배 선(先)모형으로서의 신앙 교육

성가대의 역할을 담당하므로 자연스럽게 예배에 참여했던 아이들은 종교개혁을 통해 강조된 신앙 교육(교리문답서를 중심으로 하는 가르침)으로 말미암아 종교개혁 이후에 일반화된 어린이 예배의 선(先)모형으로서의 신앙 교육 참여에 큰 의미를 가졌다. 신앙 교육의 내용은 어린이 설교 중심인 예배와 깊이 관련되었다.[36] 하지만 고대 교회의 예배와는 다르게 이 예배에 아이들의 직접적인 참여가 배제되었다.

프리드리히 오버린(Friedrich Oberlin, 1740-1826년) 목사는 어린이 교육에 주목을 끄는 인물이었다. 그는 약 1770년 이래

---

36 Gottfried Adam, "Kindergottesdienst," in *Gemeindepädagogisches Kompendium*, Gottfried Adam & Reiner Lachmann (Hg.) (Göttingen: Vandenhoecke & Ruprecht, 1987), 281-82.

로 주일마다 아이들을 모아서 전문적으로 교육받은 젊은 여성들에게 성경을 가르치도록 했다. 여기서부터 '기독교 유아학교'(Kleinkinderschule)가 발전되었다. 이들의 관심은 최종적으로 일상 생활에 필요한 기초교육적인 것이었다. 그들은 후에 유치원(Kindergarten)을 선호한다.[37]

초기 수도원학교로부터 19세기까지 적어도 초등학교는 예전의 실제와 깊이 연결되었다. 예를 들어 수백 년 넘게 학교 수업은 기도로 시작한다. 따라서 학교 안에서 아이들을 가르치는 일과 예전 경축은 오랫동안 상보 관계를 맺었다. 특별히 인문주의자들과 종교개혁자들은 일반적인 학제(學制)의 특징에 따라 중요한 신앙 교육에 대한 자극을 주었다.

하지만 학교가 보다 강하게 국가적이며 교육적인 책임을 위임받으면 받을수록 일반적으로 교회와는 거리가 멀어지는 경향이 있지만 학교에서 드리는 특이한 기도의 형태를 유지함으로써 신앙 교육의 요소는 중요하게 자리매김하였다. 이러한 신앙 교육의 성격은 학교 안에서 보다 전문적이고 체계적으로 전수되었다. 또한 30년 전쟁 동안에는 개신교 어린이 설교는 쇠퇴하였으며, 비로소 다시금 경건주의를 통해 회복되었다.[38]

---

37 Adam, "Kindergottesdienst," in TRE 18, 183.
38 Ernst Hofhanst, "Kindergottesdienst," in *Handbuch der Liturgik*, Hans-Christoph Schmidt-Lauber und Karl-Heinrich Bieritz (Hg.) (Leipzig/Göttingen: Evangelische Verlagsanstalt/Vandenhoecke & Ruprecht, 1995), 773.

3) 주일학교의 어린이 예배

주일학교는 본격적으로 영국에서 시작되었으며, 이후 미국과 독일에도 주일학교 운동이 널리 퍼지게 되었다. 하지만 국가의 상황에 따라 주일학교의 특징이 달라지는데 이에 대해 간략하게 살펴보고자 한다.

첫째, 오늘날 주일학교에서 드리는 어린이 예배 형태는 직간접으로 19세기 초기 영국에서 시작된 '주일학교'(Sunday School)에서 비롯된 것이다. 주일학교는 1780년 영국의 로버트 레이크스(Robert Raikes, 1735-1811)에 의해 주창되었다. 산업혁명 이후에 영국정부는 산업 중심의 경제정책을 폈으며, 수많은 농민들이 농촌을 떠나 도시로 급속하게 이주함으로써 실업자와 새로운 '도시 빈민층'이 형성되었다. 수많은 아이들이 의무교육을 받지 못하고 심지어 공장이나 광산에서 값싼 노동력으로 이용되고 있었다. 그 때 맨체스터(Manchester)에서 출판업을 하던 레이크스는 주일에 빈민의 아이들을 모아 읽기와 쓰기 그리고 성경을 가르침으로써 주일학교를 시작하였다. 그는 3년간의 실험기간을 거쳐 1783년 신문과 잡지를 통해 '주일학교의 설립'을 호소하면서 본격적인 주일학교 운동을 주도했다. 이것은 전 영국에 큰 호응을 받으면서 널리 확산되었다.[39]

주일학교에서는 일상 생활에 필요한 기초교육과 신앙 교육을

---

39 Grethlein, *Kinder in der Kirche*, 108.

했다. 왜냐하면 아이들은 어린 시절에 적합하게 필요한 무엇인가를 배워야 하기 때문이다. 노동력이 부족했던 산업현장에서는 남녀노소를 불문하고 교육을 필요로 했다. 그러나 당시 사회적 상황 속에서 수많은 아이들은 보호를 받지 못하고 심지어 정상적인 교육이 불가능했다. 이에 따라 주일학교에서 그들을 가르치고자 했던 것이다. 주일학교는 주일 예배를 드린 후에 시작되었다. 그때 이미 오늘날과 같이 조직과 그룹을 나누는 방식으로 주일학교 교육이 실시되었다. 이를 위해 레이크스는 주일학교 선생님들을 배정해 두었다. 그들은 일정한 보수를 받기도 하였다. 따라서 그는 사회봉사적이며 기초교육적으로(diakonisch-elementarpädagogisch) 지향하는 기관을 만들었다. 이 기관은 부실한 학교교육, 어린이사역, 빈민가, 사회제반시설의 부족 등과 관련된 것이다.[40]

또한 런던 상인 윌리엄 폭스(William Fox)는 1785년 주일학교 연맹을 창립했다. 1789년 이미 삼십만 명의 아이들이 주일학교에서 배웠다. 이어서 주일학교는 웨일스, 아일랜드, 스코틀랜드에서 도입되었으며, 요한 웨슬리(J. Wesley, 1703-91년)의 도움을 통해 세계적으로 확산된 봉사운동이 되었다.

둘째, 영국에서 시작한 주일학교 운동은 미국 필라델피아 출신인 감리교 감독 프란시스 에쉬베리(Francis Ashibury)가 1786년 미국으로 도입했다. 이 운동이 빠르게 확산되면서 많은 변화가 생겼다. 영국과는 다르게 미국교회에서는 그 무엇보다도 어린이

---

40 Adam, "Kindergottesdienst," 183.

종교 교육의 문제가 매우 시급했다. 왜냐하면 미국은 이미 18세기에 의무적인 학교교육이 실시되어 교회와 국가가 엄격히 분리되어 학교에서 종교 수업을 할 수 없었기 때문이다. 따라서 영국에서 실시했던 주일학교의 사회봉사적 성격과 일상 생활에 필요한 기초교육적 성격이 중심 되는 것이 아니라, 성경과 종교 수업을 집중적으로 가르치는 형태(katechetische Veranstaltung)와 교회전도적 성격(gemeindemissionarische Konzeption)으로 변한 것이다.[41]

주일학교 대상층도 빈민층 자녀뿐만 아니라 교회 전체 어린이와 청소년을 대상으로 하게 되었다. 시간이 지남에 따라 아이들로부터 성인에 이르기까지 모든 연령층을 대상으로 하게 되었다. 주일학교는 그들에게 신앙 교육을 전달하였으며 그들을 교회의 일꾼으로 키우는 데 기여함으로써 교회 성장에 없어서는 안 될 기관으로 발전되었다.

주일학교 운동은 본격적으로 1791년 미국에 있는 여러 교단이 소속된 "첫 번째 날 혹은 주일학교 연맹"(First-Day or Sunday-School Society)이 필라델피아에서 결성되면서 더욱 빠른 속도로 확산되었다. 1816년에는 뉴욕 주일학교 연합이, 1824년에는 미국 주일학교 연합이 뒤를 이어 필라델피아에서 결성되면서 더욱 조직이 확대되었다. 1824년 미국 주일학교 연합은 미국 어린이 3분의 2가 주일학교를 다니도록 한다는 전도의 목표를 세우기도 했다.

---

41 Michael Wermke, "Kinder-und Jugendgottesdienst," in *Handbuch Praktische Theologie*, Wilhelm Gräb und Birgit Weyel (Hg.) (Gütersloh: Gütersloher Verlagshaus, 2007), 546.

하지만 미국의 영토가 서부로까지 확산되면서 이 목표가 쉽게 현실화되지는 않았지만 주일학교가 성장한 것만은 분명하다. 1824년 723개에 불과했던 주일학교는 1874년까지 무려 61,299개로 성장했다. 이에 따라 카스텐 베르거(C. Berg)는 미국 주일학교의 특징을 '교회전도'(Gemeinde-Mission) 중심이라고 언급했다.[42]

셋째, 미국 내에서 성공한 주일학교 모델은 독일에서 미국인 상인 알버르트 우드루프(Albert Woodruff)에 의해 소개되었다. 그는 1863년부터 그의 독일인 통역관 빌헬름 브렐켈만(Wihelm Bröckelmann)과 함께 주일학교가 독일 내에 확산되도록 노력했다.[43] 그 결과로 인해 주일학교는 1864년 스투트가르트(Stuttgart)에서 창립되었다. 사람들은 1869년 교회 내에 "어린이 예배로서의 주일학교"(Sonntagsschule als Kindergottesdienst)를 프로그램화하도록 촉구했다. 이러한 요구에 따라 독일 교회는 새로운 시설을 열었다. 교회는 모임장소가 되었으며, 목사는 그곳에서 인도자가 되었다.

이 주일학교에서는 성격상 두 가지 중요한 차원인 신앙 교육과 예배에 집중했다. 여기에는 주일학교 교사로서 평신도들의 적극적이며 주도적인 참여가 있었다. 그것은 시간의 경과에 따라 독일 교회에서 수용되었으며, 1880년대 독일의 많은 주교회(Landeskirche)의 노회는 공식적으로 주일학교의 존재를 승인하였

---

42 Carten Berg, *Gottesdienst mit Kindern* (Gütersloh: Gütersloher Verlagshaus, 1987), 46.
43 Grethlein, *Gemeindepädagogik* (Berlin: Walter de Gruyter, 1994), 113.

다. 이처럼 미국식 주일학교 개념이 독일에서 확산될 수 있었던 이유를 양금희는 두 가지로 지적한다.[44]

> 먼저 주일학교가 성경을 집중적으로 가르쳐서 교회의 일꾼으로 자라나게 하는 '교회전도적 성격'을 강조함으로써 독일 교회에서 쉽게 수용할 수 있었다는 점과, 당시 미국과 유럽의 영적 부흥운동으로 인하여 평신도들의 잠재력을 교회활동에 참여할 수 있도록 그들에게 기회를 제공했다는 점에서 빠르게 발전할 수 있었다는 것이다.

하지만 이런 미국식 주일학교 모델은 독일의 상황에 의하여 중요한 변화가 생겼다. 특히 평신도(주일학교 교사) 중심으로 이루어진 주일학교는 공식적인 교회 사역과 목회자의 역할이 연합하는 과정에서 신앙 교육보다는 예배의 성격을 강하게 띠게 되었다.

왜냐하면 독일에서는 이미 목사나 기독교교육 전문가가 학교에서 종교 수업을 실행하고 있음으로 교회에서는 성경공부보다는 예배 중심으로 이루어졌기 때문이다. 이에 따라 이 모임의 명칭도 '주일학교'에서 '어린이 예배'(Kindergottesdienst)로 바뀌었다. 목사가 예배를 인도함으로써 이전까지 사명감을 가지고 활동했던 주일학교 교사는 단순히 목사의 도우미로서 남게 되었다.[45]

---

44 양금희, "독일의 기독교교육 II-어린이 예배를 중심으로",「교회 교육」vol.-No. 172(1990): 51.
45 Grethlein, "Kindergottesdienst," in *Neues Gemeindepädagogisches Kompendium*, Gottfried Adam & Reiner Lachmann (Hg.) (Göttingen: Vandenhoecke & Ruprecht, 2008), 220.

1970년대 이후, 독일 교회는 어린이 예배의 심각한 위기를 맞았다. 그 이유는 대중매체에 등장한 다양한 프로그램이 어린이 예배의 경쟁상대로 등장하였으며, 독일의 경제성장으로 인하여 자유시간이나 주말여가를 즐기려는 가정이 늘어나면서 어린이 예배에 참여하는 수가 현격히 줄어들었기 때문이다.

이상에서 살펴본 것처럼, 주일학교는 먼저 영국에서 시작했다. 영국 주일학교는 사회봉사적이며 일상 생활에서 필요한 기초교육을 지향하는 기관이었으며, 부실한 학교교육, 어린이 사역, 빈민가, 사회제반시설의 부족 등을 보안하는 기능을 담당했다는 것이 특징이다. 이에 반해, 미국 주일학교는 성경과 종교 수업을 집중적으로 교육시키는 형태와 교회전도의 성격이 특징이다. 이로써 미국 주일학교는 급속하게 성장했다.

이러한 미국 주일학교 모델은 독일 교회로 역수입되었으며 평신도들의 적극적인 참여에 따라 확산되기도 했지만, 독일 상황에 따라 주일학교는 평신도의 적극적인 참여가 줄어들었다. 그 이유는 신앙 교육보다는 예배 중심으로 바뀌었기 때문이다.[46] 이에 따라 주일학교 교사는 단지 목사의 도우미로만 그 역할이 제한되었으며, 점차 주일학교에서 평신도 참여가 미진하게 되었다.

---

46 Friedrich-Wilhelm Bargheer, "Kinder und Gottesdienst," in *Liturgisches Kompendium*, Christian Grethlein und Günter Ruddat (Hg.) (Göttingen: Vandenhoecke & Ruprecht, 2003), 158.

4) 한국 주일학교의 발전과정에서 나타난 어린이 예배

앞에서 서구 교회 주일학교의 발전과정을 살펴보았다면, 이제는 선교 130년이 다가오는 한국 교회의 주일학교는 어떻게 발전되었는가를 살펴보고자 한다. 학자들마다 각기 한국 교회 교육사를 다르게 구분한다. 즉 문동환은 그 시기를 3기로, 은준관은 4기로, 한춘기는 3기로,[47] 이에 반해 한미라는 5기로 구분하여 최근의 상황까지를 상세히 설명하고 있다.[48] 이에 필자는 한미라의 구분에 따라 간략하게 한국 교회의 주일학교 발전사를 기술하고자 한다.

첫째, 주일학교 태동기(1888-1905년)이다. 초기 선교사 언더우드, 아펜젤러, 스트랜톤 등은 초기부터 교회 확장에만 관심을 보인 것이 아니라 문화운동에 적극적이었다. 그 예로 그들은 경신학교, 연희전문학교, 배재학당, 이화학당 등을 설립하고 새로운 교육 사업에 주력했으며, 문서운동을 통해 성경과 찬송가를 보급시켰다. 또한 청년운동과 여성운동, 의료사업을 주축으로 선교사업의 기초를 세웠다. 이 시기에는 이런 문화운동과 함께 주일학교라는 형태의 종교 교육이 시작되었다. 그리고 교회가 설립되기

---

47 문동환, "한국 교회의 교회 교육사", 『한국기독교교육사』(서울: 대한기독교교육협회, 1974), 32. 그는 여기서 1기(1884-1919년)는 '전통기의 교회 교육', 2기(1920-45년)는 '문화 운동기의 교회 교육', 3기(1945-74년)는 '민족해방과 교회 교육'으로 구분한다; 은준관, 『기독교교육현장론』(서울: 대한기독교출판사, 1988), 132-42; 한춘기, 『한국 교회 교육사』(서울: 대한예수교장로회총회출판부, 2004), 14-16.

48 한미라, 『개신교 교회 교육』(서울: 대한기독교서회, 2005), 61-93.

시작한 초기라서 주일학교의 교육이 공식적으로 이루어지기 보다는 비공식적으로 이루어졌다.

초기 주일학교는[49] 어린이와 청소년을 대상으로 했지만 실제로는 성인 교인들을 양성하고 훈련시키며 전도하는 장년 중심의 주일학교였다. 그들의 교육 장소는 주로 사랑방이었으며, 이 사랑방교육이 발전하여 장년 주일학교로 발전되었다. 한미라는 이 시기의 주일학교 교육의 평가를 장단점으로 구분하여 말한다.[50]

(1) 서구 개신교는 한국인들에게 설득력이 있었다.
(2) 주일학교에서 성경을 가르침으로써 문맹을 퇴치하였다는 점은 종교 교육 이전에 문자교육을 시켰다는 점에서 큰 의의가 있다.
(3) 한국인들에게 식민지 "한국의 해방"에 대한 강한 염원과 의지를 갖도록 하는 역사의식이 고취되는 장이었다.
(4) 교회와 교회 교육은 정치적 국면에 책임 있게 참여하도록 하는 일에는 큰 기여를 하지 못했다고 지적하기도 한다.

이 시기의 주일학교는 영국 초기 주일학교처럼 주로 사회봉사적이며 일상 생활에서 필요한 기초교육을 중심으로 하는 문자 교육이나 사회전반에 걸친 문화운동을 선도한 것이 그 특징이며,

---

[49] 초기 주일학교의 용어와 형태에 따라 '안식일학교', '유년주일학교', '소아회', '장년주일학교', '사랑방주일학교', '단칸방학교', '확장주일학교'로 다양하게 지칭되었다. 손원영, 『한국문화와 영성의 기독교교육』(서울: 대한기독교서회, 2009), 24-28.

[50] 한미라, 『개신교 교회 교육』, 67.

사회 교육적인 성격이 매우 강하게 나타났다.

둘째, 주일학교 연합기구 결성기(1905-30년)이다. 이 시기에 주일학교는 본격적으로 교회 교육을 시작했다. 1905년 한국 선교연합공의회(Federal Council of Missions) 내에 주일학교 위원회가 창설되었다. 그 목적은 기독교교육을 주로 하는 선교회의 선교사 간의 친목과 주일학교교육을 위한 교재로 통일공과를 편집하는 것이었다.[51]

1908년에는 브라운(F. L. Brown)과 하밀(H. M. Hamill)이 주일학교 위원회를 돕기 위해 내한하였고, 1911년 브라운은 다시 세계 주일학교 협회를 대표하여 내한했다. 이를 계기로 한국 주일학교 협회의 실행위원회를 결성하고, 세계 주일학교 협회의 도움과 협력을 요구하도록 결의했다. 1913년 세계 주일학교 협회의 실행부회장인 하인츠(H. J. Heinz)가 내한하여 경무대(청와대) 앞마당에서 주일학교 대회를 개최하였다. 이 때 무려 14,200명이 참석하여 한국 교회의 열의와 관심을 보이면서 대성황을 이루었다.[52] 그리고 선교연합공의회의 주일학교 위원회는 1922년 조선주일학교 연합회가 창립되기까지 중요한 역할을 담당하였다.

1920년대에는 주일학교가 도약하는 계기를 마련했다. 그것이 곧 '확장주일학교'(Extension Sunday School) 사역이다. 확장주일학교는 주일학교 선생들이 직접 비기독교인의 자녀를 전도하는 데

---

51 한춘기, 『한국 교회 교육사』, 68.
52 한춘기, 『한국 교회 교육사』, 41-42.

초점을 맞추어 성경뿐 아니라 한글의 읽기, 쓰기, 그리고 때로는 초급 한문도 가르쳤다. 그리고 시설이 허락하는 대로 기술과 음악도 가르쳤는데, 이러한 교육내용이 부모들로부터 호감을 사게 되어 전도에도 큰 효과를 거두면서 많은 곳에 교회와 주일학교가 설립되었다.

1923년 정동제일교회는 하기아동성경 학교(후에는 여름성경 학교로 불림)를 시작했다. 그 이유는 주일만 모이는 주일학교로는 기독교교육을 하는데 부족함을 느끼게 되었으며, 주일학교에 참여하지 않는 아이들에게 교회의 기회를 주기 위해서였다. 특히 상급학교로 진학한 학생들이 방학을 맞이하여 고향에 돌아온 틈을 이용해, 그들을 교사로 활용해 교육효과를 높이는 뜻도 있었다. 이 때 교육내용으로는 성경 이야기 외에도 일반교육도 병행했다. 이를 통해 애국사상과 민족의식을 깨우쳐주는 중요한 교육의 장으로 삼기도 했다.

1922년에 창립된 조선주일학교연합회는 하기아동성경 학교와 확장주일학교제도를 지원하기 위해 만국통일주일공과와 부별계단 공과를 출간하고, 교육과 관련된 월간지를 발간하여 주일학교의 확장을 도우며 교사의 자질을 향상시키고 아이들에게 직접적으로 신앙심을 심어주는 데 중요한 역할을 감당했다.[53]

한미라는 이 시기의 주일학교 교육을 다음과 같이 평가한다.[54]

---

53 손원영, 『한국문화와 영성의 기독교교육』, 29.
54 한미라, 『개신교 교회 교육』, 72-73.

(1) 주일학교 운동이 본격적으로 시작되었으며, 초교파적 주일학교연합체가 결성되어 교회 교육에 크게 공헌하였다.
(2) 주일학교의 교재와 서적은 출판되었지만 미국 주일학교 교재를 번역한 수준에만 머물고 있었다.

따라서 이 시기의 주일학교의 특징은 초기 주일학교에서 나타났던 사회 교육적인 성격보다는 신앙 교육적이며 교회전도적인 성격이 더 강하게 나타났다.

셋째, 주일학교 교육의 수난기(1930-45년)이다. 1930년대 일제는 만주사변을 일으켜 제국주의적 침략전쟁을 노골화하기 시작했다. 이런 침략전쟁은 외적으로 팽창정책에 따라 이루어진 것이며 식민지정책은 더욱 잔인해져 갔다. 일제가 추진했던 것은 내선일체, 일선동조론, 황국신민화 정책이었으며, 이를 통해 우리말의 교육과 사용 금지, 역사교육 금지, 창씨개명 등으로 우리의 문화를 말살하려는 것이었다. 또한 기독교인들에게 신사 참배를 강요하여 신앙의 파탄을 유도하려고 했다. 이를 저항하는 기독교 학교들은 폐교되었으며, 또 교회가 분열되도록 유도했다. 이러한 시대적 상황 속에서 한국 교회는 더 이상 성장할 수 없었으며 주일학교 운동 역시 수난의 시기를 보냈다.

손원영은 "이 시기의 주일학교는 교회 안의 신앙 교육적 체계로 축소되고, 또 그것마저 점차 불가능해지는 고난을 겪은 특징을 갖는다.…이 시기는 일제의 엄격한 검열과 그에 따른 결과로써 주일학교가 교회 안에서 이루어지는 신앙의 내면화 경향으로 흐른 특징을 갖는다."⁵⁵고 말한다.

넷째, 교회학교로의 성장기(1945-85년)이다. 한국 교회는 민족해방과 함께 새로운 전환기를 맞이했다. 이 시기의 교회 교육의 역사는 복구기(1945-60년), 반성기(1960-70년), 발전기(1970-85년)로 세분화하기도 한다. 복구기는 일제탄압으로 무너졌던 주일학교와 교육이 복구되면서 종교 교육이 기독교교육으로, 주일학교가 교회학교로 변화되기 위한 과도기이며, 그리고 교회 교육의 정체성을 다져가는 준비기이다. 반성기에는 주일학교가 놀랍게 성장하였지만 급변하는 사회와 회중의 요구를 반영하지 못한 교육에 대해 반성하면서 교회 교육에 투자하기 시작하였다. 발전기에는 교회 성장 지향적 목회에서 양육을 토대로 하는 교육목회로 전환되면서 성경공부에 역점을 두게 되었다.

각 교단마다 교회학교를 위한 새로운 교육교재와 과정이 개발되었고, 성경공부를 위한 다양한 교재가 출간되었으며, 교회학교의 전문성이 요청되었다. 하지만 이 시기에 교회 교육의 놀라운 발전에도 불구하고 우려의 목소리가 끊이지 않았던 이유는 대부분의 목회자가 교회 성장 제일주의이다 보니, 교회 교육의 전문화에 적극적으로 관심을 기울이지 못한 것이다.⁵⁶

다섯째, 교회학교의 성숙기(1986-현재)이다. 이 시기의 기독교 교육은 전문가들의 적극적인 활동으로 매우 활발하게 이루지고

---

55 손원영, 『한국문화와 영성의 기독교교육』, 34.
56 한미라, 『개신교 교회 교육』, 84-85.

있다. 교회 교육의 학문적인 성과와 더불어 이를 교회 교육의 현장에 접목시키려는 시도들이 이루어지고 있다.

각 교단마다 교육국 혹은 교육부를 두고 전문가들로 구성된 교재 발간이나 교육 자료를 개발하여 보급하고, 지속적으로 교사 양성과 재교육을 위한 세미나 및 단기 훈련을 실시하고 있다. 또한 기독교교육을 전공한 교역자들이 교회현장을 전담함으로써 양질의 교육이 이루어지고 있다. 그러나 아이러니하게도 교회 교육의 현장은 점점 더 어려워져가고 있으며, 교회학교의 성장은 정체 내지 둔화되고 있다.

3. 오늘날 교회학교의 어린이 예배 상황

앞에서 서구 주일학교의 역사적 발전과정과 한국 주일학교의 역사적 발전과정을 살펴보았다. 한국 주일학교의 발전과정은 비록 서구 주일학교와 시대적·문화적·역사적 상황이 다르기 때문에 단순 비교하기는 어렵지만 시기적 차이만 있을 뿐 유사한 흐름으로 진행되고 있음을 알 수 있다.

한국 교회는 1960-1990년대에까지 놀라울 정도로 급성장했다. 교인 수에 근거한 교회성장률이 1950-60년 사이에는 25%였으나, 1960-70년 사이에는 무려 412%에 이르렀고, 1970-85년 사이에도 103%나 되었다. 하지만 교회성장률이 1985년-95년 사이에는 35%로 점차 줄어들더니 1995년-2005년 사이에는 -1.6%

로 줄어들었다.[57] 이러한 상황은 교회학교의 학생 수를 분석해 보아도 유사한 흐름으로 가고 있는 것으로 보인다. 1987년 교회학교 학생 수는 개신교 교인의 약 50%에 육박하였으나, 1994년에는 전체 교인의 32%로 줄었고, 2004년에는 27%로 그 비율이 감소하였다. 수치적으로도 1987년 교회학교 학생 수는 302만 명이었으나 1994년에 281만 명으로 줄었다.[58] 이러한 통계수치는 교회학교의 어린이 예배 현황을 쉽지 감지할 수 있도록 해준다.

1990년대까지 성장했던 교회학교가 오늘날 더 이상 성장하지 못하고 정체 내지는 감소하고 있는 이유가 무엇인가? 필자는 이에 대해 교회적 상황과 시대적 상황을 구분하여 그 요인들을 살펴보고자 한다.

1) 교회 내부적 상황

교회학교의 정체 위기는 우선 교회 내부적 원인들에서 찾을 수 있다.

첫째, 교회학교에서 복음이 분명히 제시되지 못하고 있는데 있다. 교회학교는 아이들에게 복음이 무엇인지를 분명히 제시하고 가르쳐야 한다. 이때 그들의 삶의 변화가 일어나 하나님 백성으로서 살아갈 수 있다. 그런데 최근 교회학교가 아이들에게 재

---

[57] 이원규, 『힘내라, 한국 교회』(서울: 동연, 2009), 20.
[58] 한미라, 『개신교 교회 교육』, 125.

미와 홍미를 자극하기 위해 다양한 프로그램과 시설 장비를 마련하는 데 재정이나 인적자원을 적극적으로 투자하고 있으며, 신앙 교육의 내용보다 신앙 교육의 실용성과 효과성에 관심을 두고 다양한 매체를 활용한 문화적 접근을 시도하고 있다. 그리고 그들의 경험적인 문제에 초점을 맞춘 교육이 중점적으로 이루어다 보니 하나님 중심의 교육이 미흡할 수밖에 없다. 이러한 문제점을 직시한 김남준은 교회학교의 위기는 복음을 명확히 제시하지 않고 성경을 가르치는 일에 소홀히 한데서 온 것이라고 말했다.[59] 그러므로 교회학교에서는 복음이 분명히 제시될 뿐만 아니라, 성경 중심의 교육이 이루어지도록 전념해야 할 것이다.

둘째, 생동감이 없는 예배를 드리고 있다. 복음이 분명히 제시되지 못한 예배는 역동적일 수 없다. 이는 필연적으로 생명력이 없는 형식적인 예배가 되게 하기 때문이다. 그레트라인은 오늘날 서구 교회 어린이 예배의 실상을 언급하면서 텅 비어가는 예배당, 생동감 없는 예배, 언어만 난무하는 예배, 한마디로 지루하고 이해가 되지 않는 예배라고 말하고 있다.[60] 이는 어린이 예배가 단지 지식만을 전달하는 차원에 머물면서 발생한 것이라고 할 수 있다. 이것은 서구 교회만의 현상이 아니다. 한국 교회의 어린이 예배에서도 이러한 점은 쉽게 감지할 수 있다.

웨버(R. Webber)는 이러한 예배의 모습을 17세기 계몽주의의

---

59 김남준, 『교사 리바이벌』(서울: 두란노, 1999), 116-17.

60 *Grethlein, Gemeindepädagogik,* 327-28.

영향에서 이루어졌던 지식전달 중심의 예배에서 찾으면서 다음과 같이 진술한다.

> 합리주의로부터 상당한 영향을 받은 개신교 정통파가 17세기 하나님의 계시를 옹호하며 성경에서 발견한 하나님의 진리를 가르치고자 형성되었다. 성직자들은 헬라어와 히브리어에 정통했고 성경신학과 조직신학에도 조예가 깊었으며, 신자들에게 기독교 신앙을 효과적으로 논증하기 위하여 논리학을 적절히 활용하였다. 또 당시 예배의 중심은 설교였으며, 그 설교의 강조점은 하나님의 말씀을 올바로 깨닫고 그 진리를 옹호하는 것이었다. 하지만 불행히도 종교개혁의 영향을 받은 교회의 예배에 활력을 제공했던 개혁의 열정이 길고도 지루하며 논쟁적인 설교로 점차 변질되기 시작했다. 그래서 개신교 전통파는 '죽은 정통파'로 대체되었고 그 결과, 교회는 점차 사람들이 떠나고 말았다.[61]

이러한 생명력이 상실된 시대의 예배처럼 오늘날 한국 교회의 어린이 예배는 그 역동성이 사라지고 있으며 점점 화석화되고 형식화되어버린 예배로 전락함으로써 하나님과 인격적인 만남의 장으로서의 예배현장이 되지 못하고 있다. 따라서 이러한 어린이 예배의 문제를 극복하기 위해서는 어린이 예배가 하나님

---

61 Robert E. Webber, 『예배학』, 이승진 역(서울: CLC, 2011), 102.

과 아이들의 만남이 이루어지는 영적 교제를 나누는 교회 교육의 중심이며, 예배드리는 자세, 태도 및 예배의식에 적응하도록 한다는 점에서 그 자체가 신앙 교육이라는 인식이 선행되어야 한다. 이를 통해 아이들이 한 인격체로서의 하나님을 만나는 기쁨이 이루어지도록 해야 한다.

셋째, 교회학교 어린이 예배 전문가가 부재하다. 오늘날 어린이 예배를 담당하는 교역자는 대부분 각 부서의 교육을 담당하는 교육전도사들로 구성되어 있다. 그들은 신학교 혹은 신학대학원 재학 중인 학생들로서 일정기간 동안 담임목사의 지도하에서 어린이 예배를 인도하지만 어린이 예배의 전문가는 아니다. 그들은 어린이 예배 신학에 대한 무지와, 실제적 훈련 및 경험 부족으로 인하여 어린이 예배를 인도하는 데 상당한 어려움을 겪고 있다. 교육전도사외에 교사들도 어린이 예배를 인도하는 경우를 흔히 볼 수 있다. 그럼에도 그들 또한 예배와 관련된 신학적 이해 부재와 예배의 제반 요소들에 대해서도 무지한 상태이기에 단지 형식적으로 예배를 인도하는 경향이 있다. 이러한 점은 예배를 드리는 태도에서도 쉽게 볼 수 있다.

어린이 예배는 교사나 아이들 모두가 예배 참여자이다. 만약 교사들이 예배의 방관자이거나 단지 교사라는 이름 하에서 어린이 예배의 주변인으로 있다면 이는 심각한 문제이다. 그들 스스로가 예배자일 뿐 아니라 예배인도자로서 기본적인 예배 이해와 실제적 훈련을 통해 바른 예배자의 본을 보여야 한다. 그러기 위해서 예배학이 정기적인 교사훈련 프로그램 중에 제공되어서 교역자나 교사들이 예배에 관한 지식을 습득해야 할 것이다.

2) 시대 외부적 상황

교회학교가 감소되는 요인은 위에서 언급한 교회적인 상황 뿐 아니라 시대적인 상황도 고려해야 한다. 이원규는 이러한 시대적인 상황을 종교사회학적 이론에 근거하여 소위 '박탈-보상 이론'(deprivation-compensation theory)이 크게 도움이 된다고 말한다.[62]

이 이론은 사회적 박탈감을 경험하는 사람일수록 더욱 종교를 통해 보상받으려 한다는 것이다. 이에 따라 박탈의 수준이 높은 사회는 종교성이 강한 반면에, 박탈의 수준이 낮은 사회일수록 종교성이 약해질 것이라는 가정에 기초한 것이다.

또한 그는 교회의 성장과 쇠퇴에 결정적인 영향을 미치는 변수는 국가의 경제수준, 사회복지수준, 성 평등수준이라는 사실도 밝혔다.[63] 이 근거에 따르면, 한국 교회의 성장과 쇠퇴는 결코 우연한 것이 아니라 사회적 현상과 무관하지 않다. 따라서 필자는 한국 교회의 정체내지는 침체의 원인을 시대적 상황과 관련해서 살펴보고자 한다.

첫째, 인구학적 측면이 있다. 한국 교회가 성장하지 못한 요인 중에 하나는 저출산율로 인한 인구학적 변수이다. 오늘날 교회가

---

62 이원규, 『한국 교회의 위기와 희망』(서울: kmc, 2010), 123.
63 이원규, 『한국 교회의 위기와 희망』, 123-24.

성장하는 나라(아시아와 아프리카 등)들에서는 출산율이 높고, 교회가 쇠퇴하는 나라(유럽과 북미 등)들에서는 출산율이 낮은 경향이 두드러지게 나타난다. 그런데 한국은 세계에서 출산율이 가장 낮은 나라이다(1.19명). 따라서 어린이 수가 급격히 줄어들고 있으며, 현재와 같은 추세라면 2018년부터는 인구가 감소하기 시작할 것이다.[64]

교육통계에 의하면, 1987년과 2004년 사이에 학생 수가 전반적으로 감소하고 있다. 어린이 인구는 17년 사이에 513,536명이 줄고, 중고등학생 수는 1,302,450명이 감소되었다. 중고등학생 인구는 1987-95년 사이에 191,175명이 증가되었으나, 1995-2004년 사이에 1,493,625명이 줄었다. 현재 이러한 통계수치는 더욱 감소하고 있음을 예상할 수 있다.[65]

이러한 인구 감소는 국가적으로나 종교적으로도 좋지 않은 결과를 초래할 것이다. 더욱이 한국 사회가 고령화되면서 어린이 수와 그 비율이 현저히 줄어들게 될 것이다. 이처럼 한국 사회의 저 출산으로 인하여 전체 인구는 감소하고, 교회학교는 점점 줄어들고, 교회는 노년들로 채워지면서 전반적으로 교회의 양적 침체는 더욱 가속화될 것이다. 이러한 현상은 교회학교에서의 어린이 예배에도 상당한 어려움을 줄 것으로 보인다.

둘째, 여가문화가 확산되고 있다. 1990년 이후 한국 사회의

---

64 이원규, 『힘내라, 한국 교회』, 26.
65 한미라, 『개신교 교회 교육』, 126-27.

눈부신 경제성장을 통해 개인별 소득이 크게 증가하였다. 경제적인 여유는 사람들의 가치관을 크게 변화시켰다. 그 예로 한국 사회에서 문화생활에 대한 욕구가 강하게 대두되었다. 특히 여가문화의 관심은 제4의 물결이라고 불리는 여가혁명을 만들면서 눈부시게 여가산업을 발달시켰다.[66] 전국적으로 관광지나 휴양지가 수없이 생겼으며 건강과 휴식을 즐길 수 있는 공간이 급격히 늘어났다. 이제 사람들은 주말마다 휴가와 여가를 전문적인 휴식공간이나 여가시설에서 즐기게 되었다. 그 결과로 과거와는 다르게 생존 문제에 대한 절박성이 약화되었고 종교에 대한 기대심리가 크게 감소되었다.

또한 한국 사회는 주5일제 근무와 함께 주5일제 수업이 중·고등학교까지 본격화되면서 여가선용에 더 큰 관심을 갖게 되었다. 특히 가족 중심의 여행을 위해 각종 테마관광이 늘어나고 있으며 다양한 경험을 추구하는 여행 프로그램이 개발될 것으로 보인다.

이러한 여가산업은 향락문화를 가속시키고 앞으로 더욱 교회참여나 헌신을 약화시키는 작용을 하게 될 것으로 예상한다.[67] 아울러 경제적 여유는 매체문화를 확산시켜 교회학교에 위기를 가져오게 한다. 교회학교는 컴퓨터와 인터넷, 게임, TV와 같은 대중매체를 적극적으로 활용하지만, 오히려 교회학교에 대한 흥미

---

66 문상기, "주5일 근무제 이해와 교회의 대응", 한국복음주의실천신학회, 「복음주의실천신학논총」vol.7(2004): 21.

67 이원규, 『기독교의 위기와 희망』(서울: 대한기독교서회, 2003), 251-52.

를 반감시키는 것이 문제이다. 이러한 현상은 시간이 갈수록 더욱 가속화될 것을 쉽게 예상할 수 있다.

셋째, 입시위주의 사교육은 교회학교에서 이루어지는 신앙 교육을 약화시킨다. 한국 사회에서 가장 심각한 문제 중의 하나가 바로 교육문제이다. 한국 사회는 세계 어느 나라에서도 찾아 볼 수 없을 정도로 교육 열기가 매우 뜨겁다. 이러한 교육 열기는 자원이 풍부하지 못한 나라에서 인재를 발굴하여 양성시킴으로써 산업을 발전시키는 긍정적인 측면이 있다.

하지만 이러한 교육 열기가 정상적으로 공교육을 통해 일어나는 것이 아니라, 비정상적인 사교육을 통해 발전되고 있다는 것이 문제다. 이러한 현상은 교육의 가치를 변질시킨다는 점에서 매우 부정적이다. 입시 중심의 교육은 경쟁교육을 통해 인성교육을 소홀히 한다. 그 결과 공교육이 본질적으로 추구해야 할 교육적 가치를 실현하기 보다는 상급학교 진학준비를 위한 교육에 치우치게 한다.

이처럼 한국 사회에 교육경쟁이 과열되는 현상이 일어나면서 각종 폐해가 적지 않다. 그중에 가장 심각한 문제는 교육비 지출이 늘어나는 것이다. 이를 감당하기 힘든 것이 현실이다. 특히 자녀의 수가 많으면 더욱 어렵다. 이것은 최근 문제가 되고 있는 저출산의 원인 중에 하나인 양육비로까지 연결된다. 더 심각한 문제는 입시위주의 교육이 신앙 교육의 약화를 가속화시키고 있으며 교회학교를 천천히 붕괴시키고 있다는 것이다. 최근에는 이러한 입시위주의 교육이 유치원부터 시작되고 있어서 어린이 예배에도 악영향을 미치고 있다는 점이 그 심각성을 더해 주고 있다.

4. 교회학교의 어린이 예배 활성화 방안

위에서 언급한 교회학교의 정체내지는 침체와 관련해서 교회 내부적 상황과 시대 외부적 상황을 구분하여 진술하였다. 이러한 상황은 직·간접적으로 어린이 예배에 큰 영향을 미치고 있다. 이 점들을 고려하면서 필자는 어린이 예배 활성화 방안을 제시하고자 한다.

1) 어린이 예배 신학의 정립이 요청된다.

한국 교회에서 어린이 예배를 어떻게 이해하느냐에 따라 예배에 대한 관심과 계획이 달라진다고 말한 김세광은 교역자나 교사들에게 다음의 같은 두 가지 질문을 한다.[68]

첫째, 어린이 예배는 공과공부와 병행되는 교회학교의 교과과정인가?

둘째, 교회학교의 어린이 예배는 주일 예배로 가기 위한 준비 과정인가?

이러한 질문에 대답을 듣기란 그리 어렵지 않다. 왜냐하면 대

---

68 김세광, 『예배와 현대 문화』(서울: 대한기독교서회, 2005), 121-22.

부분의 교역자나 교사들은 어린이 예배는 성경공부와 병행되는 교회학교의 교과과정으로 그리고 주일 예배로 가기 위한 준비과정으로 생각하고 있기 때문이다. 이러한 잘못된 어린이 예배 이해는 예배 신학의 부재가 가장 큰 원인이다.

이러한 맥락에서 임영택은 어린이 예배의 문제를 두 부류로 언급한다. 하나는, 전통적인 예배 구조와 형태에 따른 일반적인 문제, 또 하나는 전통예배의 문제를 극복하기 위해 새롭게 시도되고 있는 축제적 분위기의 예배의 문제이다.[69]

전통적인 어린이 예배는 일반적으로 재미없으며 어린이 문화를 외면하고 발달심리학적 차원과 집중력이 검토되지 않고 이루어지고 있다. 또한 어린이 예배에서 아이들의 참여도 미흡하고, 공간과 예배 구조, 예배의 집례, 설교 역시 문제가 있음을 지적한다. 이와 더불어 이러한 문제점을 극복하려고 시도한 축제적 분위기를 지향하는 예배도 지나치게 흥미위주로 흐르는 인본주의적 경향이 강하게 나타난다고 지적하고 있다.

따라서 어린이 예배를 이해하기 위해서는 기독교 예배의 본질을 살펴보아야 한다. 기독교 예배는 어린이 예배든 성인중심의 주일 예배든 그 본질에 있어서 결코 변하지 않기 때문이다. 기독교 예배는 그리스도 중심적이며, 예배 구성에 있어서는 그리스도 사건과 연관되어야 한다(Christusbezug). 즉 그리스도를 통해 하나님의 계시가 나타나며, 이 계시에 대한 회중의 응답으로 이루지

---

69 임영택, "어린이 통합예배 모형", 한국기독교교육정보학회, 「기독교교육정보」제24집(2009. 12): 43.

는 것이 예배이다. 이런 의미에서 예배는 하나님과 회중과의 인격적인 만남이 이루어지는 장이다.[70] 따라서 예수 그리스도를 통한 하나님의 구원 역사를 경축하는 예배 행위에는 그리스도 사건으로서의 복음이 분명히 선포되어야 하며, 예수 그리스도께서 제정하신 성례전이 더불어 시행되어야 한다. 또한 그것은 예배의 이해성(Verständlichkeit)과 공동체성(Gemeinschaftbezug)을 기반으로 구성되어야 한다.[71]

바울이 고린도전서 14:23에서 이해할 수 없는 말(방언)을 거부한 것처럼, 예배는 모든 회중이 이해할 수 있는 언어로 표현되어 복음의 의사소통이 원활히 이루어져야 한다. 또한 예배의 환경(시간, 장소, 공간, 음악 등)도 주의 깊게 고려되어야 한다. 아울러 바울이 언급한 것처럼(롬 12:1 이하), 일상 생활이 곧 예배이다. 예배는 회중의 삶에서도 실현되어야 한다.[72]

이러한 기독교 예배의 본질은 어린이 예배에서도 동일하게 적용된다. 하지만 이러한 예배 이해를 구현하는 예배의 형태와 구성은 시대와 문화 및 연령층에 따라 다르게 나타남으로 어린이 예배의 형태는 다양하게 제시되어야 할 것이다.

---

70 김남준, "예배의 본질적 요소의 회복에 관한 연구", 한국복음주의신학회, 「성경과 신학」24권 (1998): 258.
71 자세한 내용으로는 Grethlein, 『예배학개론』, 92-97 참조.
72 김상구, 『개혁주의 예배론』(서울: 대서, 2010), 104-05.

2) 아이들의 적극적인 참여가 있는 예배가 되어야 한다.

일반적으로 "목사가 예배를 인도한다."라는 말이 통용될 정도로 목사는 예배에서 결정적인 역할을 하고 있다.[73] 어린이 예배에서는 교역자나 교사들이 그 역할을 하고 있다. 이러다보니 회중(아이들도 포함)은 대부분 듣기만 하는 수동적이며 소극적인 태도를 취하고 있다. 심지어 예배에서 방관자적인 태도를 취하기도 한다. 하지만 "만인제사장설과 하나님께서 임재하시는 예배의 대화적 구조를 고려한다면 회중은 적극적으로 동참해야 한다. 회중은 예배의 객체가 아니라 주체다."[74] 오늘날 예배 갱신의 원리를 보더라고 회중이 예배에 책임을 갖고 적극적으로 참여한다. 『개신교 예배서』(1999년)는 예배 구성의 첫 번째 시금석으로 다음과 같이 말한다.

> 예배는 전체 공동체의 적극적인 참여와 책임 하에 거행된다. 종교개혁은 모든 세례자의 제사장직(만인제사장직)을 새롭게 인식하게 했다. 즉 전체 공동체는 예배를 위해 책임감을 가지고 있어야 한다. 하나님으로부터 성령의 다양한 은사를 선물로 받은 공동체 구성원들은 모든 은사와 능력 및 지각으로

---

[73] 김상구, "회중의 적극적인 참여와 책임 있는 예배", 한국복음주의실천신학회, 『복음과 실천신학』 제10권(2005. 가을호): 221. 본고에서 필자는 현대 예배갱신의 원리 중 하나가 회중의 적극적인 참여이다. 이에 대한 성경적, 역사적, 신학적 근거를 제시하고 예전의 참여방법을 제안했다.

[74] 김상구, "회중의 적극적인 참여와 책임 있는 예배", 222.

예배에 참여해야 한다. 예배 순서는 이것을 위해 언제나 새로운 방법을 찾고 그 가능성을 열어야 한다.[75]

이것은 성인 중심의 주일 예배를 고려하면서 제안한 것이지만, 어린이 예배에서도 결코 예외일 수 없다.

고대 교회에서 아이들이 예배에 적극적으로 참여했던 다양한 방법들에서 그 가능성을 찾을 수 있다.

첫째, 성경을 봉독하는 것이다. 대부분 어린이 예배에서 교역자나 교사가 예배를 인도하다보니 그들이 성경을 봉독하는 경우가 많다. 하지만 아이들이 직접 성경을 봉독하게 함으로써 적극적으로 예배에 참여할 수 있는 기회를 제공할 수 있다.

둘째, 공중 기도를 하는 것이다. 공중 기도는 아이들의 관심사에 의지해 행해져야 한다. 이것을 위한 좋은 방법으로는 어린이들이 자신들의 언어로 직접 표현하여 적극적으로 기도에 동참할 수 있도록 그 길을 열어 놓는 것이다.

셋째, 찬양대로 봉사하는 것이다. 교역자나 교사들이 아이들을 찬양대 일원으로 훈련시켜 함께 찬양을 인도하게 하거나 부르게 한다.

넷째, 안내위원이나 헌금위원으로 참여시키는 것이다. 그 외

---

[75] *Evangelisches Gottesdienstbuch Agende für die Evangelische Kirche der Union und für die Vereinigte Evangelisch-Lutherische Kirche Deutschlands*, hg. von der Kirchenleitung der VELKD und im Auftrag des Rates der EKU (Berlin: Verlagsgemeinschaft "Evangelisches Gottesdienstbuch", 2001²), 15.

에도 죄의 고백의 시간에 침묵으로 참여하거나, 자신들의 감정을 적극적으로 표현할 수 있도록 손을 들고 찬송하게 한다. 헌금을 직접 드림으로 자신의 모든 것이 하나님으로부터 왔다는 신앙적 결단의 시간을 갖게 한다. 이러한 행동이 처음에는 자연스럽지 않을 것이다. 하지만 교육을 통해 적극적으로 참여할 수 있게 한다면 아이들의 신앙발달에 큰 도움을 줄 것이다.

그러므로 어린이 예배는 다양한 영역에서 그들이 적극적이며 책임을 갖고 참여할 수 있는 기회를 제공해줄 수 있는 장이 되어야 할 것이다.

3) 다양한 예배 유형을 접목시키는 어린이 예배가 되어야 한다.

천영섭은 전통적인 어린이 예배와 최근 새롭게 시도되고 있는 어린이 예배 유형들의 장단점을 분석하면서, 대부분의 전통적인 어린이 예배의 형식은 성인중심의 예배와 큰 차이 없이 그대로 진행되고 있다고 밝히고 있다.[76] 대부분의 전통적인 어린이 예배는 전형화된 예배 스타일로 진행되며 그 분위기 또한 매우 어둡고 예배 속에서 기쁨을 찾기가 쉽지 않다. 이러한 모습의 예배는 과연 예배를 받으시는 하나님과 하나님께 예배를 드리는 회중 모두에게 의미가 있을까하는 의문을 제기할 수밖에 없다. 따라서

---

[76] 천영섭, "사례연구를 통한 어린이 주일학교 예배의 활성화 방안", (신학박사 학위 논문, 총신대학교 전문대학원, 2010), 137-175.

어린이 예배의 갱신이 늘 요구된다고 말한다.[77]

이러한 점을 극복하기 위해 새롭게 시도된 축제적 분위기의 예배가 곧 MEBIG(메빅)과 WINGwing(윙윙), WOW-Q-KIDS(와우큐키즈), nFriends(앤프랜즈), AWANA(어와나) 예배이다.[78] 이 예배들은 아이들에게 익숙한 문화적 친밀감, 집중력과 흥미, 게임을 통한 축제적 분위기, 교사와 어린이들의 적극적인 참여 등의 이유로 교회성장에 도움을 주었던 예배 유형들이다.

메빅은 1997년 일본 삿보로 아이린 채플 그리스도교회로부터 삼일교회가 도입했으며, 이를 발전시킨 윙윙은 2002년 삼일교회가 자체적으로 개발한 예배 프로그램이다. 와우 큐 키즈는 2002년 미국 교회학교 사역단체의 성과에 따라 '낮은 울타리'가 n세대 예배 프로그램으로 받아드린 것이다. 앤프랜즈는 2006년 명성교회가 메빅의 토착화 예배 프로그램으로 정착시킨 것이다. 어와나는 1990년 미국 시카고의 청소년 신앙 교육프로그램을 온누리교회에서 적용하여 확산 시킨 예배 프로그램이다.[79]

이러한 새로운 예배 유형들은 전통적인 어린이 예배 유형에 대한 한계를 극복하려고 시도한 것으로 교회학교에 큰 반향을 불러일으켰다.[80] 이들의 장점으로는 게임을 도구로 사용함으로 예배

---

77 천영섭, "사례연구를 통한 어린이 주일학교 예배의 활성화 방안", 141.
78 어린이 프로그램에 대해서는 민장배, "어린이 예배의 문제점과 대처방안", 한국복음주의실천신학회, 「복음과 실천신학」제25권(2012): 161-66 참조.
79 임영택, "어린이 통합예배 모형", 45.
80 이러한 예배 유형들의 기원과 특징, 장단점에 대해서는 천영섭, "사례연구를 통한 어린이 주일학교 예배의 활성화 방안", 141-64, 171-74 참조.

를 즐거워하고, 생동감이 있는 예배를 드리게 하며, 메시지의 반복전달과 집중력을 이끌어내는 예배, 아이들과 교사가 함께 리더가 되는 협동예배, 어린이 문화와 신체리듬에 맞는 예배, 철저히 즐겁게 준비하는 기획예배로서 전통적인 예배 유형과는 다른 축제적 분위기의 예배로 이끌 수 있다.

하지만 이러한 예배 유형들의 단점도 지적하지 않을 수 없다. 특히 이 예배들은 아이들의 신체적·문화적·사회적·오락적 측면을 강조하여 흥미와 놀이위주의 인본주의적인 예배가 될 개연성이 있다. 게임을 기반으로 하는 예배는 아이들의 흥미와 집중력, 능력을 이끌어내기도 하지만 예배의 경건성에는 침해하는 요소가 된다. 또한 게임을 통해 경쟁력을 유도하고 경쟁이 밀린 아이들에게 상실감을 줌으로써 기독교적 가치관에 혼란을 가져다 줄 수 있다. 그리고 전통적인 어린이 예배에서 실시하고 있는 예배 후 성경공부(분반공부)는 약하다. 이에 따라 신앙 교육이 미진하다. 설교는 계시적이며 선포성이 강조되어야 함에도 불구하고 지나치게 극적인 효과성에 치중하고 있다. 그리고 과도한 재정의 부담과 예배를 기획하고 준비해야 하는 풍부한 인적 자원이 요구됨으로 중소형교회에서 적용하기에는 많은 한계점을 가지고 있다.

이처럼 전통적인 어린이 예배의 한계를 극복하고자 새롭게 시도한 어린이 예배들 역시 장단점이 있다. 따라서 기독교 예배의 본질을 손상시키지 않으면서도 새롭게 시도된 다양한 예배 유형을 적용하여 역동적이며 생동감 넘치는 예배가 되도록 교사들의 헌신과 과감한 재정투자, 교사와 아이들이 함께 하는 기획 등이 준비되어야 할 것이다.

4) 아들과 성인들이 함께 하는 통합예배가 이루어져야 한다.

한국 교회는 교회가 예배 공동체라는 측면을 고려할 때 중요한 문제에 직면해 있다. 대부분의 교회는 주일 예배를 몇 부로 나누어 드릴 뿐 아니라 주일학교와 교회학교를 분리하여 드린다. 그럴 수밖에 없는 여러 이유들이 있다.

첫째, 성도들이 늘어나 협소한 예배 공간 때문에 함께 드리기 어려울 수 있다.

둘째, 예배 참석자들의 요구에 따라 예배 시간을 구분하여 드리기도 한다.

셋째, 주일학교 교사와 기관 봉사자들을 위한 고려도 있다.[81] 하지만 이러한 이유들로 예배공동체라는 교회 공동체성이 훼손되거나 마치 그리스도의 몸이 분리된 것과 같은 모습이 되어서는 안 된다. 더욱이 교회학교에서는 자체적으로 어린이 예배를 드림으로써 이러한 문제를 더욱 심화시키고 있다.

이러한 문제를 극복하기 위하여 한국 교회와 교회학교에서 아이들과 성인들이 함께 드리는 통합예배의 시도가 요청되고 있다. 특히 아이들에게는 성인들과 함께 예배를 드리며 '간 세대 경험'(inter-generational experience)이 필요하다. 왜냐하면 신앙공동체 안

---

[81] 김상구, 『개혁주의 예배론』, 89.

에서 성인들의 삶과 언어, 예배 태도는 공동체의 가치관을 형성하고 차세대 성장의 모판이 되기 때문이다. 임영택에 따르면, 간세대 경험은 차세대를 위하여 라고 역설하고 있다.

> 기억세대간의 만남이 가능한 통합교육의 구조의 중요성을 인식한다는 것이다. 간 세대교육은 그리스도인으로서 삶을 어떻게 보며, 세계를 어떻게 생각하고, 행동하여야 하느냐에 초점을 둔 양육과정이다. 이 일을 위해 오늘의 신앙 교육은 기독교적 양육의 차원에서 통합교육의 터를 갖추며 그에 따른 교육목회 방법이 확대되어야 한다. 그 중에 하나가 아이들과 성인들이 함께 드리는 통합예배이다.[82]

또한 그는 통합예배의 교육적 의미를 다음과 같이 설명한다.[83]

> 아이들은 통합예배의 경험을 통해 신앙을 배울 수 있으며, 예배를 위하여 의도적인 교육을 실시할 수 있으며, 예배를 교육 프로그램에서 예배 중심으로 바꿀 수 있다.[84]

교회의 상황에 따라 통합예배의 방법은 다양하다. 예배는 함

---

82 임영택, "어린이 통합예배 모형", 51-52.
83 임영택, "어린이 통합예배 모형", 54-55.
84 예배 구조에 관한 교육의 시급성에 대하여는 김상구, "주일 예배 구조에 관한 연구", 한국복음주의신학회, 「성경과 신학」 제48호(2008): 69-99 참조.

께 찬송을 부르며 시작하며 헌금 순서는 설교 전에 마련한다. 헌금을 드린 후, 아이들이 퇴장하고 각부별로 흩어져 설교와 분반 공부를 이어서 한다. 혹은 담당 교역자가 준비된 어린이 설교를 한 후에 담임목사가 성인 설교를 할 수도 있다.[85] 교회력에 따른 주요 절기(부활절과 성령강림절, 감사절, 성탄절, 어린이 주일 등)들은 잔치로서의 예배 성격을 잘 드러나게 할 수 있다. 따라서 잔치의 의미와 그에 따른 기독교적 메시지를 생생하게 전수할 수 있는 방법들을 모색할 수 있다. 이때 아이들로부터 성인들까지 함께 드리는데 어려움이 없는 단순하면서도 참여 가능한 순서로 기획된 통합예배여야 한다.

최근 독일 교회에서 시도하고 있는 '가족예배'(Familegottesdienst)도 좋은 예(例)이다.[86] 가족예배는 한 해에 최소한 네 번 이상 어린이 예배에 아이의 부모와 가족을 초대하여 간 세대의 경험과 배움을 갖게 한다. 이 예배는 철저히 준비된 기획예배일 때 효과적이다.

5. 나가는 글

필자는 본 논문에서 위기에 처한 교회학교의 어린이 예배 갱신 방향을 모색해 보고자 시도하였다.

---

85 김세광, 『예배와 현대 문화』, 125.
86 Grethlein, 『예배학개론』, 383-86.

첫째, 아이들에 대한 성경적·역사적 관점을 살펴보았다. 신약성경은 예수님께서 아이들에게 매우 친화적이었음을 밝히고 있다(막 10:13-16). 초대교회에서도 아이들은 공동체에서 배제되지 않았다. 특히 그들에게 직접적으로 예전에 참여할 수 있는 역할이 주어졌으며, 이를 통해 보다 쉽게 공동체에 융합할 수 있었다.

하지만 종교개혁 이후 아이들의 예전적인 참여가 급격히 줄어들었으며, 신앙 교육의 성격이 부각되었다. 18세기에는 아이들이 교회와 사회에서 배제됨으로써 위기에 처한다. 이 문제를 해결하기 위한 하나의 시도로 영국 주일학교(Sunday School)가 세워졌다. 주일학교는 부실한 학교교육과 어린이 사역, 사회제반시설의 부족 등을 보안하는 기능과 함께 그들에게 일상 생활에서 필요한 기초교육을 제공한 사회봉사적 특징이 있었다.

이에 반해 주일학교의 본격적인 전성기를 맞이한 미국 주일학교는 성경과 종교 수업을 집중적으로 교육시키는 형태와 교회전도의 성격이 그 특징이다. 이 주일학교 모델은 독일 교회로 역수입되면서 평신도들의 적극적인 참여로 확산되었다. 하지만 독일 상황에 따라 주일학교의 기능과 구조가 신앙 교육보다는 예배 중심으로 바뀌게 되고 교사들의 역할이 축소되면서 그들의 참여가 현저히 줄어들었다.

이러한 서구 교회 주일학교의 발전과정과 함께 한국 교회의 주일학교는 어떻게 발전되었는가를 살펴보았다.

  (1) 주일학교 태동기(1888-1905년)이다. 이 시기의 주일학교는 사회봉사적이며 일상 생활에서 필요한 기초교육을 중심으

로 하는 문자 교육이나 사회전반에 걸친 문화운동을 선도
한 것이 그 특징이며, 사회 교육적인 성격이 매우 강하게
나타났다.
(2) 주일학교 연합기구 결성기(1905-1930년)이다. 이 시기의 주
일학교의 특징은 초기 주일학교에서 나타났던 사회 교육적
인 성격보다는 신앙 교육적이며 교회전도적인 성격이 더 강
하게 나타났다.
(3) 주일학교 교육의 수난기(1930-1945년)이다. 이 시기의 주
일학교는 교회 안의 신앙 교육 체계로 축소되고, 또 일제
의 엄격한 검열과 그에 따른 결과로써 주일학교가 교회 안
에서 이루어지는 신앙의 내면화 경향으로 흐른 특징이 있
었다.
(4) 교회학교로의 성장기(1945-1985년)이다. 이 시기에 교회 교
육의 놀라운 발전에도 불구하고 대부분 목회자의 관심이 교
회성장 제일주의이다 보니, 교회 교육의 전문화에 적극적으
로 관심을 기울이지 못했다.
(5) 교회학교의 성숙기(1986-현재)이다. 이 시기의 기독교교육
은 전문가들의 적극적인 활동으로 매우 활발하게 이루어졌
다 그러나 교회 교육의 현장은 점점 더 어려워져가고 있으
며, 교회학교의 성장은 정체 내지 둔화되고 있다.

둘째, 이러한 교회학교의 상황 속에서 오늘날 한국 교회의 어
린이 예배는 어떤 모습인가를 살펴보았다. 1990년까지 교회학교

는 세계선교 역사상 유래가 없을 정도로 성장했다. 하지만 그 이후 교회학교가 오늘날 더 이상 성장하지 못하고 정체 내지는 감소하고 있다. 그 이유를 교회 내부적 상황과 시대 내부적 상황을 구분하여 살펴보았다. 교회 내부적 요인으로는 교회학교에서 복음이 분명히 제시되지 못하고 있으며, 생동감이 없는 예배를 드리고, 교회학교 어린이 예배 전문가가 부재하다는 점이다. 또한 시대 내부적 요인으로는 인구학적 측면이 있으며, 여가문화가 확산되고 있고, 입시위주의 사교육은 교회학교에서 이루어지는 신앙 교육을 약화시키고 있다는 점이다.

셋째, 이러한 교회학교의 위기 상황을 극복할 수 있는 시도로써 어린이 예배 활성화 방안을 다음과 같이 제안하였다. 어린이 예배 신학의 정립이 요청된다. 아이들의 적극적인 참여가 있는 예배가 되어야 한다. 다양한 예배 유형을 접목시키는 어린이 예배가 되어야 한다. 아이들과 성인들이 함께 하는 통합예배가 이루어져야 한다. 이상의 제안들을 통해 한국 교회학교 어린이 예배가 갱신된다면 교회학교 부흥의 새로운 전환점이 될 것을 기대한다.

참고문헌

Adam, Gottfried. "Kindergottesdienst." in *TRE* 18, 182–88.

_____. "Kindergottesdienst." in *Gemeindepädagogisches Kompendium*. Gottfried Adam & Reiner Lachmann (Hg.). Göttingen: Vandenhoecke & Ruprecht, 1987.

Bargheer, Friedrich-Wilhel. "Kinder und Gottesdienst." in *Liturgisches Kompendium*, Christian Grethlein und Günter Ruddat (Hg.). Göttingen: Vandenhoecke & Ruprecht, 2003.

Berg, Carten. *Gottesdienst mit Kindern*. Gütersloh: Gütersloher Verlagshaus, 1987.

Dalby, Mark. "Children and Worship." in *The New SCM Dictionary of Liturgiy and Worship,* ed. Paul F. Bradschaw. London: SCM Press, 2002.

Grethlein, Christian. *Gemeindepädagogik*. Berlin: Walter de Gruyter, 1994.

_____. 『예배학개론』. 김상구 역. 서울: CLC, 2006.

_____. "Kindergottesdienst." in *Neues Gemeindepädagogisches Kompendium*. Gottfried Adam & Reiner Lachmann (Hg.).

Göttingen: Vandenhoecke & Ruprecht, 2008.

_____. *Kinder in der Kirche*. Göttingen: Vandenhoecke & Ruprecht, 2010.

Hofhanst, Ernst. "Kindergottesdienst." in *Handbuch der Liturgik*. Hans-Christoph Schmidt-Lauber und Karl-Heinrich Bieritz (Hg.). Leipzig/Göttingen: Evangelische Verlagsanstalt/Vandenhoecke & Ruprecht, 1995.

Webber, Robert E. 『예배학』. 이승진 역. 서울: CLC, 2011.

Wermke, Michael. "Kinder-und Jugendgottesdienst." in *Handbuch Praktische Theologie*, Wilhelm Gräb und Birgit Weyel (Hg.). Gütersloh: Gütersloher Verlagshaus, 2007.

Evangelisches Gottesdienstbuch. Agende für die Evangelische Kirche der Union und für die Vereini]gte Evangelisch-Lutherische Kirche Deutschlands. hg. von der Kirchenleitung der VELKD und im Auftrag des Rates der EKU. Berlin: Verlagsgemeinschaft "Evangelisches Gottesdienstbuch", 2001.

김남준. "예배의 본질적 요소의 회복에 관한 연구". 한국복음주의신학회. 「성경과 신학」24권(1998): 243-324.

_____.『교사 리바이벌』. 서울: 두란노, 1999.

김상구. "회중의 적극적인 참여와 책임 있는 예배". 한국복음주의실천신학회. 「복음과 실천신학」제10권(2005. 가을호): 115-44.

_____. "주일 예배 구조에 관한 연구". 한국복음주의신학회. 「성

경과 신학」제48호(2008): 69-99.

_____,『개혁주의 예배론』. 서울: 대서, 2010.

김세광.『예배와 현대 문화』. 서울: 대한기독교서회, 2005.

문상기. "주5일 근무제 이해와 교회의 대응". 한국복음주의 실천 신학회.「복음주의실천신학논총」vol. 7(2004): 9-36.

민장배. "어린이 예배의 문제점과 대처방안". 한국복음주의 실천 신학회.「복음과 실천신학」제25권(2012): 160-85.

손원영.『한국문화와 영성의 기독교교육』. 서울: 대한기독교서회, 2009.

양금희. "독일의 기독교교육 II-어린이 예배를 중심으로".「교회 교육」vol.-No. 172(1990): 46-54.

이원규.『기독교의 위기와 희망』. 서울: 대한기독교서회, 2003.

_____,『힘내라, 한국 교회』. 서울: 동연, 2009.

_____,『한국 교회의 위기와 희망』. 서울: kmc, 2010.

임영택. "어린이 통합예배 모형". 한국기독교교육정보학회.「기독 교교육정보」제24집(2009): 41-66.

한미라.『개신교 교회 교육』. 서울: 대한기독교서회, 2005.

한춘기.『한국 교회 교육사』. 서울: 대한예수교장로회총회출판부, 2004.

천영섭. "사례연구를 통한 어린이 주일학교 예배의 활성화 방안". 신학박사 학위 논문, 총신대학교 전문대학원, 2010.

통계청.『인구주택총조사』(1995), (2005)

www.kpastor.org

색인

ㄱ

가족 132
겟세마네 50
고대 교회의 세례의식 77
과도기대상 44
관점 전환 94
교회 69
교회 공간 105
교회력 125
그룹 194
기도 42
기도 들으심 49
기도의 형식 45

ㄴ

낭독자 30

ㄷ

다원주의 240
다차원적인 접근법 146
대칭적인 관계 180

ㄹ

루소 110
루터 60

ㅁ

마법 63
멜랑히톤 69
문화 비판적 전망 214
물 86
믿음 32

ㅂ

바울 62
부모 37
부활절 182
비대칭적인 관계 217
비유 112
빛 87

ㅅ

상징 73
상황 접근 149
설교 70
성경 112
성만찬 222
성탄절 162
세계교회협의회 위원회 102
세례 71
세례 회상 88
손 77
시간 123
심리학 111

십자가 89

ㅇ

아론의 축복 60
아리스토텔레스 31
아우크스부르크 신앙고백서 69
어린이 미사 110
어린이 보육시설 145
어린이 복음 23
어린이 성경 학교 207
어린이 신학 37
어린이 적합성 196
어린이 주교 109
언어 42
에릭 에릭슨 33
연령제한 100
영아 예배 206
예배 119
예수 106
예전 104
원초적 신뢰 33
유년기 165
유대교 123
유아 세례 76
이름 85
이야기 기도 55
이야기 설교 106
이해성 127
입교식 90
입학 예배 58

ㅈ

자격 없음 188
자연 179
장자축복 59
저녁 기도 141
종교 41
종교 수업 43
종파들 138
주기도문 25
주일 120
주일학교 185

ㅊ

참여 219
축복 109
축제 197

ㅋ

칼빈 48

ㅌ

통합 교육 225

ㅎ

하나님 나라 107

교회의 아이들: 어린이 예배 사역자들을 위한 지침서
Kinder in der Kirche : Eine Orientierung für Mitarbeitende im Kindergottesdienst

2014년 8월 20일 초판 발행

지은이 | 크리스티안 그레트라인
옮긴이 | 김상구, 김은주

편 집 | 백승현, 정희연
디자인 | 손사라, 이가은
펴낸곳 | 사)기독교문서선교회
등 록 | 제16-25호(1980. 1. 18)
주 소 | 서울시 서초구 방배로 68
전 화 | 02) 586-8761~3(본사) 031) 942-8761(영업부)
팩 스 | 02) 523-0131(본사) 031) 942-8763(영업부)
홈페이지 | www.clcbook.com
이메일 | clckor@gmail.com
온라인 | 기업은행 073-000308-04-020, 국민은행 043-01-0379-646
　　　　예금주: 사)기독교문서선교회

ISBN 978-89-341-1392-8 (93230)

* 낙장·파본은 교환해 드립니다.

이 도서의 국립중앙도서관 출판시 도서목록(CIP)은
서지정보유통지원시스템 홈페이지(http://seoji.nl.go.kr)와
국가자료공동목록시스템(http://www.nl.go.kr/kolisnet)에서
이용하실 수 있습니다.
(CIP제어번호: CIP2014021595)